国家社会科学基金"十三五"规划2019年度教育学青年课题"普通学校自闭症儿童同伴关系的影响机制与干预路径"(CBA190245)

融合教育中
自闭症儿童的同伴关系

鲁明辉 谢晓芳 著

中国社会科学出版社

图书在版编目(CIP)数据

融合教育中自闭症儿童的同伴关系 / 鲁明辉，谢晓芳著. —北京：中国社会科学出版社，2023.3

ISBN 978-7-5227-1475-2

Ⅰ.①融… Ⅱ.①鲁…②谢… Ⅲ.①孤独症—儿童教育—特殊教育 Ⅳ.①G766

中国国家版本馆 CIP 数据核字（2023）第 031503 号

出 版 人	赵剑英
责任编辑	高　歌
责任校对	李　琳
责任印制	戴　宽

出　　版	中国社会科学出版社
社　　址	北京鼓楼西大街甲158号
邮　　编	100720
网　　址	http://www.csspw.cn
发 行 部	010-84083685
门 市 部	010-84029450
经　　销	新华书店及其他书店
印　　刷	北京明恒达印务有限公司
装　　订	廊坊市广阳区广增装订厂
版　　次	2023年3月第1版
印　　次	2023年3月第1次印刷
开　　本	710×1000　1/16
印　　张	18
字　　数	283 千字
定　　价	99.00 元

凡购买中国社会科学出版社图书，如有质量问题请与本社营销中心联系调换
电话：010-84083683
版权所有　侵权必究

前 言

国外有关自闭症的流行病学资料显示，近40年来，自闭症的发病率稳定增长。新近的一些研究估计，自闭症的发病率为1%—2%。这些数据不禁令人担忧自闭症已经成了一种流行病。自闭症是一类发生于婴幼儿时期，以持续性的社交缺陷和重复性刻板行为、兴趣为核心症状的神经发育性障碍，从该人群总数来看，目前全球约有3500万人患有自闭症，在中国约有200万自闭症儿童。可以说自闭症是儿童发展障碍中最常见的，也是最严重的一种。数据显示，自闭症的患病率与日俱增。其中的原因可能是：（1）确实有这么多的儿童患自闭症；（2）更多的自闭症患者被发现了，可能与人们对自闭症的意识提升有关；（3）由于自闭症定义的改变，尤其是DSM-III-R、DSM-IV和DSM-V诊断标准的改变，诊断标准可能比先前的更为宽泛；（4）不同机构、研究团体进行的有关自闭症早期诊断研究可能存在叠加，使发病人群看起来更多。

自1994年《萨拉曼卡宣言》首次提出融合教育观念以来，越来越多的特殊儿童（包括自闭症儿童）进入普通班级就读，融合教育已成为特殊教育发展不可阻挡的主导趋势，并在美、英等西方国家取得了丰硕成果。所谓融合教育是指让有特殊需要的儿童进入普通班级接受教育，最大限度发挥其潜能，与普通儿童共同成长。融合教育为在语言、行为与社会交往等方面均存在缺陷的自闭症儿童提供了自然的社交环境、平等的教育机会，是理想的教育安置方式。随着自闭症儿童比率逐年上升，为顺应融合教育发展的潮流，我国大力开展随班就读工作，已有不少自闭症儿童进入普通班级中接受教育。

融合教育的目标是创造一个互相支持的教育环境，承认自闭症儿童的个体差异，并且满足自闭症儿童的特殊需要，同时，提高普通儿童对自闭症儿童的悦纳程度。要真正发挥融合教育的价值,就必须密切关注自闭症儿童的同伴关系。同伴关系是指儿童利用语言文字和非语言文字来沟通思想、传递观念、交换情感和表达需要等过程中表现出的人与人之间的关系。对自闭症儿童而言,良好的同伴关系有利于其社会化,也有利于稳定、调节其情绪和行为,获得安全感,更好地适应融合学校的教育环境。自闭谱系障碍的核心特征之一就是社会交往障碍,表现为缺乏与他人的交流能力和交流技巧,难以与他人建立正常的人际关系。对于自闭症儿童来说,人际关系障碍恰恰是他们同伴交往中最主要的困难,他们往往难以建立稳定的同伴关系。在普通学校中有效实施融合教育,让家庭、学校、教育机构和家长给自闭症儿童提供广阔的情感交往空间,可以最大限度地促进每个自闭症儿童在干预过程中融入社会,被更多的社会群体所接纳与认可。研究表明,儿童在社会化的进程中,同伴关系发挥着其他因素无法代替的作用,是他们获得归属与尊重、得以生存和发展的基石,更是他们形成健康心理的支撑和保障。

近年来,从中央到地方各级政府都在关注自闭症人群,并且将会进一步加大对自闭症教育和康复训练方面的投入;进一步扶持特殊教育学校,并促进其硬件和软件的提高;提高自闭症研究领域的投入,提高从业人员的专业素质;加大对自闭症儿童及其家庭的支持力度,促进自闭症儿童的家庭教育;建立健全大龄自闭症青年托养机制,培养大龄自闭症青年的劳动技能,实现大龄自闭症青年养护和庇护下就业;借用媒体和舆论的力量,构建一个全社会动员起来,共同关爱自闭症儿童的大氛围。可以说,自闭症人士的春天就要到来,祝福所有自闭症儿童未来更加美好!

本书在对近年来有关自闭症同伴关系的理论与实践进行梳理、总结后完成。多名硕士和本科生参与编写与资料的搜集工作,刘永、温佳杰、林欢、陈漫娜等同学为本书的资料搜集、整理与校对做了很多工作。在此,向为本书出版作出贡献的老师们、同学们表示衷心感谢。书中还有大量问题需要进一步探讨,希望本书出版后,各地老师在实践的基础上,提出宝贵意见。

鲁明辉

目 录

第一章 自闭症概述 ………………………………………… (1)
  第一节 自闭症发现及诊断 ………………………………… (1)
    一 自闭症的发现 ………………………………………… (2)
    二 自闭症的诊断 ………………………………………… (4)
  第二节 自闭症分类 ………………………………………… (6)
    一 障碍程度及分类 ……………………………………… (6)
    二 自闭特质 ……………………………………………… (8)
  第三节 自闭症理论 ………………………………………… (10)
    一 心理理论（Theory of Mind, TOM） ……………… (10)
    二 执行功能理论（Executive Function, EF） ………… (11)
    三 弱中央统合理论（Weak Central Coherence, WCC） …… (13)
    四 社会动机理论（Social Motivation Theory） ……… (14)
    五 碎镜理论（Broken-mirror Theory, BMT） ………… (15)
    六 共情—系统化理论（Empathy-systematization Theory） …… (16)

第二章 自闭症的具体表现 ………………………………… (18)
  第一节 自闭症的核心缺陷 ………………………………… (18)
    一 社交能力落后 ………………………………………… (18)
    二 言语能力落后 ………………………………………… (21)
    三 重复刻板行为 ………………………………………… (24)
    四 感知觉问题 …………………………………………… (26)
  第二节 自闭症共病问题 …………………………………… (27)

一　共病的概念 …………………………………………… (27)
　　二　常见的共病问题 ……………………………………… (27)
　第三节　双重特殊性 ………………………………………… (29)
　　一　双重特殊学生 ………………………………………… (29)
　　二　伴有自闭症的超常学生 ……………………………… (30)

第三章　自闭症的融合教育 ………………………………… (32)
　第一节　融合教育的产生及发展 …………………………… (32)
　　一　融合教育理念 ………………………………………… (32)
　　二　融合教育发展历程 …………………………………… (34)
　　三　融合教育模式 ………………………………………… (37)
　　四　儿童如何从融合教育中受益 ………………………… (40)
　第二节　学校融合教育文化及课程 ………………………… (41)
　　一　学校融合教育文化 …………………………………… (41)
　　二　融合教育课程 ………………………………………… (45)
　第三节　融合教育的现况与困境 …………………………… (51)
　　一　国内融合教育的现状 ………………………………… (51)
　　二　随班就读教师融合教育素养的现状 ………………… (53)
　　三　融合环境中普特教师合作路径 ……………………… (56)
　　四　自闭症学生融合困境 ………………………………… (59)

第四章　教育生态视角下的同伴关系 ……………………… (63)
　第一节　教育生态 …………………………………………… (63)
　　一　生态系统理论 ………………………………………… (64)
　　二　生态化评估表 ………………………………………… (69)
　第二节　自闭症儿童同伴交往 ……………………………… (76)
　　一　同伴关系的发展功能 ………………………………… (76)
　　二　自闭症儿童同伴支持现状 …………………………… (79)
　　三　对普通儿童的建议 …………………………………… (82)

第五章 自闭症儿童同伴关系的挑战 (84)

第一节 污名 (84)
一 污名定义及分类 (84)
二 连带内化污名 (85)
三 污名的成因 (86)
四 污名的影响 (87)

第二节 欺凌 (88)
一 欺凌定义 (88)
二 被欺凌原因 (90)
三 减少欺凌的策略 (91)

第三节 家庭诉求 (98)
一 主要困境 (98)
二 重要诉求及建议 (102)

第六章 自闭症儿童同伴关系调研与实践 (110)

第一节 自闭症儿童随班就读现况
——基于普校教师的视角 (110)
一 研究方法 (112)
二 研究结果 (112)
三 讨论 (116)
四 建议 (118)

第二节 自闭症儿童同伴关系
——基于自闭症学生的视角 (120)
一 研究方法及过程 (122)
二 研究结果与分析 (123)
三 研究反思与展望 (134)

第三节 自闭症儿童同伴关系特点及干预
——基于资源教师视角 (134)
一 研究现状 (136)
二 已有研究述评 (138)

三　研究过程与方法 …………………………………………（138）
　　四　结果与讨论 ……………………………………………（139）
　　五　研究结论与反思 ………………………………………（152）
第四节　基于发展生态学的自闭症儿童同伴关系干预 ………（153）
　　一　引言 ……………………………………………………（153）
　　二　研究方法 ………………………………………………（154）
　　三　研究过程 ………………………………………………（156）
　　四　结果分析 ………………………………………………（158）
　　五　讨论与建议 ……………………………………………（159）

第七章　基于行为管理的同伴关系干预 …………………………（161）
　第一节　应用行为分析 …………………………………………（161）
　　一　应用行为分析的含义 …………………………………（161）
　　二　应用行为分析的基本原理与常用策略 ………………（162）
　　三　行为分析在自闭症干预中的早期应用 ………………（164）
　第二节　正向行为支持 …………………………………………（166）
　　一　正向行为支持的缘起与发展 …………………………（166）
　　二　正向行为支持的核心特征 ……………………………（167）
　　三　正向行为支持的实施 …………………………………（170）
　　四　正向行为支持在不同层面中的应用 …………………（172）
　第三节　关键反应训练 …………………………………………（175）
　　一　关键反应训练法的产生 ………………………………（175）
　　二　关键反应训练法的发展 ………………………………（177）
　　三　关键反应训练应用 ……………………………………（178）

第八章　基于社交技能的同伴关系干预 …………………………（182）
　第一节　提升共同注意能力 ……………………………………（182）
　　一　共同注意含义 …………………………………………（182）
　　二　共同注意干预常用策略 ………………………………（184）
　第二节　提高象征能力 …………………………………………（190）

一　符号使用的含义 …………………………………………（190）
　　二　使用符号的象征能力干预的常用策略 …………………（191）
第三节　提升情绪调节能力 ……………………………………（199）
　　一　情绪调节含义 ……………………………………………（199）
　　二　情绪调节常用策略 ………………………………………（200）
第四节　提升理解能力 …………………………………………（211）
　　一　模仿示范法 ………………………………………………（211）
　　二　社会故事法 ………………………………………………（212）

第九章　基于社会支持的同伴关系干预 ………………………（222）
第一节　社会支持 ………………………………………………（222）
第二节　同伴支持 ………………………………………………（224）
　　一　同伴介入法 ………………………………………………（224）
　　二　社会支持常用策略 ………………………………………（227）
第三节　学校支持 ………………………………………………（236）
　　一　活动支持 …………………………………………………（236）
　　二　三级预防体系 ……………………………………………（243）

第十章　多方法整合 ……………………………………………（248）
第一节　方法和理念的整合 ……………………………………（248）
　　一　成人主导和儿童主导 ……………………………………（248）
　　二　具体干预和综合干预 ……………………………………（250）
第二节　整体大于部分 …………………………………………（253）
　　一　评估和干预的多要素协调 ………………………………（253）
　　二　评估和干预的原则 ………………………………………（256）
　　三　未来发展趋势 ……………………………………………（260）

参考文献 …………………………………………………………（263）

后　记 ……………………………………………………………（278）

第一章　自闭症概述

第一节　自闭症发现及诊断

自闭症谱系障碍（Autism Spectrum Disorders，ASD），又称孤独症谱系障碍，是儿童发育早期出现的一种发展性障碍，是目前导致儿童残障的最常见障碍之一。其主要表现为社会交往和沟通障碍、兴趣范围狭窄、行为刻板或异常。虽然自闭症与智力障碍有部分的重合，但自闭症的典型特征不是一般性的认知水平低下，而是社交和情感运作模式的异常。例如，许多自闭症患者具备某种超常能力，但在言语交流和社交能力等方面存在严重的缺陷。美国疾病控制与预防中心（CDC）报告称，ASD的患病率为1/44，发病率逐年升高。而在我国，患有自闭症的人数估计为1300万，接近全国人口的1%。研究表明，ASD的诊断数量在不断增加，人们在日常活动中接触到ASD患者的可能性在不断提升。

自闭症谱系障碍的流行已引起了公众的广泛关注，在我国，自闭症已成为最为常见的障碍类型之一，并且在近年呈逐渐上升趋势，从最初几个个案发展到现在上千万的庞大群体。自闭症儿童的教育和康复问题受到社会各界越来越多的关注。由于自闭症患者在社交、语言和行为等方面的困难，相当一部分自闭症患者不能独立生活，需他人照顾，这给自闭症患者和家庭都造成了沉重的物质和精神压力，无数的家庭面对自闭症谱系障碍感到痛苦和无助。现有的研究还无法确定自闭症病因且无法治愈自闭症，但实践证明，通过干预和社会支持可以改善自闭症谱系人群的生活。具体来说是针对自闭症患者的社会性发展障碍和人际沟通异常，通过特定的干预理念和方法使得自闭症患者的社会功能和交往技巧获得改善和提升，最后使他们尽可能地适应社会、融入社会，成为一个"社会人"。

一 自闭症的发现

一百多年前，自闭症还不为人知，详尽描述疑似病例的文献少之又少。最早给这种障碍命名的是康纳（1894—1981）和阿斯伯格（1906—1980）。

（一）康纳（Leo Kanner）发现的自闭症

自闭症英文"autism"是希腊字母"aut"和"ism"的组合，"aut"意思是自己，"ism"是倾向或状态。"autism"意为自己心理的倾向。自闭症（Autism）一词始于1943年，由美国精神科医师康纳（Leo Kanner）在其发表的文章中提出。1943年康纳首次报告了11名具有很多共性特征的儿童，称其为"婴儿自闭症"。康纳写道，我们必须"假设这些孩子来到这个世界时，天生就无法与人形成正常的、生理上的接触，就像其他孩子来到这个世界时天生就有身体或智力障碍一样"。他观察到这类儿童的主要特征包括缺乏语言交流、对一致性的坚持、对活动的兴趣有限以及刻板和重复的行为模式，如拍手和旋转。随后这些特征在不同的自闭症被试中也得到了再现。康纳强调自闭症的"孤独性"和"对保持一致性的执着坚持"。[①]

（二）阿斯伯格发现的综合征

汉斯·阿斯伯格早年在奥地利维也纳大学学习医学，主攻儿科，1932年加入于1918年成立的维也纳大学儿科诊所，担任游戏教学基地的主任，从事"治疗性教学"的临床研究工作。汉斯·阿斯伯格最早描述该类患儿表现为具有正常词汇量和认知功能，社交困难，刻板、重复的行为。1981年英国学者洛娜·温（Lorna Wing）对其研究成果进行了翻译和介绍，才引起国际学术界的关注。

在1944年的著作中，阿斯伯格描述了四个具有社交障碍的儿童。一

---

① Harris J., "Leo Kanner and Autism: A 75-Year Perspective", *International Review of Psychiatry*, Vol. 30, No. 1, 2018, pp. 3 – 17.

方面，他们呈现出一些典型的自闭行为，如自我刺激和对环境一致性的坚持；另一方面，与其他典型自闭症儿童存在很大差异的是，他们通常具有正常的智力和语言发展能力。阿斯伯格认为，这些儿童的表现明显不同于典型自闭症，是一类以自我封闭为特点的特殊障碍。这类人的兴趣专注于特定领域的活动，语言和思维个性化强，甚至有别人难以企及的独创性才华，但是显得举止怪异，动作笨拙，行为不合时宜，难以适应按部就班的社会习俗和行为规范。这类儿童社会交往能力有明显缺陷，从小在家中就不容易抚育、教养，在学校往往遭到成人和同伴的误解、欺负和排斥，社会适应和学业都会遇到很多困难。他们需要特别的帮助和支持，包括专业指导，社会支持，特殊的课程和学习方法，才能比较顺利地融入生活环境，适应社会需要，并发挥自己的潜在能力。

（三）阿斯伯格综合征与典型自闭症的区别

在这两种表现类似的病症被命名后的近40年时间里，由于各种原因，并未引起临床工作者和研究者的特别关注。2013年DSM-V中用自闭症谱系障碍（Autism Spectrum Disorder，ASD）取代了广泛性发展障碍（Pervasive Developmental Disorder，PDD），重点突出了"谱系"的概念，越来越重视自闭症各种亚型之间的统一连续性。自闭症、阿斯伯格综合征一起被归入自闭症谱系障碍，即在社会性、语言沟通及行为/兴趣等领域的症状，与正常儿童有质的差异，这一改变在一定程度上使得临床诊断更加聚焦于自闭症的核心症状，有利于提高诊断的准确性。

阿斯伯格综合征与典型自闭症的区别在于：通常情况下，阿斯伯格综合征的言语智商高于操作智商，语言流利但是沟通性差，一般智力和特殊能力较高，有特殊爱好和兴趣，情感表达和社会性交流风格异常。而典型自闭症年龄较小时（三岁前）就出现明显症状：语言发展障碍，回声式言语模仿，强迫式机械地摆弄物体，对人无兴趣和社会交往障碍。阿斯伯格症被诊断时的年龄较大，对人有兴趣却欠缺交往能力，言语流利却又有沟通障碍，举止笨拙，不切实际，生活能力差，在特殊领域有突出的能力，同样需要特殊关注和服务。实际上典型自闭症和阿斯伯格综合征既有重合之处，也有明显区别。

二 自闭症的诊断

自闭症是一类发生于婴幼儿时期,以持续性的社交缺陷和重复性刻板行为、兴趣为核心症状的神经发育性障碍。[①] 自闭症的病因,至今尚未完全阐明。双生子和家族系谱的相关研究提供了遗传证据,单卵双生子的患病一致性比率显著高于双卵双生子,遗传概率大于90%。虽然遗传是造成自闭症障碍的重要原因,但遗传传递的方式尚未阐明。环境因素也可能导致自闭症,但是支持这些因素的证据相对较少。总体上看,自闭症可能是遗传因素与环境因素相互作用的结果。

自闭症的男性患病率显著高于女性,诸多研究表明男女患病率为4∶1—5∶1[②]。虽然女性自闭症少见,但其症状往往相对较重。自闭症患儿在症状方面存在性别差异,例如,男孩比女孩的行为问题更多,主要表现在攻击、多动方面,而在言语方面,男孩比女孩表现出更严重的发育迟缓,自闭症女性患者在社交问题和情绪障碍方面则更为严重。

自闭症很难像其他病症一样根据生物化学指标或实验做出明确诊断,主要根据外在行为表现进行评估。很多自闭症患者直至成年仍处于严重功能缺陷状态,需要长期照料。但如果早期能进行有计划地干预并长期坚持,可以取得较好效果。自闭症儿童在学龄期,语言能力和社交能力更容易提升,部分可以到普通小学与同龄儿童一起接受教育,还有部分可能仍需留在特殊教育学校接受教育干预。

目前国际社会较为认同的自闭症诊断系统是美国精神医学学会的《精神疾病诊断与统计手册》(*Diagnostic and Statistical Manual of Mental Disorder*, *DSM*)。1980年,美国精神医学会在主编的《精神疾病诊断及统计手册(第三版)》中(*Diagnostic and Statistical Manual of Mental Disorder*, *DSM*-Ⅲ, 1980)首次将自闭症列为广泛性发展障碍中的一类。2013年5月,美国精神医学学会发布了《精神障碍诊断与统计手册(第

[①] American Psychiatric Association, (2013), Diagnostic and Statistical Manual of Mental Disorders (DSM-5 ⓒ), Washington, DC: American Psychiatric Publishing.

[②] 王石换、邓红珠、陈凯云、成三梅、邹小兵:《基于儿童心理教育评估第3版的孤独症谱系障碍儿童认知功能与行为特征的性别差异研究》,《中国儿童保健杂志》2016年第3期。

五版)》(DSM-V),对自闭症的定义、障碍类别、核心症状、诊断特征等领域做出调整,与之前相比发生了较多变化。第五版的诊断标准被学界誉为当前更具理论依据,更符合科学、实证操作流程的标准,未来将更加有利于开展自闭症儿童的早期诊断和早期干预工作。第五版做了以下修正:第一,原先自闭症被归类于广泛性发展障碍,目前已更改为用"自闭症谱系障碍"一词来统称症状由轻微到严重的自闭症族群,其中涵盖自闭症、雷特症、儿童崩解症和阿斯伯格症。第二,诊断标准中原先的三个核心障碍合并为社会沟通与社会互动困难,以及局限的重复行为、兴趣和活动这两个核心障碍。① 具体标准如下。

1. 持续且跨情境的社会沟通及社会互动上的缺损,下列三项都需具备。

(1) 在社会—情绪的互动上有缺损,具体症状从轻到重表现为:社会互动异常及无法维持双向对谈;较少分享兴趣、情绪或情感;无法发起或回应社会性互动。

(2) 在社会互动上有非口语沟通行为方面的缺损,具体症状从轻到重表现为:难以合并使用口语和非口语的沟通;眼神注视和肢体语言的异常或理解及肢体动作的异常;完全缺乏面部表情和非口语沟通。

(3) 在发展、维持及了解人际关系方面的缺损,具体症状从轻到重表现为:难以做出符合各种情境的适当行为;分享想象性游戏、交朋友方面存在困难;对同辈完全缺乏兴趣。

2. 局限、重复性的行为、兴趣及活动,下列四项中至少具备两项。

(1) 刻板或重复性的语言及动作,反复摆弄某些物品。

(2) 坚持惯例的同一性,固执于一些仪式性的言语或非言语动作,极度抗拒改变。

(3) 非常狭隘及固定的兴趣,且对兴趣表现出异乎寻常的专注。

(4) 对于环境中的感觉刺激反应过度/反应不足或是对于环境中的某种感觉刺激存在异常兴趣。

---

① 邹小兵、邓红珠:《美国精神疾病诊断分类手册第5版"孤独症谱系障碍诊断标准"解读》,《中国实用儿科杂志》2013年第8期。

3. 症状必须在早期发展阶段出现。也许症状不会完全显现，但当环境或情境中的社交要求超出儿童的能力时，症状会逐渐出现。

4. 症状导致个体在社会、职业或其他重要领域有明显的困难。

5. 障碍表现不能为其他智力障碍或发展迟缓所解释。智力障碍不是造成症状表现的主要因素，若智力障碍和自闭症伴随发生，要作智力障碍和自闭症共病的诊断。

第二节 自闭症分类

一 障碍程度及分类

（一）严重程度

DSM-V作为DSM近十几年以来的一次重大更新，赋予了自闭症谱系障碍新的内涵，对自闭症谱系障碍的诊断、评估、教育干预以及其他相关社会服务等都有着深远的影响。在划分方面，新版DSM-V将广泛性发育障碍中的自闭症、阿斯伯格综合征、儿童期瓦解性障碍、非特定的广泛性发育障碍统一归结为自闭症谱系障碍，从而减少因为难以区分这四类疾病而造成的误诊。自闭症儿童常伴随智力障碍、强迫症、注意缺陷多动症、言语障碍、焦虑及情感障碍、运动协调障碍等其他疾病，因此在DSM-V中要求指出患者是否伴随智力损害、是否伴随语言损害、是否伴随运动协调损害等问题。此外，新版的DSM-V还增加了对障碍程度的描述，一方面是为了纠正一直以来人们对于"高功能"或"低功能"模糊界定的不科学性；另一方面也有利于将诊断和干预支持有机结合，这是DSM诊断系统调整过程中的一次突破性尝试，具有里程碑的意义。[①] 而且，对于障碍程度的划分标准不同于以往的缺陷层级划分，以所需支持的程度为标准，这在一定程度上弱化了"标签"的负面影响，转而关注人与环境的互动，体现了更多人本理念。具体来讲，主要划分为需要支持（Ⅰ级）、需要较多支持（Ⅱ级）、需要极大支持（Ⅲ级）。

---

① 卜凡帅、徐胜：《自闭症谱系障碍诊断标准：演变、影响与展望》，《中国特殊教育》2015年第2期。

需要支持（Ⅰ级）：社会交往障碍领域表现为，在缺乏支持的情况下会表现出一定的社会性功能缺陷；在发起社会性交往方面存在一定的困难；对他人所发起的社会性交往应答异常或是回应不恰当；对社会性交往缺乏兴趣。重复行为及狭隘兴趣领域表现为，由于重复行为导致一个或多个方面的功能障碍；不能接受别人打断其重复行为或固着兴趣。

需要较多支持（Ⅱ级）：社会交往障碍领域表现为，明显的社会性言语及非言语交往技能缺陷；在有帮助的情况下依旧表现出社会性功能缺陷；缺乏社会性交往意图，对他人发起的社会性交往回应较少或应答方式异常。重复行为及狭隘兴趣领域表现为，经常表现出明显的重复行为或狭隘兴趣，因而导致众多方面出现功能障碍；当重复行为被中断时情绪痛苦；很难将注意力从固着兴趣上转移开。

需要极大支持（Ⅲ级）：社会交往障碍领域表现为，极严重的社会性言语及非言语交往技能缺陷导致严重的功能障碍，非常缺乏社会性交往意图，无法对他人发起的社会性交往进行回应。重复行为及狭隘兴趣领域表现为，固着、特定的仪式化或重复行为，以至于在各方面出现极其明显的功能障碍；当仪式活动或习惯被中断即会引发强烈的痛苦情绪；几乎无法将注意力从固着兴趣上移开。

（二）分类

自闭症谱系障碍根据不同角度有不同的分类方法，常见的分类有如下几种。

（1）基于智力水平可分为高功能自闭症（IQ≥70），低功能自闭症（IQ<70），或者分为高功能自闭症（IQ≥85），中功能自闭症（IQ在55—84），低功能自闭症（IQ<54）。高功能自闭症的智力发展水平正常，通常语言发展相对较好，但人际关系和交往障碍明显，其使用语言进行交往的能力有相当大的缺陷，约占该群体的1/5。中功能、低功能自闭症儿童存在严重智力损伤的同时还伴随着语言发展迟缓，并伴有特殊形式的语言异常。

（2）基于量表评估可分为典型自闭症（全部符合诊断量表标准者），非典型自闭症（部分符合诊断量表标准者）。典型意义上的自闭症儿童，一般在三岁前发病，且在人际关系、言语交流以及行为兴趣方面皆存在障碍。而非典型意义上的自闭症，起病年龄一般不典型，又或是症状不典型，在某些领域中表现正常。

（3）基于社会交往特点可分为冷漠型（对一般的社会交往行为无反应），主动怪异型（会主动参与社会交往，但方式较为怪异），被动型（不主动参与社会交往，社会交往方式生硬）。冷漠型自闭症儿童的社会交往能力损害最为严重。他们对社交接触不感兴趣，因此在社交情境中常表现出冷漠行为。被动型自闭症儿童虽然不会主动发起社交，但当同伴向其发出社交邀请时，他们愿意参与到社交情境中。主动但怪异型自闭症儿童会主动发起社交，但他们的社交对象主要是成年人。这类儿童常表现出重复、刻板、异常、生硬的行为，因此常遭到同伴的拒绝。

（4）基于语言障碍的程度，可以将自闭症儿童分为完全无语言类自闭症儿童、有部分语言类自闭症儿童，以及有语言但无交际意图类自闭症儿童。完全无言语类自闭症儿童虽然发音器官没有受到太大损伤，但是他们并不会说话。他们难以理解他人话语，而且无法运用语言去表达需求，因此他们往往用哭喊、尖叫或手势等方式来表达自己的诉求。有部分语言类自闭症儿童能够使用语言，但是他们在语音、语义与词汇、理解语言、语用等方面存在障碍。有语言但无交际意图类自闭症儿童的语言能力非常发达，他们掌握丰富的词汇，但他们的语言表达并非以与人交际为目的。自闭症儿童的语言和交际问题尤为突出，接近一半的自闭症儿童难以获得功能性语言。

（5）基于在发育过程中是否出现退行性变化，可以分为折线型自闭症儿童和非折线型自闭症儿童。折线型自闭症指在儿童发育过程中出现了发育退行。在自闭症儿童两岁前发育正常或者接近正常，而两岁后却出现早期习得的语言逐渐消失，对外界的关心逐渐减少等全面退行性变化。而非折线型自闭症则无出现退行的情况。[①]

二 自闭特质

自闭特质（Autistic Traits）是指在正常人群中广泛存在的，类似于

[①] 李春梅：《融合教育理念下自闭症儿童治疗方式的分析》，硕士学位论文，东北师范大学，2007年。

自闭症症状的一系列特征,其主要表现包括社交及认知损伤、情绪加工损伤等。例如,有些人社交和情感智力很糟糕,生活没有浪漫,沉迷足球、游戏或者某些小的电子产品;某些人能心无旁骛地集中在某个特定目标上,在生活中却很孤独,没有朋友。他可能是个杰出的科学家或艺术家,往往很古板地坚持自己的意见,对别人如何看待自己毫不在意。"有一点自闭"是一种流行的表述方式,也被那些特别沉迷于自己的兴趣,不考虑他人想法的人当作常用的借口,这种说法也意味着某种程度上的赞美和认同。

汉斯·阿斯伯格也曾提及少许的自闭是创造力的组成部分。他把自闭症、科学精神、创造力和内向联系了起来。阿斯伯格宣称自闭人格是男性智力的一个极端。他在1944年的论文《自闭症与阿斯伯格综合征》提到:女性更擅长学习,她们对具体的、实践的工作更有天赋;男性对有逻辑能力、抽象、精确思考和独立研究的事情更有天赋,男性思维擅长抽象而女性思维则擅长情感和直觉。西蒙·巴伦—科恩进一步将这个观点发展成了共情—系统化理论。①

DSM-V用统一的诊断维度"自闭症谱系障碍"取代之前的多类型分类系统,明确认同了自闭症的谱系性质。"谱系"的内涵包括:(1)ASD的核心症状,社交损伤、兴趣局限和刻板行为在程度上的连续性;(2)自闭症状的多样化与异质性;(3)自闭的连续性,自闭特质在患者和正常人群中都广泛存在,在严重性上存在量化差异,且这种量化差异不是由多到少的简单的线性关系。研究指出自闭特质是与自闭症相关行为特征、人格和认知特点的集合。可以根据症状严重性是否符合临床诊断标准,将自闭特质划分为阈上和阈下自闭特质。自闭特质分布的连续性观点,打破了以往诊断"有或无"的结果,把临床实践和科学研究从类别化途径转向数量化途径。②

自闭特质是一种与自闭症个体行为表征和人格特点相似但程度较轻

---

① 齐星亮、陈巍:《自闭症共情—系统化理论述评》,《心理科学》2013年第5期。
② 关荣、赵旭东:《基于正常人群的阈下自闭特质:概念、结构和影响因素》,《心理科学进展》2015年第9期。

的特质。尽管在社会交往和社会情感能力方面相对较弱[1]，但是研究发现自闭特质的学生通常拥有有助于在高等教育中取得成功的学术优势（例如：对细节的注意，记忆回忆，对特定任务的专注和决心）[2]。此外，部分研究关注具备自闭特质学生的心理健康问题，探讨自闭特质与抑郁等心理健康问题的影响机制，从而为学生的心理健康教育提供相应的思路。

第三节 自闭症理论

一 心理理论（Theory of Mind，TOM）

在人际互动中，能正确推测他人心理状态和心理活动对个人具有重要意义。人们常常需要通过"察言观色"，即根据他人的一言一行、表情神态及其与外界事物的互动，来揣测他人心里所想，以理解他们每一步行动的原因，进而计划下一步的行为。从这一角度而言，每个人都是心理状态和心理活动的天生专家。我们在日常描述自己和他人心理状态时，经常用"想法""愿望""打算"等词语，又如我们有能力推断出"某人很想得到某物，如愿以偿后他会感到高兴，没有得到则会感到难过"等。这些充满个人经验的知识体系，便构成了一个关于心理状态与外界环境之间、心理状态与言行之间的理论，即心理理论。心理理论又称心智解读理论，是指对自己或他人信念、意图、思想和情感等心理状态进行归因、推理以及由此理解和预测他人行为的能力，是人们社交活动的基础。[3] 其本质是对他人心理状态以及心理状态与外界环境之间的因果关系进行推测的理论。心智解读能力在个体与他人的沟通、交流中发挥着重要的作用。拥有良好的心智解读能力的个体可以更好地理解他

---

[1] 柴浩、俞畅：《自闭特质对预测加工的影响——来自预测序列事件相关电位的证据》，《中国临床心理学杂志》2021年第3期。

[2] Gobbo K., Shmulsky S., "Classroom Needs of Community College Students With Asperger's Disorder And Autism Spectrum Disorders", *Community College Journal of Research and Practice*, Vol. 36, No. 1, 2012, pp. 40–46.

[3] 秦铭培、任桂琴、杜增敏、邵红涛、王梦如：《自闭症谱系障碍者心理理论的研究进展》，《中国特殊教育》2020年第2期。

人的情绪、想法，并根据他人的状态解释其行为，从而较好地适应社会。

自闭症人群并不具备像正常人群那样的心智解读能力，他们难以理解他人的情绪、行为、意图以及背后的因果关系。他们通常机械地理解他人的心理状态。自闭症者的心智解读能力主要表现在以下几方面：不能理解不同欲望（不同人想要的东西不同）、不同信念（不同的人可以对同一件事持有不同的态度）、知识获取（看不见导致不知道）、错误信念、隐藏情感（用虚假的面部表情来掩饰真实的感情）和讽刺（信息的本意可能不同于字面意思）等。①

在自闭症个体中，这个心智解读过程出了问题。患有自闭症的人很难做到"读心"，不知道他人的角色、愿望、感情、想法。对自闭症者而言，心智解读从来不是轻松发生的。一些高功能自闭症者讲过他们在社交中的困难："我在互动中要努力弄明白别人的意图、想法……我一般要过很久才能弄明白……当时一般弄不清楚……"心智解读困难给双向交流带来灾难性后果。自闭症者很难了解到他人的态度。所以不要嘲弄他们，不要恶作剧，也不要使用反讽。自闭症儿童总是按照字面意思去理解别人的话语，不像正常发育的儿童那样，不需要别人提醒他们别太刻板地理解字面意思，他们就完全能够自己理解背后的含义。

自闭症患者共情能力弱，在情感上对他人尤其冷漠，这是自闭症患者的亲人和朋友最难忍受的事情之一。例如，某阿斯伯格综合征青年，在亲人去世时毫不悲伤，并大声说都是亲人自己的错，因为吸烟才会患上癌症，他也从不安慰亲人，但是，他给慈善机构捐款时非常大方。对比可见，自闭症患者缺乏情感表达和传染性，所做到的共情更多停留在表面。

二 执行功能理论（Executive Function，EF）

执行功能这一概念的提出最早开始于英国的一些学者对额叶损伤患者的研究。前额叶皮层的损伤引起了一系列神经心理的缺陷，如计划、

---

① 顾学恒、郑普阳：《自闭症者心理理论缺陷原因探析：信息加工异常》，《中国特殊教育》2021年第6期。

组织、自我监控、情绪控制等问题，导致额叶损伤的患者不能完成一些较为复杂的任务，如出现易冲动、激惹、社会责任感下降等情况。虽然，执行功能已经成为一个重要概念，关于执行功能的研究也成为发展心理学、神经科学等领域的研究热点，但其含义相当广泛，目前还没有一个明确的定义。广义的执行功能是指个体在进行复杂的认知任务时，对其认知过程进行协调和控制，以确保个体能够顺利地完成认知任务。狭义的执行功能是指抑制控制。作为执行功能的核心成分，抑制控制指的是个体在认知过程中对干扰信息或无关刺激进行压制，从而减少干扰信息对目标任务的影响，提高个体完成目标任务的效率。

一般认为，执行功能包括以下几种类型，分别是注意和抑制、工作记忆、计划某一任务、决定和监控。注意和抑制指的是个体将注意力集中于相关的信息和认知加工过程，同时抑制无关的信息，以减少无关刺激对目标任务的影响，确保个体能够顺利完成目标任务。工作记忆是指个体在执行认知任务过程时，对信息进行暂时加工和贮存的能力。计划某一任务指的是个体为实现某一目标，对任务进行细致的安排。决定和监控指的是个体在进行认知加工时，及时更新和检查工作记忆中的内容，以决定在目标任务中的下一步行动。总之，执行功能是一个概括性术语，它包括了大量高层次的认知能力，这些能力对于实现新目标所需要的灵活性与调节性行为非常关键。

执行功能是指个体对思想和行动进行有意识控制的过程，执行功能障碍理论则是关于大脑中执行系统出错的理论。[①] 对观执行功能，执行功能障碍指的就是个体在计划、决策、工作记忆、抑制和对动作的监控等方面所遇到的困难。执行功能障碍理论主要用于解释自闭症个体的刻板和重复性行为。包括自闭症人士在应对纷繁复杂的日常生活时会遭遇各种各样的问题，如在日常生活中表现出的计划困难等。此外，受执行功能障碍的影响，自闭症儿童抑制控制能力较差，在进行一些认知任务时难以集中注意力。诸如此类问题影响深远，低功能和高功能自闭症人

---

① 贺荟中、梁志高：《自闭症儿童执行功能研究述评》，《教育理论与实践》2013 年第 31 期。

士都会在不同程度上受到妨害。

执行功能异常的理论被人们广泛接受。进一步说，人们普遍认可大多数自闭症个体日常生活存在困难。但该理论有个主要问题：应用非常广泛，几乎可以用来解释全部神经发育障碍，而不仅仅是自闭症。例如，研究发现痴呆和帕金森患者在执行功能方面存在明显障碍，尤其在做出决定和任务转换等方面最为明显。此外，执行功能缺陷也可以用于解释儿童注意缺陷多动障碍。研究发现，与正常儿童相比，注意缺陷多动障碍患者在任务转换、反应抑制等方面存在明显的异常。

三　弱中央统合理论（Weak Central Coherence，WCC）

弱中央统合理论是用于解释自闭症个体认知特点的一个重要理论之一。可以解释心理理论和执行功能理论所无法解释的自闭症症状，如狭隘兴趣和特殊才能。该理论认为自闭症个体在认知加工上倾向于对细节的局部加工，而难以进行整体的加工，即难以将细节整合成有意义的整体。包括视觉、听觉以及语义加工等方面。弱中央统合是一种知觉风格而非缺陷。即弱中央统合处于认知风格分布的一端，自闭症群体位于这个连续分布的极端。而另一个极端的认知风格是强中央统合，即倾向于处理要旨和整体形式，忽视对细节的注意。这些风格只是代表了各种偏向，每个人都可以在中央统合功能这一正态分布曲线上找到属于自己的位置。正常发展的人常以牺牲对细节和表面结构的关注为代价来处理信息以形成意义和格式塔（整体）结构。而自闭症个体缺乏整合尽可能广泛的刺激与背景的能力。自闭症这种独特的感知能力既是一种障碍，也是一种优势。自闭症个体可能具有常人所没有的独特技能，如仅听声音就能判断出几十种不同品牌的吸尘器，在数秒内找出书架上放错的书等。

弱中央统合的观念得到了自闭症个体及其家庭的广泛认同。原因在于这个理论不仅能很好地解释其他理论所无法阐明的自闭症临床症状，如特质领域、超敏锐知觉以及低迁移能力等；而且该理论首次关注到自闭症个体由于特殊知觉方式而拥有的特殊能力，即他们的"闪光点"，有助于人们更客观地认识自闭症，也给自闭症个体及其家庭增强了信心。

四　社会动机理论（Social Motivation Theory）

在过去的 30 年里，人们提出了许多理论来解释自闭症谱系障碍中普遍存在的社会障碍，例如前面所提及的心理理论。然而近年来，社会动机已成为社会心理学、行为经济学、神经科学等领域的研究热点。社会动机理论认为社会动机是促进人类发展、激发和维持个体进行社会性活动的重要驱动力。从远端层面上看，社会动机构成了一种进化需要，从而提高个体在协作环境中的适应性。从近端层面上看，社会动机是指偏离自我的心理倾向和生物机制，包括优先地注意社会世界（社会注意定向）、在社会互动中寻求和获得乐趣（社会奖励），并努力促进和维持社会联系（保持社交）。

社会注意定向指个体能够自主地觉察和注视环境中发生的社会性刺激。个体能够通过他人的面部表情和肢体语言，优先觉察到社会信号。比起其他的观察对象，个体更加能够快速且准确地觉察到人的面部表情的变化，包括隐藏的面部表情的变化。眼球追踪实验表明，自闭症儿童对社会刺激的注意行为存在缺陷。例如，当呈现一张他人在交谈的社交照片图片时，自闭症儿童更多地在看背景，而不是观察图片中的人物。此外，个体不仅注意和观察社会世界，而且渴望在社会互动中寻求和获得奖励。行为经济学认为，个体会付出努力，以获得奖励，这有利于突显他们的内在价值，也有利于帮助他们在社会合作与互动中获得愉悦感。然而自闭症儿童的社会动机的缺乏，还体现在他们的社会奖赏加工存在缺陷。自闭症儿童从社会刺激中获得了较少的快乐的回报，从而导致其减少与他人社会互动的动机。社会动机的另一个重要方面，是个体能够促进和维持社会联系。个体会自发地展现积极的自我形象，个体总是希望别人认为他们是积极的、有能力的、讨人喜欢的。然而，自闭症儿童却很少采用社交维持策略，也不太重视维持他们的个人声誉和进行个人形象管理。他们在与同伴交流时缺乏适当的反应，拒绝目光对视，也不能理解同伴的面部表情，对社会互动不感兴趣，因此自闭症儿童难以建立稳定的同伴关系，常处于被排斥与忽视的同伴地位。

总之，社会动机理论认为自闭症个体心理理论受损及其社会交往缺陷均是早期社会动机不足的结果。自闭症个体社会动机的神经机制发育异常，使其难以在加工社会性刺激和参与社交活动中获得奖赏价值，从而表现出社会动机不足。而社会动机不足又会进一步导致个体社会性注意损伤，个体与社会性刺激接触的经历匮乏，反过来影响负责社会性刺激加工的脑区发育，最终导致社交缺陷。[①] 例如，自闭症儿童从很小的时候就不愿注视他人，避免眼神接触，有人要交流时还会扭过身去。妈妈试图抱他时，他的身体也不配合，被抱起时身体很僵硬。长大后他多少愿意去注视熟悉的人了，但多数仍避免身体接触，在独处时最开心。因此，从社会动机理论的视角出发，应该将提升自闭症儿童的社会动机水平作为改善其社会交往缺陷的重点。

五　碎镜理论（Broken-mirror Theory，BMT）

20世纪90年代，意大利的研究者在猕猴研究中意外发现了一些神经元，当猴子自身做出一个动作（比如用手抓取物体）或者观察到研究人员进行同样动作的时候这些神经元出现了类似的激活反应。研究者根据其表现出的镜像特点将其命名为"镜像神经元"（Mirror Neuron），指出这种镜像的瞬间认知使得猴子仅仅通过观察就能够体验到外界的动作。[②] 类似地，当我们观察他人做动作时，我们大脑的镜像系统会自动变得活跃，这样我们就能准备好自己完成动作。这一点非常关键，因为它使得我们能以直接的方式来理解他人的动作。人类镜像神经元系统（Mirror Neuron System，MNS）包括人脑的顶下叶（IPL）、额下回（IFG）和运动视觉输入的颞上沟（STS）三部分，参与着很多重要的认知过程和社会功能。通过对比自闭症被试与正常被试在执行认知功能和社会功能时脑部激活的情况，研究者发现自闭症患者的MNS存在明显的功能异常，碎镜理论认为镜像神经元的系统异常使得自闭症患者难以将视觉或听觉信息转换为动作，限制了他们跟随和理解社交活动的能力，因而自

[①] 王磊、贺荟中、毕小彬等：《社会动机理论视角下自闭症谱系障碍者的社交缺陷》，《心理科学进展》2021年第12期。

[②] 潘威、陈巍、汪寅、单春雷：《自闭症碎镜理论之迷思：缘起、问题与前景》，《心理科学进展》2016年第6期。

闭症是镜像神经元系统异常而导致的模仿障碍，继而影响了一系列社会认知能力的发展。镜像神经系统还是社会认知的神经基础，特别是共情。[①] 当自闭症人士观察他人的面部表情和手势时，他们在镜像系统中明显表现出较低的活跃水平。有学者指出，镜像神经元的机能障碍可以解释自闭症的产生。他们认为，自闭症的好几种特征，如无法采择他人的观点、共情缺失、模仿能力缺失、语言问题等，都可以被看成心理模仿能力的缺失。由于镜像神经元支持心理模仿能力，所以镜像系统的机能障碍必定是造成自闭症的核心因素。

六 共情—系统化理论（Empathy-systematization Theory）

共情—系统化理论认为自闭症之所以表现出社交和沟通障碍是由于他们的共情缺损，而兴趣狭窄、行为刻板和能力孤岛等非社会性特征则是系统化无损甚至超常的表现。有学者把共情和系统化结合成一个维度，并进一步提出自闭症个体位于该维度偏向系统化的一端。[②] 共情—系统化理论用共情和系统化两个因素解释了自闭症的所有特征，该理论恰当地描述了自闭症的独特性，能够将自闭症群体与其他表现出共情缺陷、执行功能障碍或局部加工偏向的群体进行区分，在共情—系统化理论看来，只有自闭症患者在表现出共情缺陷的同时系统化没有缺损甚至超乎常人，其他特殊群体并没有这一特点。

共情是指识别他人情绪和感受，并做出适当情绪反应的能力，个体可以通过共情共享他人的感受、预测他人的行为。共情商数（Empathy Quotient，EQ）测验可以分别反映共情的认知与情感两部分的水平，自闭症个体在这两个测验上的得分都低于常人。共情缺陷可能是社交障碍和沟通障碍的原因。因为无论是沟通交流还是社会交往都需要参照他人的心理状态，在交往互动中若不考虑言语或非言语的心理背景，个体将无法体会到说话者的言外之意，不理解他人行为的意图个体也很难对他

[①] 李忠励、叶浩生：《自闭症谱系障碍的病因分析：来自镜像神经系统的启示》，《中国特殊教育》2014年第8期。

[②] 齐星亮、陈巍：《自闭症共情—系统化理论述评》，《心理科学》2013年第5期。

人做出恰当回应。

系统化是指通过分析变量，来推导支配活动的基本规则。为理解系统，个体往往需要主动操作系统内某些变量、控制其他变量，反复观察系统中的细节特征。把每次观察作为一个样本，在所有样本中归纳出一个模式，并把这个模式作为规则。许多研究发现自闭症个体的系统化无损甚至超过常人。高功能自闭症或阿斯伯格综合征个体的系统商测试（Systemizing Quotient，SQ）分数高于常人。有学者用无损甚至超常的系统化水平来解释自闭症个体刻板行为、注意狭窄和能力孤岛等非社会性特征。

根据共情和系统化理论，可划分出5种"脑类型"（E代表共情，S代表系统化）：E类型（E＞S）、S类型（S＞E）、B类型（S＝E）、极端E类型（E≥S）和极端S类型（S≥E）。由于自闭症个体的共情缺陷、系统化无损甚至超常，他们被归于极端S类型。

第二章 自闭症的具体表现

第一节 自闭症的核心缺陷

一 社交能力落后

随着人们越来越多的旅行和移居,学习环境和工作环境的变换更加频繁,社交生活也就变得愈发复杂。如今的文化当中,社交能力对成功的影响比以往任何时候都重要得多,因此比以往受到了人们更多重视。

社会交往障碍是自闭谱系障碍的核心特征之一,表现为缺乏与他人的交流能力和交流技巧,难以与他人建立正常的人际关系。社会交往活动是不可预期的、动态的、随机的,是一种需要灵活性和社会交往理解能力的多重感官体验过程。而自闭症儿童单调重复的、仪式化的、刻板的行为偏好,使得他们在社会交往过程中困难重重。自闭症儿童与他人互动时,常有不看或少看、不指或少指、不应或少应、不说或少说、不当行为、随心所欲、不合群等不易被接纳的行为表现。

(一) 社交困难表现

自闭症儿童的社交困难具体表现在以下方面。

(1) 非口语的行为,包括视线接触(共同注意)、面部表情、身体姿势以及社会性互动等的规范使用上有明显障碍。

(2) 无法运用对话交流来分享兴趣、情绪及情感,对社会性互动缺乏回应,无法进行自发性的社会活动,如在紧张或焦虑时不懂得用适当的语言去表达,常用极端的方式表达自己的情绪。

(3) 无法开始或维持一段符合其年龄发展水平的社会关系,婴幼儿时期不能与照料者形成依恋关系,长大后无法发展出同伴关系,如从小抗拒妈妈的亲吻、拥抱，入学不能与同伴发展良好关系等。

（4）无法表现出移情或理解他人的情感，缺乏恰当的社交对话技巧。

（5）不能进行假装、想象或社会戏剧性游戏。

自闭症儿童在社会互动上主要有以下三种类型，社交冷漠型、社交被动型和主动但怪异型。第一种是社交冷漠型，冷漠型 ASD 儿童的社会交往能力损害最为严重。一些儿童在所有社交情境中都表现出冷漠行为，另一些儿童只有在想要获取物品时表现正常，一旦他们的需要得到满足便又退回冷漠状态。部分这类儿童喜欢与成人有简单的身体接触，如拥抱、挠痒痒、追逐游戏，但对纯粹的社交接触不感兴趣，他们与同龄儿童相处时，冷漠行为尤其明显。第二种是社交被动型，需要教师和同伴的提示和帮助才会进行社会互动或参与活动，部分这类儿童会受到同伴们的喜爱，因为他们在角色扮演游戏中愿意扮演"父母"的"宝宝"或者"医生""护士"们的"患者"，只要游戏还在进行，他们便会一直扮演所分配到的角色，但当游戏重新分配角色时他们会被晾在一边。第三种是主动但怪异型，他们的社交对象主要是成年人。这类儿童的行为表现常常重复、刻板、不合适。[①] 自闭症儿童因为心智理论的缺陷无法对他人的想法或意图有正确的推论，所以常做出不符合社会期待或不符合当下情境的行为，一般人因为不理解其生理缺陷所以容易认为自闭症是没有感受、没有同情心、缺乏同理心、对人冷漠的；其实他们是有情绪与感受的，只是以不同的方式或强度表现出来，他们需要学习适当的社会互动与情绪表达方式。

社会交往障碍是伴随自闭症患者一生的难题，在不同的发展阶段会有不同的表现，直接影响到该人群的亲子关系、同伴关系、婚恋就业及社区生活，在不同阶段的具体表现如下。

（1）婴儿期（1岁之前）：往往回避目光接触，对照料者的呼唤缺乏兴趣和反应；被抱起时，表现出身体僵硬，抗拒肢体接触，哭闹时被

---

① 沈周玲、范静怡：《自闭症谱系障碍儿童社会交往分型及启示》，《医学信息》2018 年第 21 期。

抱起会哭得更厉害，放下后反而渐渐平静；缺少社交性微笑，不会观察和模仿大人的简单动作。

（2）幼儿期（1—3岁）：仍然回避目光接触，表情冷淡，对他人的呼唤充耳不闻，分不清亲疏关系，对父母等主要照料者难以产生安全的依恋关系，拒绝父母的拥抱、爱抚，对陌生人及陌生环境缺少应有的恐惧感；缺乏与同龄儿童交往和玩耍的兴趣，喜欢一个人独处；即使有交往的举动也多表现得比较怪异，如揪头发、打人等，难以让同伴接受。

（3）学龄前期（3—6岁）：与正常发展儿童相比，自闭症儿童不能通过眼神和语言引起他人注意，缺乏指点行为；缺乏同理心，难以与他人分享快乐、悲伤等情绪，也不会对他人的悲伤情绪表示安慰和关心；想象力缺失，很难进行象征游戏或角色扮演游戏。

（4）学龄期（6—12岁）：进入学龄期，儿童对父母等主要照料者可能产生依赖，开始显现出情感的互动需求，也能简单表达一些自己的情感，但仍然不同程度地缺乏与他人主动交往的动机和兴趣，表现得很被动。部分儿童愿意与人交往，但交往方式和交往技巧往往存在问题，与同龄儿童之间难以建立正常的伙伴关系，在学校里很难融入课堂，很难理解和遵循社会规则。例如，在社区或学校多表现为独处，不喜欢与同伴一起玩耍；看见其他儿童在一起兴致勃勃地做游戏时，没有去观看的兴趣或去参与的愿望。有儿童因此被称为"独立大队大队长"。

（5）青春期（12—18岁）：进入青春期后，与正常发展的青少年相比，自闭症青少年的症状往往表现得更加强烈，如果没能进行及时恰当地引导，甚至会出现心理和行为的倒退。特别是青春期的性冲动，由于不理解社会规则，导致出现不恰当行为，给教师和同伴造成极大困扰。

（6）成年期（18岁以后）：进入成年期后，大部分自闭症患者仍然缺乏社会交往的兴趣和技能。难以对人际互动做出恰当的反应，融入正常的社交生活。友谊的建立，恋爱和婚姻关系的确立对他们而言都很困难。

（二）共同注意缺失

共同注意是幼儿早期社会认知发展中的一种协调性注意能力，是指个体借助手指指向、眼神等与他人共同关注二者之外的某一物体或者事件，共同注意是互动和社交的基础，一般在 1 岁以后出现。共同注意是自发表现出来的，非常难以诱导产生。

一个人可以唤起另一人的注意来让双方对某个物体有共同兴趣，这本身就是让人愉悦的体验。眼睛凝视可以诱导注意力，手指指向和展示物体也可以诱导注意力。而自闭症最早的信号之一就是儿童几乎不会通过眼神和手势来引起他人注意，似乎察觉不到他人的存在。其实自闭症儿童并非察觉不到，他们往往非常依赖旁人来满足自己的欲望和需求。但自闭症儿童表现这种依赖的方式经常让人费解，比如通过沮丧地号啕大哭，或是在想要获取物品时选择拉着他人的手前往某处，而不是通过简单的眼神或手势的暗示来表达需求。诸如此类行为和肢体上不适切的表达可能会让父母难以理解他们的需求、及时为其提供帮助。自闭症儿童不会使用对任何人来说都特别简单、明显的方式来诱导他人注意，不会用简单手势吸引他人，人们也很难意识到这些标志的缺失。大脑健康的普通儿童也存在社交技能发展迟缓的情况；儿童的性情和社交兴趣千差万别；一些健康儿童也存在语言发育相对迟缓的问题等因素均加大了人们对自闭症儿童早期鉴别的难度。自闭症儿童在婴儿时期一般不会表现出较大的社交兴趣，有时被叫到名字也似乎没有反应。

二 言语能力落后

对于自闭症人群言语能力的认识，不能单纯从语言习得迟缓或发展不足的角度思考，实质上是他们与正常发展人群的语义网络系统不同，无法进入普通人的概念系统，因此在语言的理解和表达上存在质的差异，表现出独特的语言模式。

（一）语言表达困难

言语交流问题是自闭症的重要症状，是大多数儿童就诊的主要原因。自闭症儿童口语表达能力差异幅度大。严重的自闭症患者终生无法学会口语，成为无语者。一些研究者认为至少三分之一的自闭症患者没有任何言语。部分严重的自闭症儿童在两到三岁时仍然不会说话，而且对言语的理解能力非常有限。能力较弱的儿童停留在仿说、单字阶段，有的能说短句或简单的对话，但口语表现多是被动反应且呈现特异形式，例如鹦鹉式仿说、代名词反转、声调缺乏变化、答非所问、自言自语等特征。有些能力好的自闭症儿童对自己感兴趣的话题滔滔不绝，但也还是存在对开启话题感到困难、出现不符合情境的说话内容、奇怪的声音或语调、自问自答、不断地发问等情况。

自闭症儿童的表达障碍涉及语言各范畴的发展异常，包括在语音发展、人称代词使用、句型使用上的异常。此外，自闭症儿童还常常有重复他人言语、自言自语的行为。其中回声语言是自闭症儿童的一个独特的语言特征。自闭症儿童的语言还具有刻板性，表现为在特定的环境中刻板强迫性的、一成不变的语言表达。

自闭症儿童最常见的语言障碍表现在语用层面，如在交际中不会进行话语的轮替；在对话中主动引导话题和保持话题的能力极差；非语言的辅助性交际功能缺乏；不能根据具体的语境进行有效的交际等。具体来看，语用障碍主要表现在言语交流行为、会话技能和语篇能力三个方面。

在言语交流方面，自闭症儿童缺乏社会性言语行为。他们虽然也能像正常儿童一样运用语言表达自己的需求，但却极少使用某一类或某几类指向人的一些社会指向性言语行为类型，如评论、展示、感谢听者、要求信息等；极少评论正在进行或过去进行的行为，不倾向于表达自己的意图；无法就某一话题进行讨论；在语言的发展过程中，被动性很强，往往是在大人的反复督促下（或问话时）才开口说话，缺乏维持交流的意图，社会交流意图表现出倒退的现象。在会话技能方面，自闭症儿童在会话中也能产生话轮转换效应，但会出现不回应或者不恰当回应的现象，如缄默、尖叫、哭闹等。发起话题的能力较弱，基本上只有在其他儿童主动搭话时才能产生勉强的会话，但他们的答非所问常常违背"数量准则""质量准则""关联准则""方式准则"等，因而常常难以维持正常的会话。在语篇能力方面，自闭症儿童的情境叙事能力不足，对交流对象和情境的敏感性较正常儿童低，更易出现违背语用的情况，说话常常含糊其词，说大量无关的话，使得听者理解起来十分费力。研究者发现高功能自闭症儿童叙事时经常语言逻辑混乱、"颠三倒四"或偏离主题，其叙事语言常出现生僻的书面词汇或自创新词，在动词时态的变化上也表现出理解和使用上的困难。同时，语言重复也是高功能自闭症儿童叙事的典型表现之一。[①]

此外，自闭症儿童在运用手势和面部表情等方面有欠缺，一般不会用手势表达对他人的欢迎和再见；不会运用面部表情、肢体语言等表达自己的情感；对他人的友好行为如拥抱、爱抚等无动于衷。避免与他人眼光的对视，在交流时不会用眼神来传达信息，往往把目光转移到无关方向或者无目的地游弋。自闭症儿童书面语言与口头语言发展不同步。正常发展儿童书面与口语相互促进，口语与书面语在儿童语言习得中相互影响且两者之间的发展成正相关。

（二）语言理解困难

自闭症儿童较善于通过记忆具体语汇或片段理解语词的语意，较难掌握抽象词汇的概念，有些儿童可能可以理解某些词语字面上的含义，但在假设、迂回、隐喻式与幽默式的语言理解与应用上表现困难，造成其沟通上的困扰。未发展出口语能力的自闭症儿童，往往受限于其认知能力的严重缺陷，常以直接拿东西到他人面前或以哭或发出奇怪声调等方式表达需求，有时也会以攻击、发脾气作为沟通表达的方式。同一年龄的自闭症儿童语言能力的表现却可能各有不同，自闭症儿童语言能力的高低与年龄不成正相关发展，其语言能力的发展受制于智商、干预期的早晚等因素。

自闭症儿童语义理解依赖视觉能力，同正常儿童语义理解模式差异显著，更加依靠在词与意义间建立一一对应的刻板关系。自闭症患者存在简单的机械、程序性语言能力与复杂语言理解和表达能力之间的分离。如有的自闭症儿童在向教师表达意愿时，用"123"来代替"你好"提出请求。可见，自闭症儿童获得的词语或句子很少与意义有关，词汇的语音形式与意义内容并未完全整合在一起，虽然说出的话语音清晰、合乎语法，但是在语义上与交际缺乏关系。

一些自闭症儿童能够产生较多的语法形式和词汇，却不能实际运用

---

① 王娟、沈秋苹：《高功能自闭症儿童的叙事：特征、相关理论及干预策略》，《中国特殊教育》2017年第11期。

语言。而他们之所以难以运用语言可能是由于自闭症儿童处于一个低级的认知水平，难以对语言材料进行加工，不能通过认知加工模式习得词汇与语法知识。他们过度依赖模仿、重复的方式习得语言，而不能通过理解词汇、句子的意义来使用语言。语言运用能力要求儿童运用适当的语言形式表达自己的交往倾向，开展与他人的交谈，能够根据不同情境运用适当的语言形式表达自己的意图。

三 重复刻板行为

重复刻板行为是自闭谱系障碍的核心缺陷之一，是指自闭谱系障碍儿童表现出的一系列频率较高、无明显目的和意义的行为，还包括兴趣狭窄，很难接受事物的改变等。重复刻板行为严重影响儿童的社会融合和社会技能的习得，影响儿童功能性行为的发展，为儿童及其家人带来了严峻的挑战。[①] 甚至有家长指出，重复刻板行为是自闭谱系障碍儿童表现出的最令人头疼的问题，因为它和日常生活息息相关。

重复刻板行为包括仪式化行为，这些行为更多的是和日常生活、自我照料有关，例如，衣食住行以及如厕的习惯、坚持食用某种固定的食物、睡前坚持做某种固定的事情以及坚持穿固定款式材料的衣服等，坚持要求某些物品处于相同的位置、坚持坐在相同的位置、坚持某些特定的事情在特定的时间发生等。儿童还有着重复刻板动作，如反复拍手、转圈、用舌舔墙壁、跺脚等。有时刻板行为可能伴有自伤倾向，如反复打自己或反复用头撞墙等。

重复刻板行为高度偏离常态行为，并且占据了儿童的大部分时间，对儿童的消极影响显而易见。首先，刻板行为严重影响儿童的学习，干扰儿童新的行为技能的获得、展示和再现。自闭症儿童出现刻板行为时，对老师和干预人员的指令时常无动于衷。若这些活动被制止或行为模式被改变，他们会表现出明显的不愉快和焦虑情绪，会变得愤怒，甚至出现带有一定破坏性的反抗行为。其次，重复刻板行为使儿童遭遇社会轻

---

① 张永盛、杨广学、宁宁等：《自闭症个体感觉调节障碍与重复刻板行为关系的探讨》，《中国特殊教育》2015年第6期。

视，与同伴和成人疏离，进一步影响儿童社会关系的形成。普通儿童和成人通常难以理解自闭症儿童的刻板行为，因而也难以与他们产生社会互动，或在自然情景中干预刻板行为。最后，刻板行为可能成为儿童自伤行为的先兆。高度集中的刻板行为可能增加行为的自伤风险，许多不同形式的自伤行为可以追溯到儿童早期的节律性运动模式。研究者已证实，智力水平对重复刻板行为存在显著影响。语言发展水平与重复刻板行为间存在负相关，即语言发展水平越高，重复刻板行为程度越轻，良好的语言技能有助于重复刻板行为的改善。

不同理论流派从不同角度解释重复刻板行为。稳定/体内平衡理论认为存在最佳的刺激唤醒水平，刻板行为是用来补偿过多或不足的环境刺激水平，即在刺激不足的环境中用自我刺激来提高唤醒水平，而当环境刺激过剩时，用自我刺激来降低机体的唤醒水平。发展心理学观点认为，生命最初几个月运动神经的发展对刻板行为的抑制发挥着重要作用。因为当儿童不能自主控制运动神经的活动时，刻板行为就会频繁出现。有关研究还发现，情感和动机因素也可以激发重复性行为。自闭症个体由于对同一性的需要，通常会对周边事物或环境变化产生强烈的焦虑，因此增加了重复刻板行为出现的频率。操作理论则认为刻板行为是通过某种强化物维持的，可以是正向强化物，如获得某种感觉和注意，也可以是负向强化物，如逃避不良刺激和情景。认知心理学理论认为自闭症个体的重复性行为是为了对抗某种特殊的认知缺损，可能是自闭症个体应付高度焦虑而采用的一种策略，这种焦虑来自于无法理解和推论他人的心理状态。重复性行为是自闭症个体从让他们感到未知和恐惧的社会环境中退缩的方法。神经心理学理论认为刻板重复行为与额叶损伤导致的执行功能障碍有关，执行功能障碍表现出来的重复、仪式性动作和强迫性行为在神经生物学领域中被判定为与个体的前额皮质区域有关。还有理论认为刻板行为既不能适应环境，也不具备特定的功能，它是病理学因素的直接结果，通过加强基底神经节多巴胺神经递质的功能，苯异丙胺（安非他明）和吗啡这两种物质都可以引发包括人类在内的哺乳动物的刻板行为，刻板行为是多巴胺活动不规则的结果。

四 感知觉问题

DSM-Ⅴ中将感知觉异常作为一项新增的诊断标准，置于核心症状之一的"重复、刻板的行为"之下。自闭症儿童存在感觉异常的情况很普遍，并且多见于不寻常的感官兴趣，这提示家长和教师应当重视自闭症儿童的感觉异常，在训练的过程中应该正视感觉异常给他们造成的困扰。[①] 尽管多数自闭谱系障碍患者存在异常感觉反应的症状，但在反应类型和反应通道的表现上又存在较大的复杂性。目前，主要将自闭谱系障碍患者的异常感觉反应分为三类：反应过度、反应不足和感觉寻求。

反应过度指个体夸大感觉刺激，反应异常敏锐且持续时间长，对于自闭谱系障碍患者而言，经常表现为过度敏感或感觉防御。例如，有的自闭谱系障碍患者会对灯光产生厌恶反应，还有的患者会回避他人拥抱或通过捂住耳朵来减少声音刺激。反应不足指个体对感觉输入信息的无意识或反应迟钝。例如，有的自闭谱系障碍患者会表现出对新异刺激缺少反应，痛觉阈限提升等。感觉寻求则指个体对某种感觉体验存在强烈的、持续的渴求或兴趣。例如，一些自闭谱系障碍患者会对某种旋转或彩色的物体着迷，长时间注视着闪烁的灯光或特定的物体。临床显示，一个自闭谱系障碍患者有时会同时存在以上三种反应类型。

就感觉通道而言，异常感觉反应会存在于自闭谱系障碍患者的视觉、听觉、触觉、味觉和嗅觉体验中，且在临床表现上具有极大的异质性。例如，同样是反应过度，有的自闭谱系障碍患者会表现在听觉通道中，有的则可能同时出现在触觉、听觉和嗅觉等多个通道中；对于有的自闭谱系障碍患者而言，在同一感觉通道中可能表现出不同的反应类型。[②] 具体来看，在听觉方面，对过大或突然发出的声音过度反应；有时候用手堵耳朵，有时又对一般人忽略的声音转首倾听；不喜欢嘈杂拥挤的人群；对某种特定声音敏感，听到会发脾气；经常碰撞或撕毁东西以求发

[①] 胡进明、刘兴华、詹国栋等：《孤独症谱系障碍儿童感觉异常现况调查及相关临床特征的关联分析》，《中国儿童保健杂志》2021年第4期。

[②] 鲁明辉、雷浩、宿淑华等：《自闭症谱系障碍儿童感觉异常与情绪行为问题的关系研究》，《中国特殊教育》2018年第4期。

出自己喜欢的声音；无法忍受一些家庭用具发出的声音；经常哼唱或发出噪声等。在触觉方面，不喜欢肢体接触或被触摸，被触摸时没有反应及触觉迟钝；对痛觉忍受力高；不喜欢某种质地的衣服或衣服上的标签，讨厌穿新衣服；穿脱鞋有困扰，不喜欢洗头或刷牙；不喜欢手脏，需要经常洗手；用指尖代替整个手取物；用脚尖走路，走路步伐沉重等。在视觉方面，将东西靠近眼睛，不时转头；目不转睛注视灯光；容易被四周移动的东西吸引；不停开关灯；喜欢将东西排成一排；喜欢开关柜子或门等。在味觉及嗅觉方面，对食物比较挑剔，只吃特定几种食物；口中不停咀嚼东西；吃东西之前会先闻一闻；拒绝某种食物或气味等。

第二节　自闭症共病问题

一　共病的概念

共病是指两种或多种障碍或疾病共同出现在一个人身上，且第二诊断需指出区别于第一诊断的核心症状。共病包括三种情况，分别是：(1)一个潜在的共同病因导致了两种或两种以上不同的疾病；(2)一种疾病导致另外一种疾病的发生；(3)两种毫不相关的疾病同时发生。共病障碍在ASD儿童身上很普遍而且常伴随多种疾病，但是其病因机制尚未明确。目前对ASD的评估主要基于临床行为学，因此患者表现出的共病现象越多，临床诊断以及随后的干预就越复杂。

虽然是否有必要对自闭谱系障碍进行共病诊断曾一度存在争议，然而自闭谱系障碍患者通常伴随其他精神或躯体问题却是一个不争的事实。共病障碍，例如智力残疾，将会影响自闭谱系障碍患者的症状表现。虽然有一些精神疾病或障碍很容易与自闭谱系障碍区分，例如抑郁症，但是也有一些障碍与自闭谱系障碍的症状表现非常相似，很难区分，例如强迫症。此外，自闭谱系障碍患者本身异质性较大，因此近年来不断有研究者强调共病描述。

二　常见的共病问题

在制定自闭症儿童的个别教育计划时，还应充分考虑共病问题。自闭症儿童常见的共病问题有智力障碍、强迫症、注意缺陷多动症、言语障碍、焦虑及情感障碍、刻板行为、运动协调障碍、癫痫、胃肠道疾病、睡眠障碍、进食障碍以及如厕问题等，这些问题对儿童的生活适应和能力发展有重要影响，还会影响到家长对儿童的养育效能以及他人对儿童的接纳。① 因此，要整合更广泛的学科和社会资源，包括教育学、言语—语言病理学、职业治疗、心理学、精神病学、医学以及社会工作相关的人员，协作安排以及实施教育和干预支持。

智力障碍是一种发展性残疾，诊断智力障碍需满足：（1）在标准智力测验上的智商得分为 70 或低于 70；（2））适应功能（3 个或更多领域）同时存在缺陷；（3））年龄在 18 岁之前。自闭谱系障碍与智力障碍共病率较高，原因在于两种障碍均与脑器质性因素有关。通常情况下，自闭谱系障碍患者最有可能伴有智力障碍，然而高功能自闭症患者通常智商相对较高，阿斯伯格综合征患者在语言和认知发展方面没有明显的障碍。伴有智力障碍的自闭症儿童的治疗、康复、就学、就业以及社会回归已经成为当前社会关注的一个突出问题。

注意缺陷多动障碍（Attention Deficit and Hyperactivity Disorder，ADHD）和自闭谱系障碍的共病很常见，并且自闭谱系障碍中的注意缺陷、冲动多动症状有着更高级别的精神病理学因素。有研究发现伴有 ADHD 症状的自闭谱系障碍患者比没有 ADHD 症状的自闭谱系障碍患者表现出更多的行为控制问题，因此评估自闭谱系障碍中的 ADHD 症状是非常重要的，相对于只有自闭症状的患者而言，同时具有自闭症状和注意缺陷冲动多动症状的患者面临更加复杂的神经发育障碍，这样的个体还需要接受专门针对注意缺陷/多动冲动的干预。

自闭谱系障碍中儿童通常有言语障碍，表现为在语言使用形式和使用内容上与正常儿童有本质区别。国内有学者发现自闭谱系障碍中患者首诊主诉通常以言语障碍为主，由于语言发育状况与预后有关，因此严重的语言发育迟缓是预后不良的一个预警信号；但是言语障碍在自闭谱

---

① 鲁明辉、缪玉、杨广学：《自闭症谱系障碍共病研究现状与启示》，《现代特殊教育》2015 年第 2 期。

系障碍中表现中不具备普遍性和特异性，因此不能依据言语障碍鉴别自闭谱系障碍。

自闭谱系障碍儿童癫痫的患病率大概是普通儿童的 10 倍到 30 倍。自闭谱系障碍患者的癫痫与智力障碍存在关联，通常情况下智力障碍越严重，伴有癫痫的可能性越大。三岁前频繁的癫痫发作和癫痫样活动是发展成伴有智力障碍的自闭谱系障碍的风险因素，癫痫还是自闭谱系障碍儿童早期死亡的风险因素。相对于没有癫痫的自闭谱系障碍患者，有癫痫的自闭谱系障碍患者的智商、适应力、行为表现和社会化更差。

胃肠道问题在自闭谱系障碍儿童中相当普遍，自闭谱系障碍患儿常见的胃肠道症状表现是腹部疼痛、便秘、由便秘引起的大便失禁、胃食管反流、腹胀、胃肠道炎症以及肠道神经系统异常。睡眠问题与自闭谱系障碍的病理生理学密切相关，已有研究发现，睡眠问题在自闭谱系障碍儿童中普遍存在且长期持续。自闭谱系障碍儿童最常见的睡眠问题是失眠症，包括进入睡眠困难和维持睡眠困难。其余常见的睡眠问题有：睡眠相关呼吸问题，嗜睡，昼夜节律障碍，异态睡眠，睡眠相关运动障碍等。睡眠问题可能是一个行为问题，与过敏或其他问题行为有关或者也可能暗示着一种潜在的昼夜节律失常。

第三节　双重特殊性

一　双重特殊学生

从能力水平的角度来看，双重特殊指具有身心障碍情况（多半为轻、中度障碍，其中又以学习障碍、沟通障碍，以及情绪障碍最为常见），同时被鉴定为具有天赋超常（智商在 130 以上），或潜在天赋超常（智商介于 120—129）的特质，或在创造力、批判思考，以及其他学科领域有突出表现的个体。双重特殊学生（Twice-exceptional Students）也称为超常障碍学生或具有障碍的超常学生（Gifted with Disability），在港台地区多被称为资优障碍学生。双重特殊学生，既在某些领域拥有超常天赋，同时在某些领域伴有障碍，是超常与障碍同时存在，需要接受特殊教育支持的学生。①

双重特殊学生标签变化大。由于缺乏对双重特殊的了解，在不同阶段，双重特殊学生可能会被冠以不同的标签，标签的变化主要分为两种情况。一种情况是标签由好变坏，如某些伴有学习障碍或情绪障碍的超常学生在低年级时表现较接近超常生，但到了高年级以后，由于不适应教育模式或因情绪问题增多而成为"偏科学生""问题学生"；另一种情况是标签由坏变好，如某些阿斯伯格综合征或多动症的超常学生在儿童早期身心障碍表现明显，通常不被认为是超常生，直到日后表现优异或事业有成时，其资质与能力才逐渐受到肯定。可见，双重特殊学生在不同年龄阶段、不同环境中由于"超常""障碍"的表现各有千秋，"标签"变化大，个体异质性较大。

双重特殊学生甄别困难，出现率尚未确定。双重特殊学生是最容易被错误判断的、被误解的和被忽视的学生群体，而且至今为止，仍然很难明确鉴别。其原因来自多个方面。一是人们对双重特殊的了解不足和正式鉴别存在困难，目前在教育系统里还没有一个统一的、规范的体系来评估双重特殊。二是受制于遮蔽效应的影响，即超常和障碍的某一方面特质掩盖了另一方面特质，或者两个特质相互补偿抵消使双重特殊学生只能被鉴定出单一的超常或障碍，甚至超常或者障碍都无法被鉴别出来，遮蔽效应造成漏检和误检现象，加剧了甄别困难的现象。②

二 伴有自闭症的超常学生

伴有自闭症的超常学生在一般能力普遍落后的情况下某一个或某几个领域可能表现出与其整体能力极不匹配的超常能力，这些能力与整体心智水平呈现出极不一致、不协调的状况，所以又被称为孤岛能力，研究发现，约10%的自闭症人士具有孤岛能力。如在音乐、计算、推算日期、机械记忆和背诵等方面呈现超常表现。金·皮克能仅仅通过阅读记

---

① 戴爱华、蒋骊、胡彩红等：《区域支持"双重特殊"学生潜能发展》，《现代特殊教育》2015年第7期。

② 程黎、褚华丽：《国外双重特殊儿童的鉴别模式、遮蔽效应及对我国的启示》，《中国特殊教育》2016年第2期。

第二章 自闭症的具体表现 ◆◇◆

住整本书。斯蒂芬·威尔特希尔能够手绘罗马城市风光。首映于1989年的电影《雨人》，在提高公众对自闭症的双重特殊性理解上产生了巨大的影响。达斯汀·霍夫曼饰演的主人公就是自闭症人士，是数位真实原型的集合体。自闭症患者中最著名的一位是天宝·葛兰丁，她评价自己："丰富的知识让我表现得更正常。很多人评价说我比十年前表现得更不像自闭症了……我的思维运作起来就像谷歌搜索引擎一样……我大脑里储存的图片越多，我就有越多的关于在新环境中如何表现的模板。"自闭症的极端男性脑理论认为自闭症患者存在共情障碍和系统化能力超常的现象，并得到了神经科学的证据支持，① 该理论提示伴有自闭症的超常学生，其天赋和障碍之间存在某种生物学基础，而不是某种巧合。②

伴有自闭症的超常学生在沟通、社会技能、感官整合和行为方面都有困难，在空间和时间上重复刻板，他们很难去概括并形成抽象概念，但同时他们也有各种各样的超常能力，如语言流畅性、高级阅读技巧、高度集中的注意力、识记能力以及某一领域的优异才能。自闭症超常学生和一般超常学生的主要不同点在于个体内在能力差异颇大，不善于合作，且无法有效应对变化。研究发现，自闭症超常学生的言语智力与操作智力的发展水平通常存在显著差异，这种差异对其执行功能的发展有一定影响。

此外，高功能自闭症超常生与阿斯伯格超常生虽然在障碍特质上同属于自闭症，但二者在优势弱势上却存在较大差异，前者通常操作智力好于言语智力，口语较不流畅，后者言语智力好于操作智力，口语表达滔滔不绝。因此对自闭症超常学生的干预需要详细区分其亚型，并基于该亚型和个体的特点设计教育或干预方案。

需要注意的是并非所有伴有自闭症的超常学生都是可爱的、拥有非凡能力的古怪形象。甚至可以说与此相去甚远，他们中的很多人非常难以共同生活，很多人还存在着各类其他问题。

---

① 曹漱芹、曹颜颜：《指长比与儿童自闭症——兼论自闭症"极端男性脑"理论及启示》，《中国特殊教育》2014年第8期。

② 曹漱芹、曹颜颜：《孤独症：大脑极端男性化的表现形态?》，《心理科学进展》2015年第10期。

第三章 自闭症的融合教育

第一节 融合教育的产生及发展

融合教育希望在融合环境下通过特殊儿童与普通同伴的互动,促进他们的学习刺激与反应,增进和一般同伴在语言沟通与社会互动上的机会,帮助自闭症儿童提高学校适应能力。融合教育强调为身心障碍学生提供一个正常化的教育环境,要求普通教师和特教教师共同合作,借由教学技巧的改进和辅助工具的协助,让所有身心障碍的儿童得以在融合环境中接受教育,为特殊儿童提供与普通儿童相同的教育机会与权利。适当且人性化的融合教育还要求学校根据学生的个别特殊需求提供多元的安置方式,并让学生从中获得安全感,被接纳与受到尊重,且能得到适当的协助以发展认知和情感。因此,融合教育不仅仅是一种教育方法,更是一种教育理念与精神,其更深刻的核心价值是和谐共存,通过整体校园团队合作,创造一个有社会正义、尊重、关怀的教育环境。

身心障碍学生的安置方式,从早期以特殊学校隔离式的教育环境为唯一的选择,逐渐发展到普通学校集中式特教班的安置,后来发展到将学生安置在普通班接受随班就读。早期融合教育的对象以轻度障碍学生居多,随着融合教育的发展与政府政策的实施,低功能自闭症儿童也进入普通班就读。另外,由于家长对融合教育的期待,智力功能不佳的自闭症儿童也越来越多地安置在普通班接受资源班特教服务。

一 融合教育理念

1994年,联合国教科文组织在"世界特殊需要教育大会"上通过萨拉曼卡宣言（the Salamanca Statement）和"特殊需要教育行动纲领"，首次正式提出"融合教育"。其核心内容是让所有儿童都享有公平的教育，使每个儿童都得到最佳生长机遇，实现最佳的社会生活适应，并且要求教师能够关注学生的差异和个性特征。① 融合教育的基本含义是不要把障碍儿童孤立于隔离的、封闭的教室、学校、交通设施和居住环境之内，主张那些有特殊需要的儿童能真正地和正常发展的同伴一起参加基础教育和高等教育，并且最大限度地发挥有特殊需要儿童的潜能。融合教育强调所有人享有平等受教育的权利，也强调教育应主动满足所有人的需求。② 随后融合教育在澳大利亚、加拿大、英国等国家发展起来。在这一过程中，融合教育理念逐步扎根于各国教育领域"土壤"中。我国自1980年底以来就大力推行随班就读，随班就读作为中国特色融合教育的形式，是解决我国特殊儿童义务教育的主要策略。③

融合教育的理念也是基于对基本人权的尊重和对教育公平的追求。融合的核心价值观念就是平等、个别差异、多元等后现代主义哲学崇尚的基本价值观。④ 西方融合教育强调平等、个性自由、尊重差异、多元化等价值观念，从人权和平等的角度强调接受教育是公民的基本权利，教育要尊重个体差异，并在此基础上进行课程设计，实现教育方式的转变。我国台湾地区特殊教育界将"障而无碍""尊重差异性"作为对待特殊儿童的基本理念，体现了人文精神，避免了从名称上造成对特殊儿童的歧视和偏见。⑤ 当今，融合教育已成为特殊教育领域讨论与发展的焦点，反映了真实生活中人类的多样化，体现对个体尊严的尊重，促进个人能力成长和社会发展。

---

① 彭兴蓬、邓猛：《融合教育的社会学分析》，《中国特殊教育》2013年第6期。
② 薛二勇、李健、单成蔚、樊晓旭：《实现基本公共教育服务均等化——〈中国教育现代化2035〉的战略与政策》，《中国电化教育》2019年第10期。
③ 邓猛、朱志勇：《随班就读与融合教育——中西方特殊教育模式的比较》，《华中师范大学学报》（人文社会科学版）2007年第4期。
④ 熊絮茸、邓猛：《融合教育的宽容脉络及其现代性发展》，《继续教育研究》2011年第12期。
⑤ 兰岚、兰继军、吴永怡：《台湾地区特殊教育及对大陆特殊教育发展的启示》，《中国特殊教育》2008年第12期。

融合教育要求教师在充分了解特殊学生的基础上，调整教室生态，在教学计划、教学内容及策略上满足学生特殊教育需求，尊重并积极支持每一位学生。具体来说可以体现在下面几点：第一，用积极的眼光看待每一个学生，不要"见其所无"，而是要"见其所有"地发展每个学生身上的优势潜能。第二，用开放、包容的态度，接纳世界的多样性，接纳学生的差异性，促进他们机会平等地参与社会生活。第三，所有学生都值得教育，我们要用不同的方法帮助他们成长，尽可能地让他们适应社会并回馈社会。

融合模式是否成功的指标，包括是否"零拒绝"，即特殊儿童与普通儿童一样享有相同与平等的受教育权，教育机构不能因任何理由，拒绝特殊儿童入学就读；是否最少限制环境，即环境设施需符合特殊儿童的需要，并尽可能地提供特殊儿童与普通同伴相处的机会；是否适性教育，即依照学生障碍与学习特质，适度调整课程内容、教材、学习目标、教学方式、评价方式与标准等，了解学生优弱势，并从优势着手进行教学；是否建立了有效的融合教育转衔机制，针对特殊儿童制订个别化的教育计划和个别化转衔计划，为特殊学生建立终身学习与生活的保障支持体系。

二 融合教育发展历程

（一）国外融合教育思想发展历程

从20世纪60年代开始，融合教育逐渐兴起并成为一种思想，对教育理念的发展完善和教育实践产生了巨大的影响。半个世纪以来，融合教育思想的形成和发展大致经历了三个不同的阶段。

第一个阶段是20世纪60年代末到80年代末，"回归主流"运动在美国首先发起，后来在英国和其他欧洲国家得到积极响应，揭开了融合教育的序幕。这些国家中的一部分特殊教育工作者、特殊儿童家长对"隔离式"特殊教育提出了严厉的批评，他们认为应该让残疾儿童在最少受限制的环境中接受教育，这样将会有助于残疾儿童日后回归主流社会和主流文化。当时，强调的是残疾儿童教育安置形式的非隔离性和最少限制性。[①]

---

① 庄佳骝：《融合教育理念下的随班就读》，《教育导刊》2004年Z1期。

第二个阶段是20世纪80年代到90年代之间，有关融合教育的讨论进一步涉及对特殊儿童的认识和鉴定、评估等问题，认为对各种有身心障碍的儿童贴上不同的标签会对这些儿童一生的发展带来许多负面的影响，应从社会心理的角度更多地关注儿童的教育需要。因此，融合教育思想的倡导者建议用"有特殊教育需要的儿童"来代替残疾儿童的称呼。"反标签化"和反鉴定评估中"纯医学观点"和主张"无歧视评估"是这一时期国外特殊教育学界主要的思潮。

第三个阶段是从20世纪末到现在，在这一时期，融合教育的思想更为成熟，每一个儿童都有接受教育的权利被反复强调，并且强调根据儿童的特点和实际需要提供合适的教育；普通学校应倡导融合教育，旗帜鲜明地反对歧视特殊儿童，普通学校和其他教育机构的管理者、教师和学生以及家长都应满怀热情地接纳有发展障碍的特殊儿童。有些国家和地区已把这种思想用立法的形式予以认可和保障，并体现在新的公共教育政策之中。

（二）我国融合教育思想的发展历程

"尊老、慈幼、扶弱、助残"是中华民族的传统美德。在商周时期，祭司、教师等重要职位都可以由盲人来担任（如瞽、蒙、瞍等）。古代典章制度书籍《礼记·礼运》中就有"故人不独亲其亲，不独子其子；使老有所终，幼有所长，鳏寡孤独废疾者皆有所养"的叙述。[①] 孔子也曾提出过"有教无类，因材施教"的教育主张，即所有人都可以接受教育，在教育面前人人平等，不论贫富、贵贱、智愚、善恶、民族等等，并且要根据人的差异来决定教学内容和教学方式。由此可见，我国古代思想与融合教育的思想有相通之处。[②]

虽然在古代思想中极其重视残疾人并认为他们应该接受教育，但在几千年的封建社会中并没有形成针对残疾人的系统的学校教育。直到近现代，鸦片战争结束以后，特殊教育学校和机构在西方传教士的直接参

[①] 李世安：《试论儒家文化中的人权思想》，《河南师范大学学报》（哲学社会科学版）2003年第5期。

[②] 邓猛、苏慧：《融合教育在中国的嫁接与再生成：基于社会文化视角的分析》，《教育学报》2012年第1期。

与下才得以诞生。但在接下来一百多年的半殖民地半封建社会时期，特殊教育发展非常缓慢，到1949年，全国仅有盲、聋学校42所，在校生仅2380人，且绝大多数学校为宗教与慈善机构主办。新中国成立以来，尤其是20世纪80年代以后，国家颁布了一系列的政策法规来支持特殊教育事业的发展，例如，1987年《关于印发〈全日制弱智学校（班）教学计划〉（征求意见稿）的通知》中："在普及初等教育过程中，大多数轻度弱智儿童已经进入当地小学随班就读……对这种形式应当继续予以扶持，并帮助教师改进教学方法，加强个别辅导，使随班就读的弱智儿童能够学有所得。"这也是首次提出"随班就读"一词，即是让特殊儿童就近进入普通学校，与普通儿童一起学习的教育安置形式。①"随班就读"的安置形式是基于中国几百万残疾儿童所面临的受教育问题，并在充分考虑我国社会文化、经济、教育等实际条件的背景下而提出的具有我国民族性的一种教育模式。而后，随班就读便成为融合教育思潮在我国的主要实践形式。1994年7月出台的《关于开展残疾儿童少年随班就读工作的试行办法》中指出："残疾儿童少年随班就读有利于残疾儿童少年就近入学，有利于提高残疾儿童少年的入学率，有利于残疾儿童与普通儿童互相理解、互相帮助，促进特殊教育和普通教育有机结合，共同提高。各级教育行政部门必须高度重视和积极开展残疾儿童少年随班就读工作，并使其逐步完善。"②

于2008年7月开始实施的《中华人民共和国残疾人保障法》第二十一条规定："国家保障残疾人享有平等接受教育的权利。"第二十五条规定："普通教育机构对具有接受普通教育能力的残疾人实施教育，并为其学习提供便利和帮助。"2010年7月，教育部联合多部委发布了《国家中长期教育改革和发展规划纲要（2010—2020年）》，其中将特殊教育的发展专门单独提出并纳入规划之中，可见我国对特殊教育发展的重视程度。作为我国实现融合教育的主要途径，随班就读开展30多年

---

① 庞文：《改革开放以来我国融合教育的演进脉络、经验反思与未来展望》，《残疾人研究》2020年第4期。
② 赵斌、张瀚文：《建党一百年来中国特殊教育发展成就》，《中国特殊教育》2021年第8期。

来，取得了巨大的成功，为解决我国特殊儿童进入普通学校接受教育作出了重要贡献，很大程度上提高了特殊儿童进入普通学校的入学率，促进了特殊儿童的身心发展和融合。①

三 融合教育模式

(一) 国外融合教育的模式

国外的融合教育经历了由隔离式特殊教育到融合教育的发展过程。18世纪下半叶到19世纪上半叶，随着人类对残疾病理学研究以及检测技术的发展，很多残疾人得到了在隔离的特殊教育学校或机构接受医学诊断、康复训练与针对缺陷补偿教育的机会。17世纪，英国就出现了针对特殊人群的训练和教育。英国早期的特殊教育强调对残疾人和犯罪儿童进行宗教上的改良和社会技能上的提高。

到20世纪中叶，隔离式的特殊教育学校与机构在西方呈快速的增长趋势，公立学校里的特殊班成为多数残疾儿童的教育安置模式，越来越多的残疾儿童获得了受教育机会。例如20世纪50年代，芬兰的特殊教育主要在隔离的特殊学校和特殊班中进行。② 1944年，英国议会通过了战后重要的教育法案，即《1944年教育法》。受此法案影响，英国特殊教育条件得到改善，对特殊儿童的诊断、治疗与教育等方面也取得了较大进步，传统隔离式特殊学校数量大大增加。

20世纪50年代以来，声势浩大的民权运动推动了特殊教育发展，促使特殊教育由隔离走向融合。美国、英国、加拿大等融合教育发展水平较高的国家从20世纪六七十年代起就开始将特殊儿童逐步安置到普通学校接受教育，走上了融合教育之路。

目前融合教育实施比较成功的模式有很多。例如，美国国家教育改革及融合中心将融合教育的模式分为以下几种：协同教学模式，即特教老师与普通教师一起进行教学；小组模式，即特教老师与数名普通教师

---

① 邓猛、赵泓:《新时期我国融合教育现状和发展趋势》,《残疾人研究》2019年第1期。
② 张文秀、彭婵娟、王雁:《融合教育背景下芬兰特殊需要学生的支持模式》,《比较教育研究》2021年第1期。

组成教学小组,共同负责班上所有学生的教育;平行教学模式,即在普通班级中,特教老师在教室内某一区域对部分学生进行教学;协同教学咨询模式,即特教老师主要施行抽离的教育方案,但是一周中,会安排某些时段进入普通班,与普通教师合作,进行协同教学;资源教师模式,即特教老师负责抽离式的教育方案,同时也是普通班教师教学上的咨询者。[1] 而就身心障碍学生融合的程度则可分为两种模式:其一,部分融合模式,即身心障碍儿童于部分学科课程进入普通班级中,接受最大的统合教育。其二,完全融合模式,即不论障碍程度,不论科目或时间,皆与普通学生一起接受教育。[2]

澳大利亚形成了"一体化"的融合教育服务模式,采取双学籍注册和特殊教育卫星班等方式。双学籍注册是指在普通学校和特殊学校双注册的学生每周在不同的时间段分别在两个学校学习,从不同的教育环境和教学过程中获益。特殊教育卫星班是指专业特殊学校在多所普通学校设立的教学空间。

从18世纪的隔离教育到20世纪七八十年代的融合教育,国外对特殊需要儿童的教育从关注他们的特殊发展转变为关注他们的适性发展,促进他们在普通学校学习,使他们更好地适应社会,有利于他们个人的进步与成长。

(二)我国融合教育的模式

在融合教育思潮影响下,我国特殊教育的发展同样也经历了由隔离式特殊教育到融合教育的发展过程。我国对特殊需要儿童30多年的教育实践,主要分为三个阶段。

第一阶段是1986—1992年,残疾儿童少年的教育安置形式以隔离为主要形式,八至九成残疾儿童少年在特教学校就读。1988年11月召开了全国第一次特殊教育工作会议,大会报告指出:"有计划地在一部分普通小学附设特殊教育班或吸收能够跟班学习的残疾儿童随班就读"

---

[1] 王佳:《融合教育背景下资源教师与随班就读教师合作现状的调查研究》,硕士学位论文,四川师范大学,2018年。

[2] 邓猛、朱志勇:《随班就读与融合教育——中西方特殊教育模式的比较》,《华中师范大学学报》(人文社会科学版)2007年第4期。

第三章 自闭症的融合教育

"逐步形成以一定数量的特殊教育学校为骨干,以大量特教班和随班就读为主体的残疾少年儿童教育的格局。"在这一阶段中,国家教育委员会在8个省市开展盲、聋、弱智三类学生的随班就读实验。聋校、培智学校和盲校等隔离式特教学校既为主体又为骨干,综合性特教学校数量发展缓慢。

第二阶段是1993—2001年,残疾儿童少年的教育安置形式以逐步融合为发展趋势。五至七成残疾儿童少年在普通学校就读,也可以说是随班就读为主体、特教学校为骨干格局的形成阶段,综合性特教学校数量略有发展。

第三阶段是2002年至今,残疾儿童少年的教育安置融合趋势总体稳定,随班就读仍然为主体。① 特教学校依然为骨干,但在特教学校内部,综合性特教学校迅速增加。听觉障碍、视觉障碍、培智儿童教育安置形式变迁,聋校、盲校和培智学校三类隔离式特教学校出现减少趋势,其所占比例也开始受到综合性特教学校的冲击。2004年,北京市海淀区提出开展"融合教育",要求学校提供适当的教育环境使所有特殊学生有机会进入普通学校学习,② 这促使越来越多的特殊学生选择到普通学校随班就读。2011年,召开了第三次全国特殊教育工作会议,大会报告指出:"以专门的特殊教育学校为骨干,以普通学校特教班和残疾儿童少年随班就读为主体的特殊教育格局基本形成。"数据表明,目前超过半数的残疾儿童在普校随班就读。

我国目前实施融合教育的主要形式是随班就读。当前,各地积极开展残疾儿童随班就读实验,助推融合教育大发展。比如北京市实施自下而上的融合教育模式,由融合教育学校的管理人员、教师、巡回指导人员等组成专家团队对随班就读学生的现有水平进行评估,全面了解残疾儿童的发展情况以及所需要的教育支持,且形成了"以特殊教育学校为骨干,以随班就读为主体、以送教上门为补充"的特殊教

---

① 赵小红:《近25年中国残疾儿童教育安置形式变迁——兼论随班就读政策的发展》,《中国特殊教育》2013年第3期。

② 王红霞、彭欣、王艳杰:《北京市海淀区小学融合教育现状调查研究报告》,《中国特殊教育》2011年第4期。

育办学体系。① 杭州以卫星班为主，针对卫星班学生所在普通班级进行教学组织形式上的改革，采用了协同教学的形式。卫星班教师与普通班科任教师依据卫星班学生的需求，共同备课、上课、评课。虽然，我国融合教育的开展在近年来取得了许多的成就，但是与西方发达国家相比我国以随班就读为主要形式的融合教育从总体上来说还处于较低水平，人力、资源、相关服务等都相对不足。因此，我国还需要借鉴别国的经验以及融合教育的理论来指导我国随班就读实践，同时因地制宜地探索具有我国鲜明的民族性的融合教育发展模式。

四 儿童如何从融合教育中受益

包括普通儿童和特殊需要儿童在内的所有儿童都能从融合教育中受益。高质量的融合可以帮助儿童有所收获，从小接触融合教育能够对所有儿童的行为和技能习得产生积极影响。

（一）正常发展的普通儿童受益于融合

证据表明，在融合课堂中，普通儿童的发展不会受到伤害或处于不利地位；相反，他们的成长和发展是基于培养和维持与不同类型的同伴的关系的结果。在融合的环境中，正常发育的儿童会从他们的"特殊"同学那里学到许多东西。一方面，仅仅是与特殊儿童处于同一融合环境中，就会促使普通儿童对带有不同特征的同龄人有更深的理解，并对他们形成积极的态度。另一方面，可以在融合背景下与特殊儿童进行重复的和即兴的互动，以增强普通儿童发起互动和协商分享的能力，以及共情能力。

（二）特殊儿童受益于融合

为了使特殊儿童充分融入学校生活并在其中取得成功，他们需要有机会做到以下几点。

·培养积极的社交情感技能（包括社会关系）
·获得和使用知识和技能（包括语言/沟通和读写技能）

---

① 颜廷睿、关文军、邓猛：《北京市中小学融合教育实施情况的调查研究》，《残疾人研究》2017年第2期。

・使用适当的行为来满足自己的需求

这些"功能性结果"领域的基本原理是,儿童应该获得发展社交能力、批判性思考和解决问题所需的基本知识、技能和行为,以及在日常生活中获得独立。正常发育的普通儿童可以毫不费力地获得这些功能性技能。大量研究表明,当特殊儿童融合于普通教育环境时,更有可能表现出积极的社会和情感行为,习得以上功能性技能,且他们的技能水平远远高于那些处于隔离环境中的特殊儿童。让特殊儿童有机会与各方面功能水平更高的同龄人互动也十分重要。研究人员发现,特殊儿童与具有较高社交技能的同龄人交往时,更有可能在未来对其行为和技能进行模仿。听障儿童在与正常发育的同龄人一起玩耍时,有更大概率参与到更高水平的游戏中。此外,当正常发育的孩子掌握与听力受损的同学交流的策略时,双方社交互动的"质"和"量"都可能会得到提升。类似的现象也出现在有特殊语言障碍的儿童身上:患有自闭症的儿童在融合的环境中,尤其是在有同伴支持的情况下,更有可能将他们的社交技能泛化,应用到新的互动中。高质量的融合环境中单独的物理安置只能提供特殊儿童与他们的同龄人接触的机会。通过日常社会互动、工作和游戏,在适当的支持下(如基于循证的教学策略、社会支持),创造一种促进有意义参与的环境和文化,将更有利于特殊儿童获得和维持功能性技能。

第二节　学校融合教育文化及课程

一　学校融合教育文化

学校是受教育者接受有组织的系统教育的场所,学校文化是学校具有的特定的精神环境和文化氛围,既包括校园建筑设计、校园景观等物化形态的内容,也包括学校的传统、校风、学风、人际关系,学校的各种规章制度以及学校成员在共同交往中形成的非明文规定的行为准则。从构建学校文化的涉及主体上看,主要包括学生、教师、学校管理者、家长以及社区等。

近年来,融合教育不断得到重视并发展成为一种教育文化,对学生的成长产生重要影响。在融合教育理念指导下有利于建设一种包容平等，尊重差异，多元发展的融合性学校文化，能够帮助学生健全人格，发展核心素养。实施融合教育的最终目的是促进包括特殊需要儿童在内的所有学生的发展，这些发展最重要是通过课堂中的教学，特别是融合教育在长期的教学中所形成的系列的最佳实践方式来实现。尊重差异是融合教育文化的重要组成部分，教师在教学活动中要善于引导学生认识差异，理解并接纳差异。许多小学将融合教育文化和学校文化进行了融合，为了帮助每一位学生针对性地完善自我，学校在教学实践中一直强调为差异而教，引导教师和学生认识差异、尊重差异、接受差异，为每一位学生营造包容、平等、理解的校园氛围，帮助每一位学生成人、成才。从教育学的角度来看，差异是在满足"同一"的基本的要求下与教育教学密切相关的差异，它包括学生个体在学习准备水平、态度习惯、学习风格、学习兴趣、智力、人格、家庭社会背景等方面的差异，还包括教育目标、课程设计、教学内容、教学方法、评价手段等方面的差异。

差异教育是在学校办学过程中面对有差异的学生，实施有差异的教育，促进学生有差异的发展。面对有差异的学生是差异教育的起点，实施有差异的教育是差异教育的过程和手段，促进有差异的发展是差异教育的归宿。融合教育认为每个学生都具有差异性，自闭症学生的差异性不是问题，是教学的多样化需求，为此，教师应该注重差异教育，根据每个学生的差异性来进行教育。用科学的方式帮助学生成长，引导普通学生关心照顾特殊学生，营造和谐包容的班级环境。

全社会形成尊重平等的环境氛围、给予特殊需要学生更多的宽容和爱护的融合教育文化需要家庭、学校和社会多方合作共同完成。政府出台相应政策为学校、家庭融合教育的开展提供制度保障，社会机构为学校家长提供资源支持，专业人士深入研究为融合教育文化的构建提供理论指导。

（一）国外学校融合教育文化

由于国外的融合教育开展较早，已形成一些有效的实施模式，并随着社会文化的更新得到不断发展，促使学校融合性文化也得到了一定的发展。美国把追求卓越发展、坚持公平与效率兼顾作为特殊教育的发展目标，这充分体现了对人性的尊重、对学生差异的认同和对多元文化的欣赏。在这种发展目标的指导下，民主、自由、平等、多元等文化理念影响着学校的文化建设。同时，美国融合教育中普通班级、资源教室和分离班级使特殊需要学生更好地融入普通学校学习，促进特殊需要学生与普通学生的交往，营造和谐包容的学校氛围，学生都得到更好的发展。①

西方权利文化推动融合教育发展，如"受教育权是一项基本的人权"，这为特殊学生接受教育提供政策保障。20世纪50年代民权运动的开展促使追求个人自由、社会平等社会文化的形成，这对学校的文化构建产生了一定影响。同时，融合教育体系能够得以运行得益于教育管理中的信任文化。在信任文化下，教育当局、学校与教师才能够有足够的自主权打破统一化、标准化的传统教育模式。信任文化下的教学自主权使得教师能够应对学生多样化的学习需求，使教师关注到每一位学生，认识到每一位学生都是独一无二的，从而达到差异化教学。②

（二）国内融合学校文化

虽然我国融合教育起步较晚，但不少学者已经意识到构建融合性学校文化的重要意义及价值。在融合教育实践中，通过构建融合的同伴文化、教师文化、管理文化和家—校—社合作文化，以促进构建包容、尊重、接纳、平等、民主、互助、尊重差异的融合性学校文化。

构建融合的同伴文化有利于让特殊需要儿童在和谐的环境中学习，能增长知识、获得技能、完善人格，增强社会适应能力。③ 改善班风和校风，促进高年级和低年级、特殊需要学生和其他学生在学校中相互促进、彼此帮助、共同提高、帮学相长，学会尊重差异，提高责任意识。④ 可见，融合性学校文化的有效构建对学生的身心发展具有重要作用。融

---

① 黄建辉：《从二元并列走向一体化：美国融合教育教师职前培养实践及其启示》，《中国特殊教育》2018年第4期。
② 景时、刘慧丽：《芬兰融合教育的发展、特征及启示》，《外国教育研究》2013年第8期。
③ 周满生：《关于"融合教育"的几点思考》，《教育研究》2014年第2期。
④ 崔凤鸣：《推动残疾人融合教育的几个关键问题》，《教育发展研究》2010年第6期。

合教育理念的指导有利于建设一种包容平等，尊重差异，多元发展的融合性学校文化，能够帮助学生健全人格，发展核心素养，这与教育部等七部门2017年印发的《第二期特殊教育提升计划（2017—2020年）》中提及的坚持尊重差异，多元发展的基本原则相吻合。

在构建融合的教师文化方面，众多学者认为应加强师资培训，提高教师的融合教育素养。应该增强对教师专业知识、专业理念、专业技能的培训，以提高教师的融合理念和特殊教育技能。[1] 融合教育师资培训主体应该多样化，可邀请特殊儿童家长、特殊儿童、一线教师、学校领导、研究者在内的所有人员共同参与学校的融合教育师资培训。应将教师的合作、共享能力作为培养和培训的核心能力，因为高效的沟通合作便于资源共享，提高教师的教学效率。[2] 除此之外，在融合性学校文化构建过程中，应注重融合班级中的教与学。在教师"教"的方面，强调教师根据学生情况进行差异化教学，注重为学生提供多样化的教学方法和策略，如多样化的内容呈现方式、多样化的内容组织形式和多样化的学生评估形式等，以差异化适应多样化，促进教育教学质量的提高。[3]

除此之外，校长在构建融合的管理文化过程中扮演重要角色。实施融合教育的校长应该有大局意识，从战略高度构建学校文化，脚踏实地重视每个细节，努力搭建学校文化建设平台，不断提高融合教育学校的凝聚力和综合实力。[4]

在构建融合的家—校—社合作文化方面，融合教育应注重学校与家庭、学校与社会、教师与家长的合作，共同为学习者创造融合的环境。[5]

---

[1] 朱楠、雷江华：《融合教育背景下免费师范生特殊教育能力培养研究》，《中国特殊教育》2014年第2期。

[2] 冯雅静：《国外融合教育师资培训的部分经验和启示》，《中国特殊教育》2012年第12期。

[3] 刘明清、谢翌、陈婕、张雪莹：《适异而育：共生视域下融合教育文化创建个案研究》，《教育理论与实践》2021年第26期。

[4] 周满生：《关于"融合教育"的几点思考》，《教育研究》2014年第2期。

[5] 周满生：《关于"融合教育"的几点思考》，《教育研究》2014年第2期。

特殊需要学生家长可以参与学校的融合教育师资培训，以加强家校合作。①

国家投入大量人力、物力发展平等、优质教育，但拒收特殊需要儿童进入普通学校学习的现象在部分地区还时有发生，我们仍需坚持消除偏见，创造平等、尊重、互助的柔性文化环境，促进我们与特殊人群双向的社会交往，建立正常人关于特殊群体的概念，促进公众正确地接纳与理解。②

二 融合教育课程

课程作为教学资源的重要组成部分，在构建融合的管理文化过程中发挥着不可替代的作用。例如，英国学界提出了"共同课程"的设想，旨在为具有不同特殊需要的学生提供国家课程调整的框架及范式，同时建立起支持融合学校建设的课程发展模式。可见，在以英美为代表的教育较为发达的国家，融合教育的推进已不再满足于支持体系的构建等外围要素，而是开始深入探索特殊教育需要学生的课程融合，并将其视为有质量的融合教育的核心体现。1978年，英国政府在《沃诺克报告》中确认了三种水平的教育一体化：地点性的一体化，所有儿童在同一地点学习；社会性的一体化，特殊儿童和普通儿童在非学习时间中相互影响；功能性的一体化，包括教室中全面的一体化。教室中全面的一体化对特殊儿童而言是最高层面的融合，其中，提供适合特殊儿童的课程逐渐成为成功的教育一体化所需的必要条件。所有人都能使用的、灵活的课程是建设"能为所有人提供教育的学校"的关键，可见，如何通过对普通教室里的课程进行调整，形成真正的融合教育课程，使所有儿童都能够充分、平等地参与到学校课程活动中来，是融合教育必须要考虑的问题。联合国教科文组织2009年明确指出，融合教育课程作为实现融合教育的一个重要途径，其核心意义在

---

① 冯雅静：《国外融合教育师资培训的部分经验和启示》，《中国特殊教育》2012年第12期。

② 胡智锋、樊小敏：《中国融合教育的发展、困境与对策》，《现代教育管理》2020年第2期。

于将"融合"的原则诉诸教育行动。

(一)融合教育课程的界定

融合教育课程概念是从融合教育视角来审视课程问题所形成的一个相对较新的概念,回答的是在融合教育背景或趋势下,"课程是什么"这一问题。融合教育课程问题与融合教育领域中的很多新的概念一样,是一个备受关注和讨论又有待明晰、缺乏定义的问题。课程是教育改革的核心组成,对课程的定义总是与对其背后所蕴含的课程观念、实践模式的理解紧密契合在一起。如何定义融合教育课程,很大程度上意味着融合教育课程实践的表现方式,与融合教育在实践中的持续推进深刻相连。

融合教育课程事实上并不是一个严格意义上的学术概念,国外学者倾向于将融合教育课程视为一种面向特殊教育需要学生的,为其提供学习经验、阅历以及各类教育资源的总和。这实际上是基于对课程一般性质的理解上来界定融合教育课程的。课程是教育经验的传递,而融合教育课程同样是教育经验的传递,只是发生于融合教育实践领域,所面对的群体或个体是特殊教育需要学生。譬如,有研究者认为,融合教育课程是通过普通学校提供的必要的知识和技能,它能满足特殊教育需要学生独特的学习需要,使他们有效融入社区。还有学者认为,融合教育课程是为包括特殊教育需要学生在内的所有学生提供的,能够增加他们融入社会、向成年阶段过渡的机会。国外学者从课程的宽泛意义上来理解融合教育领域内的课程,很大程度上是将融合教育课程视为课程本身,是整个普通教育课程的组成部分。

近年来,我国学者在随班就读实践基础上关于融合教育课程的讨论与研究也方兴未艾。融合教育课程在国内也经常被称为"全纳课程"或"随班就读课程",是让所有学生都能够进行高质量学习的共同课程,它不是只照顾好部分优秀学生,或者只照顾到普通学生而将特殊教育学生排除在外。融合教育课程既是面向所有学生的共同课程,又是适应学生个别差异的具有弹性的课程。融合教育课程反对传统的牺牲大多数能力一般或较差学生的发展需求,只注重极少数优秀学生发展的精英主义教育模式。但它也并非"一刀切"的课程,需要多种资源、辅助设备、改编的教学材料、人员包括合作教师与其他专业服务人员的投入。①

（二）融合教育课程的性质

融合教育课程这一概念的提出，使我们对传统课程体系的划分有了新的认识，同时也有了新的疑惑。融合教育课程究竟是怎样的课程，它与现有的普通教育课程或特殊教育课程是什么关系？它是一种随着融合教育的推进将在普通学校里实施的全新的课程系统吗？如果不能明确融合教育课程的性质，我们就很容易陷入概念及实践的困惑之中。

1. 融合教育课程的首要特征或性质，应是"以现有普通教育课程为核心"。

在我国传统课程体系中，是有普通教育课程（或基础教育课程）与特殊教育课程之分的。在谈到一般意义上的基础教育课程改革时，通常默认的对象领域是普通教育，很少包含特殊教育。由于特殊教育对象的特殊性，特殊教育逐渐建立起相对独立的课程体系，我们称之为特殊教育课程。普通教育课程与特殊教育课程有交叉，譬如在听障教育和视障教育领域，特殊教育课程以普通教育课程为蓝本。但特殊教育课程体系有其自身的独特性，如听障教育与视障教育领域里的沟通与交往、综合康复、社会适应等课程。特殊教育课程的独特性在智障教育领域体现得更为明显，生活语文、生活数学、生活适应以及唱游与律动、绘画与手工、康复训练等课程构成了培智教育课程的核心部分，这显然与普通学校的学科课程有显著差别。那么，当特殊教育需要学生进入普通学校之后，课程问题应如何解决？是否有可能依托特殊教育课程来解决这些学生在普通学校的教育教学问题？我们需要认识到，融合教育的教育对象固然是包括残疾在内的各类特殊教育需要学生，但教育教学发生的主要场所是在普通学校普通班，特殊教育需要学生应尽可能融入普通教育课程体系之中，而不是独立于普通教育课程体系之外以特殊教育课程的方式接受教育。融合教育课程虽然是一个新的概念，但它并不是一种独立于普通教育课程与特殊教育课程之外的全新的课程系统，而是以普通教育课程为核心的课程，它本质上仍是普通教育课程。

---

① 邓猛：《融合教育与随班就读：理想与现实之间》，华中师范大学出版社 2009 年版。

2. 普通教育课程是融合教育课程的核心，但不是全部。

对于很多特殊教育需要学生来说，仅仅通过参与普通教育课程，无法满足其特殊教育需要，他们还需要在普通教育课程之外，围绕生活自理、社会适应、功能康复以及职业生涯规划等方面，增加一些特殊教育课程，它们共同构成了融合教育课程的框架。但需要强调的是，这种增加的特殊教育课程就性质而言是对普通教育课程的补充，融合教育课程应始终以普通教育课程为主，才能真正回应融合教育理念所要求的参与和实质融入的目标。理解和把握好融合教育课程的这个性质，我们才能在融合教育实践和课程改革中不至于因困惑、迷惘而失去方向。

3. 融合教育课程强调课程面向所有学生，不能以学生的性别、年龄、残疾、信仰、语言等为由而不予接受，这是一项基于"人人生而平等"的人权诉求。

第48届国际教育大会（International Conference of Education，ICE）会议报告中指出，融合教育课程应该能够反映促进融合社会的因素，如更加均等的机会、重视差异性和消除歧视等。融合学校的工作者要有一个基本的认识，即所有儿童都有权利参与到课程中来并成为课程的贡献者，学生的权利应该融入课程计划与活动的设计当中。实施融合教育课程的学校或机构应当通过提供各种资源、设备服务，减少和消除学生进入课程的障碍，实现课程的零拒绝。

（三）融合教育课程的内容

英国教育系统于2001年执行了一个先导的融合课程改革，假设"有效的课程是为所有人设计的共同课程"。该共同课程的课程架构包括：(1)学术学科领域，比如数学、英文、科学等；(2)发展性技能领域，将不同学习困难学生特殊需求的发展性技能渗透到课程领域的所有层面；(3)功能性的领域，关于个人、社会、健康教育以及公民教育。这一国家课程调整的框架回应了英国政府赋权保障所有学生学习的呼吁，它不仅建立在融合教育的原则之上，而且保证教师在设计课程教学时拥有较大程度的灵活性，以满足有学习困难学生的需求。

美国帮助个别化教育计划团队开发适合智力障碍学生的正式课程。

该模式有两个立足点,一为普通教育的正式课程,二为学生独一无二的学习需要。植入辅助技术是该模式中课程修正的一环。如果辅助技术不能移除学生学习普通课程的障碍,将会逐步考虑三种不同类型的课程修正,包括:(1)课程调整,指尝试修正课程内容表征或呈现方式,或者鼓励学生积极参与课程,以促进学生的课程启蒙和进步;(2)课程扩展,为学生提供额外的技能或策略;(3)课程替代,针对学生需要的额外的、功能性的课程内容。

(四)遵循的原则和支持系统

1. 融合教育课程的设计应该遵循 UDL 原则。

有学者指出,融合教育的核心在于教育服务的多样化而非个别化,融合教育课程接纳、尊重并欢迎学生的差异性,反对课程内容和呈现方式的"主流中心论"。融合教育课程的设计、实施和评价必须考虑到学生的差异性需求以确保"所有人都能使用",这就意味着需要一种通用化的学习服务设计(Universal Design for Learning,UDL),即在"教学—学习"过程和课程设计之初,就应该把学生的差异性考虑在内,以适应所有学生的学习特征与学习需要。课程的通用设计集中表现在课程适应的通达性上,包括课程信息呈现方式的多样化、学生行为与表达方式的多样化以及学习参与方式的多样化。这些多样化的方式允许学生根据自己的需求进行选择,并且每一种方式都有效且异曲同工,例如,教师在呈现某一物理概念时,可以在口头讲解的同时,配合使用图画、影像和具体的实物演示以满足班上不同学生的信息获取需求;学生可以用自己拍摄的视频、制作的画册等来代替文字形式的作业。通用设计原则在课程的目标、材料、方法和评估设计中,将学生学习的障碍降低到最小化,实现对所有学生的"通用性"。

2. 融合教育课程的执行应遵循弹性化原则。

国际教育委员会(2009)提出,融合教育课程必须是弹性化的、相关的和可调整的,以满足终身学习者的不同学习特征与需求。在每个儿童都能充分参与到课堂活动中并都能有所成就的前提下,弹性化原则主要体现在教学方法、课程材料和课程评估上。

(1)教学方法的弹性化。教学方法的设计要能够适应不同背景、不同学习偏好的学生,但并不降低其学业标准。融合教育中教师更多关注的应该是学生的差异性而非同一性,教师要意识到多元化的学生结构是一种资源而非问题,并且应该乐见学生差异性的存在,正是学生的不同特征和需求打破了旧有课程的一成不变,也督促教师在教学策略和方法上不断推陈出新。因此,弹性的教学方法可以更好地应对出现在课堂中特征和需求各异的学生。根据具体的课堂情境,可以采用一对一辅导、小组合作、问题导向的学习、仿真情景教学等不同的教学方法。

(2) 课程材料的弹性化。课程材料不应局限于传统的、固定的形式,凡是有助于学生从课程中获益的材料形式都可以采用,例如大字课本、音视频播放设备、触摸板等。这些材料可以让学生以不同的方式参与进课程中并在课程中表达自己。

(3) 评估方式的弹性化。传统的、标准化的评估方式不再适合融合教育背景下的课堂,能力模式的评估方式要替代结果模式的评估方式,例如评估的形式可以是论文写作、作品陈述、旅行记录、小组项目等。很多特殊儿童通过小组合作学习,可以成为出色的小组成员和项目成果的重要贡献者;一些儿童只要给予他们充足的时间保障,就能够取得很好的与其能力匹配的学业成就。

3. 融合教育课程的实施需要多层次的支持保障。

课程实施是一个系统工程,课程能够顺利开展需要各方面的支持。首先是法律与公共政策支持。英国议会于 2005 年通过了《反歧视法案》,2006 年通过了《公平法案》,加上 2001 年通过的《种族关系法》和 2003 年通过的《就业公平条例》,这些法律和政策成为英国实施融合教育及推行融合教育课程的有力保障,上述法律和政策直接推动英国高校和基础教育学校重新审视自己的职责所在,学校应该在消除歧视保障不同社会群体受教育机会均等、悦纳学生差异性等方面做出承诺。

其次是学校层面的行政管理支持。在营造接纳氛围、调配学校资源过程中,学校领导尤其是校长的作用至关重要,往往正是因为校长的倡导和积极拥护,学校环境开始转变,慢慢接受先前被明确拒绝的学生,重新组织和调配学校资源,最后形成面向全社区所有成员开放的融合教育环境。

最后是教师教育方面的支持。在课程实施过程中,教师的地位极其关键,教师作为课程的重要参与者,在融合教育方面的信心、资质、知识以及态度是融合教育课程能够稳固推进的必要前提,包含丰富融合教育内容的教师职前教育无疑是融合教育课程实施的重要推力。教师除了参与本学区的专业培训活动,还要与家长、儿童障碍诊断中心保持联系,共同商讨统一的课程标准背景下的个别化教育计划(IEP)。

第三节 融合教育的现况与困境

一 国内融合教育的现状

无论实施何种融合教育模式,长久以来,不同学者对于融合教育的成效,一直有正反两派的意见。拥护的学者认为:融合教育对于障碍学生、普通学生、教师及行政体系都有很大的帮助。就障碍学生来说,融合教育消除了隔离问题,保障特殊学生的受教权,增进其自我决策、学业成就、身心发展及社会互动行为,并为将来的社会生活做准备;就普通学生来说,对其学业及社会发展都有所帮助,增进其对特殊学生的了解的同时也更愿意帮助他人,还能在融合环境下,接受更多元、质量更高的教育;而对学校教师而言,无论是特教教师或普通教师,皆能借着合作教学增进教学技巧,能更敏锐察觉学生的需求,并更能调整自己的教学,以符合学生的需要;至于行政体系方面,融合教育合并特殊教育与普通教育,使教育体系变得更加完备,教育成本也降低了。

但反对融合教育的学者则认为:融合教育未必能解决"污名化"的问题,特殊学生容易被孤立。[①] 对于中重度障碍的学生,在没有适当资源的情况下,教师难以真正兼顾其需求,反而较适合抽离式或自足式的特殊教育;对于普通学生来说,教师需兼顾特殊学生需求的情形对其学业能力并不一定会有正面的效果。加之某些普通教师及特殊教师对于融合教育的接受度并不高,甚至有排斥的现象。且普特教师两者之合作教

---

① 徐岩:《日常生活视角下孤独症儿童教育困境分析与启示》,《残疾人研究》2020 年第 3 期。

学，需有良好的默契与意愿，在师资培育时，亦缺乏相关的训练；至于行政体系方面，因为相关配套措施增加，例如师生比减少、教师专业训练、发展多元的教学与评价系统等因素①，使得融合教育的成本反而提高，不符合成本效益原则。

总之，反对融合教育的学者依据实际执行的缺点，针对目前配套措施尚未完备，融合教育是否真能面面俱到等问题提出质疑。而支持融合的学者则是站在教育机会均等的立场，认为融合教育是回应学生个别需求的最好方法，并反击批评的声浪，认为教师的消极态度与专业不足、学校及行政体系面对问题缺乏弹性、过分注重眼前的学业成果等因素才是开展融合教育的障碍。

近年来，在政策与潮流的推动下，融合教育已是不可抵挡的趋势，因此，教育学者、行政体系、教师们应深入了解融合教育现况，并积极面对相关问题，亟思解决、应对之道。② 然而，欲使国内融合教育真正落实成功，必先要了解国内融合教育实行之面貌，才能找出问题，对症下药，并健全融合教育制度。在国内的教育生态下，特殊学生多被安置在随班就读模式下，普通班教师为主要的教学者。普通班教师虽多能认同融合教育的理念，但对于融合教育工作，往往会感到困扰，尤其对于年资浅、没有修过特殊教育相关课程、没有接触过特殊学生、班上人数较多的教师来说，更自觉难以胜任。参与融合教育的普通教师中，多数老师肯定融合教育对社会互动的成效，认为特殊学生与普通学生互动量的增加使学生更能接纳与了解他人。但相关资源不足，学校行政方面的支持较少，造成了教师需单打独斗的局面。不仅工作量增加，工作压力也随之加剧。且融合班要兼顾普通学生及特殊学生学习权益，教师管理不易，教师普遍自觉教学专业能力不足以应付。尤其教学调整部分，因为班级人数太多、缺乏教材教具、特殊学生能力太弱、普通学生家长质疑及顾及上课进度，而难以为特殊学生调整适合的课程。

---

① 纪秀琴：《试论普通学校特殊教育背景教师的培养》，《内蒙古师范大学学报》（教育科学版）2013年第12期。
② 颜廷睿、侯雨佳、邓猛：《普通教育教师与特殊教育教师对残疾儿童教育安置态度的比较研究》，《基础教育》2017年第6期。

二 随班就读教师融合教育素养的现状

(一) 随班就读教师融合教育素养的内涵与结构

对于教师来说,专业素养主要是指教师从事教育教学活动所具备的基本条件和能力。早在1998年叶澜就指出教师专业素养集中表现了当代教师的质量,是教师专业化及专业地位确认的前提。[①] 教师专业素养是教师为有效完成教育教学活动、实现教育教学目标所必须具备的观念、知识、技能及能力等总和。融合教育的背景下,普通班级中教育对象的变化对教师原有的知识结构等提出了补充、调整的需求,即需要具备融合教育的理念、知识、技能等融合教育素养,以满足包括随班就读特殊学生在内的所有学生的教育需要。

当前,有的研究者是在理论层面进行探讨,有的则在实证层面进行研究。一些研究者在论述随班就读教师素养时,仅关注了与随班就读工作相关的素养,并不探讨作为普通教师涉及的诸如学科知识、教学技能等素养。另一些研究者则从随班就读教师应具备的整体素养着手分析。尽管不同的研究者对随班就读教师融合教育素养结构的认识上略有差异,但是大都围绕教师的专业理念(或态度)与品质、专业知识及专业能力展开。

(二) 随班就读教师融合教育理念与品质

教师作为专门的职业,教育理念是"魂",不仅直接关系到教师的教育行为,而且还间接影响着未来教育的性质与质量。随班就读教师的融合教育理念是指对融合教育的理解,以及在融合教育背景下教师对教育教学中各个元素的观念与态度。

1. 随班就读教师融合教育理念的内容

从理念方面来看,随班就读教师应认同融合教育的思想,即人类对自由、平等人权的追求,"强调参与,拒绝排斥",承认融合教育背后的价值及意义;秉持真诚接纳的态度,尊重每个儿童特殊的禀赋和需要,接纳学生身上存在的差异性和多样性;树立非功利性、平等积极的教育价值观,民主的机会观、过程观和学生评价观,合作教学观等。融合教

---

① 叶澜:《新世纪教师专业素养初探》,《教育研究与实验》1998年第1期。

育教师还应具有关怀、关爱学生的品格，并养成教育敏感性等关怀品质。

2. 随班就读教师融合教育理念的现状

随班就读教师在融合教育理念方面，有的是积极的，有的是消极的，还有的持保留意见，并表现出随着随班就读进程不同而不同及区域性差异等特点。总体而言，教师在随班就读初期，由于认识不足而更多地持消极态度；到随着融合教育理念的传播，随班就读的观念为大多数人所接受而持积极态度；再到随班就读质量提升及面对随班就读开展中的实际困难，而又对随班就读持理性认同及现实的谨慎态度。

（三）随班就读教师融合教育专业知、能

具备融合教育教学相关的知识与技能素养是普通教师应对融合教育提出的挑战所应具备的能力，是保障教师顺利开展教育教学的核心。国外在实行全纳教育的过程中，最普遍的做法就是：对普通学校的教师进行特殊教育方面的训练。因此，随班就读教师应比普通教师有更为全面的知识结构，除了具有普通教育的知识、技能外，还应具备基本的特殊教育的知识与技能，即"普通教育＋特殊教育"的知识与能力。以下只讨论随班就读教师应具备的特殊教育的知识与能力。

1. 随班就读教师应具备的专业知与能

从知识层面来看，随班就读教师应掌握的特殊教育知识包括：融合教育发展的历程与趋势，相关的法律法规，特殊儿童的定义、分类及身心特点，特殊儿童的学习特点及教学策略，特殊儿童的行为管理，特殊儿童的早期发现与早期诊断等方面的知识，以及作为特定班级的教师，至少应当具备与自己班上的特殊需要儿童有关的基础知识。

从能力层面看，需要随班就读教师具备与特殊儿童沟通、交流的能力（如手语、盲文等），特殊儿童评估能力，个别化教育计划制订与实施能力，差异教学能力，课程调整能力，与家长、同事及专业人员合作能力，实施合作教学能力，环境创设能力，班级管理能力，获取支持的能力等。

2. 随班就读教师专业知、能现状

研究发现，普通学校随班就读教师特殊教育基础常识缺失；对融合教育缺乏理论性认识，不了解融合教育的基础知识；不了解特殊儿童的学习特点和教育需求,缺乏对特殊儿童开展课堂教学和课外指导的能力;特殊教育知识与技能掌握整体水平不高,特教知、能结构欠合理,无论是深度还是广度都存在明显的缺失。谭和平等(2012)的调查发现,有69%的教师认为自己缺乏特殊教育知识,而有81.5%的教师反映自己缺乏特殊教育的技能。① 王雁等调查发现,随班就读教师专业素养水平不平衡,其专业知识得分显著低于专业技能及专业态度,获取支持能力最差。② 随班就读教师对各方面的支持缺乏主动利用的意识,利用度也较低。

综上,当前我国随班就读教师的融合教育专业知识、能力普遍不足,在支持或资源的主动获取及利用方面存在突出问题。

(四)对随班就读教师的建议

1. 随班就读教师应为融合教育做好准备

普通教师应当具有融合教育的信念,应从自身做起,树立良好榜样,在自闭症儿童身上表现出充分的耐心和爱心。教师的身份对于学生的影响力不言而喻,尤其是低年级的学生,因此普通教师在日常生活和学习中应当以身作则,对自闭症儿童耐心教导,细心照顾,尊重并且平等地对待每一位学生,获得自闭症儿童的信任,鼓励和赞赏他们。还要指导自闭症儿童学会与同伴发起、接受和保持积极平等的社交互动,发展同伴友谊,以便更好地融入班级组织的学习和生活中。同时,教会自闭症儿童一些人际交往的技巧,如学会用合适的方式与同伴打招呼,用简单的语言表达自己内心的想法和需求,学会与同伴分享玩具、分享决定等。

2. 随班就读教师应重视社会规则训练

积极促进自闭症儿童同伴关系的发展可以帮助自闭症儿童更好地融入集体当中。行为主义疗法是最适用的社会规则训练方法之一。行为主义疗法倡导塑造期望的人际互动方式,消退不良的人际交往模式,促使

---

① 谭和平、马红英:《上海市随班就读教师专业化发展需求的调查研究》,《基础教育》2012年第2期。
② 王雁、王志强、冯雅静、邓猛、梁松梅:《随班就读教师专业素养现状及影响因素研究》,《教师教育研究》2015年第4期。

普通儿童协助自闭症儿童，增强双方的合作频次与沟通质量。普通教师要正确识别自闭症儿童同伴交往的障碍，评估他们人际交往问题发展的时间、地点、频率等。普通教师可以运用代币法等塑造期望的行为鼓励正常儿童积极与自闭症儿童进行交流沟通。

3. 随班就读教师应采取有效的沟通方式

普通儿童和自闭症儿童同伴关系的融洽还需要教师的组织和引导，普通教师应采取有效的沟通方式为他们提供能量支持。普通教师的能量支持会传递出关爱和尊重自闭症儿童的信号，在与自闭症儿童的互动中，普通教师运用共情回应和解决问题的沟通方式，可以有效抑制他们消极情绪的产生，为他们主动发起交往提供动力支持。普通教师采取有效的沟通方式能为自闭症儿童提供交往支持，同时也应以体贴、关心的态度来理解和回应普通儿童，帮助他们找到解决与自闭症儿童相处问题的方式，加强对普通儿童的倾听和理解，诱导普通儿童为自闭症儿童设身处地地着想，从而也可以培育普通儿童的同理心。为提高自闭症儿童的交往自信，教师在课堂上应以鼓励为主，采取平等互动的教学方式，利用其本身的优势，为他们提供做出有意义的贡献的机会，帮助他们获得与同伴产生情感联结的体验，建立起温暖同伴关系的信念。

三　融合环境中普特教师合作路径

（一）普特教师合作的方式

普特教师合作的方式是一种干预服务提供模式，不同学者总结出的合作方式种类也不同。本书将主要介绍以下四种合作方式：抽离方案（Pull-out）、合作教学（Co-teaching）、咨询方案（Consultation）和辅助服务（Aided Services）。这四种方式以普特教师的共同计划为基础和前提，特点是强调教师参与合作的自愿性、教学职责的共担性、教学资源的分享性。

抽离方案是指将特殊儿童部分时间抽离出普通教室进行辅导、再教学和策略教学的一种干预服务，在早期使用较多，主要由特教教师执行。普特教师的职责分别为：普通教师确定学习内容，提供初步指导；特教教师则与普通教师及时沟通特殊儿童学习需要，在必要时将特殊儿童抽离出普通教室进行密集干预,支持特殊儿童掌握普通教育课程和实现个别化教育计划目标。

合作教学是指普特教师共同规划课程,并在普通班级里共同向全体儿童进行教学实践,评估教学结果。采用合作教学方式时,普特教师合作的强度高、范围广,能为特殊儿童提供最直接、有力的支持;合作教学已逐渐取代抽离方案,成为主流合作方式。合作教学包括六种基本开展方式:一主教一辅助、一主教一观察、站点式教学、团队教学、平行教学、选择性教学。① 其中,"一主教一辅助"是最常使用的基本方式,"团队教学"与"站点式教学"对普特教师的合作程度要求最高。

咨询方案主要指特教教师为学校普通教师提供教育教学咨询,指导其制订教学计划,跟进实施情况,并解决教育特殊儿童时所遇到的问题,该方案在实践中应用较少。该方案中特教教师扮演"学习支持教练"的角色,通过指导普通教师间接服务学生。已有研究聚焦咨询类型、咨询步骤、咨询技能、咨询方法、咨询者专业发展等。

辅助服务是指经培训后的教学助手为普通教师提供教学上的协助,为特殊儿童提供特殊教育或相关服务。特教教师供不应求的背景下,教学助手应运而生,他们是特教教师与普通教师合作的桥梁,是辅助服务研究中的重点关注对象。现有研究的关注点有教学助手的角色、职责、培训和监管等。教学助手在最初仅承担特殊儿童生活照料、文书工作等简单事务,后期才增加了教学支持、行为管理等具有专业性的工作,经历了从"旁观者"到"团队重要成员"的转变。

综上所述,普特教师合作的方式具有多元性。选用时应根据班级儿童总人数、特殊儿童的学习需求、教师个人因素、学校文化背景几个方面综合考虑,选择使用一种或多种方式。无论使用何种方式,都应遵循"最少受限制"原则(即最大可能帮助特殊儿童融入普通班级生活)。

(二)普特教师合作的内容

总的来看,普特教师合作的主要内容可以分为课程与教学两个方

---

① Conderman G., Hedin L. R., "Co-teaching With Strategy Instruction", *Intervention in School and Clinic*, Vol. 49, No. 3, 2014, pp. 156–163.

面的调整。研究发现，课程与教学的调整取向呈现出差异化趋势。差异化是一种实践取向，也是一种教育策略。因为特殊儿童的学习经验、学习兴趣、学习风格等与普通儿童存在差异，为特殊儿童安排的各种教育内容与活动要区别于一般的普通教育活动，必须经过特别设计。普特教师在合作中借助差异化手段促进特殊儿童平等参与教育教学活动。

1. 课程的差异化调整

课程的差异化调整主要是借助调整手段改善课程的适宜性，进而提高特殊儿童对课程的掌握水平。相关研究涉及调整课程目标、调整课程计划和具体的课程调整策略。首先，一些研究主张调整课程目标以适应不同儿童的需要，如将书写障碍儿童的课程目标确定为相应的"功能目标"（会正确握笔、基本能写出自己的所见所想等）。其次，调整课程计划有双重任务，一是特教教师主导，普通教师配合制订特殊儿童个别化教育计划；二是普通教师主导，特教教师配合制订融合班级课程计划。普特教师在双重任务中角色主次可能有所不同，但他们都必须努力促进两种计划发挥协同作用[①]。最后，根据课程调整的范围和程度不同，将课程调整策略分为局部调整和整体调整两种。局部调整策略包括课程强化（Curriculum Enhancement）、课程适应（Curriculum Adaption）、课程变通（Curriculum Accommodation）和平行课程结果（Parallel Curriculum Outcome）等。课程强化是强化普通课程的某些要素，如课程标准、实施策略等，以帮助特殊儿童掌握普通课程内容。课程适应是为普通课程提供补充支持，如视觉支持、技术支持等。课程变通是指在保证课程目标的前提下灵活变通课程内容的呈现方式。平行课程结果是指特殊儿童与普通儿童的课业要求平行，如阅读课后，给普通儿童布置的作业是对小说情节、人物关系等的长篇评论与报告，而轻度智障儿童的作业是对人物活动作简要汇报。值得注意的是，局部调整策略主要是对课程标准、

---

① Nilsen S., "Special Education and General Education-coordinated or Separated? A Study of Curriculum Planning for Pupils with Special Educational Needs", *International Journal of Inclusive Education*, Vol. 21, No. 2, 2017, pp. 205–217.

内容和结果等某一方面的细微调整，没有涉及课程核心部分的改变。与之相对，整体调整策略涉及对课程目标、内容等的删减或替换，调整程度更深。具体而言，该类调整策略包括课程覆盖（Curriculum Overlapping）、课程修改（Curriculum Modification）、课程替换（Curriculum Alternation）。在实际应用中，局部调整策略使用更多，涉及整体尤其是课程内容的调整较少。

2. 教学的差异化调整

关于教学调整的研究主要分析了教学整个过程及各环节的差异化处理。有研究指出教学前需要进行差异化调整设计，普特教师讨论儿童的学习适应情况和相关教学问题，对教学内容和班级管理等的调整进行共同规划，并制订教学计划，如"单元计划—双周计划—每日计划"①。教学过程中，普特教师采用"最小调整、最大融合"原则对教学活动进行适宜性调整，以辅助特殊儿童参与学习活动。教学差异化调整的内容包括但不限于教学计划、教学内容、教学过程、教学结果、教学环境和时间安排等。有研究重点关注教学中特定类型的调整策略或方法，如学习通用设计、具体—象征—抽象（Concrete Representational Abstract，CRA）策略。此外，教育技术在教学差异化调整中的运用逐渐受到重视。

虽然普特教师所做的调整工作涉及课程与教学两大层面，但实践中普特教师更倾向于对教学进行差异化调整，而不是调整课程或者选用替代课程。

四 自闭症学生融合困境

在现行运作上，融合教育的实行仍有许多待克服的困难。教师对于学生的问题行为经常不知道如何应对和处理。国内许多研究也指出融合教育的困境为普通教师的特教知能欠缺、不知如何处理特殊学生行为问题、难以兼顾特殊学生与普通学生的受教权②、学校行政方面缺乏具体

---

① Pratt S. M., Imbody S. M., Wolf L. D., et al., "Co-planning in Co-teaching: A Practical Solution", *Intervention in School and Clinic*, Vol. 52, No. 4, pp. 243-249.

② 冯雅静、王雁：《普通师范专业融合教育通识课程的构建——基于实践导向的模式》，《教育科学》2020年第5期。

的支持举措、过多的行政工作与课程教学、特教教师角色定位不明、团队运作与教学责任划分有争议、特教教师与普通教师未形成良好沟通共识与模式等等。目前融合教育相关研究的研究对象多以普通班教师为主，较少探讨家长和特教教师的想法。[①] 许多学者也提出相对应的因应策略，包括提到教育的本质应从每位学生的需求出发，普通教师应从以往通过介入补救关注有差异的个体之思维转为以预防的观点来支持全体学生，通过辅导机制与特教教师的合作，在班级内实践真正的融合，不仅可让自闭症学生重获归属感免于边缘化，也使更多学生拥有自信与成功的学习经验。研究指出，融合背景下普通学校随班就读教师应重视与特教教师合作、寻求相关团队的支持配合、建立与自闭症学生家长及普通学生家长紧密信任的良好亲师关系，以及注意自身心态的调整等才能给予学生最适切的教育。

研究指出，教师的融合态度是自闭症学生对普通学校的社会、身体和学业适应的基础，他们在普通学校的融合态度可能是自闭症儿童成功融入的关键。而教师融合态度受到许多因素的影响，如儿童障碍的严重程度，教师是否具有特殊儿童教育的经验和知识，以及教师的期望等。积极的融合态度会增加教师满足学生多样化需求的意愿，而消极的融合态度会阻碍自闭症学生在课堂上的参与，导致其学习成绩不理想。同时融合态度影响教师关于自闭症知识的提升，持积极融合态度的教师，更愿意去花费精力学习相关知识，知识储备较为充分，在教育儿童时有更多的方法和信心；相反，对融合教育持消极态度的教师，在心理上和实践中有排斥倾向，缺乏学习知识的动机和教育干预策略。另外还有研究证实，曾接受过特殊教育专业培训的普通学校教师对个人实施融合教育的态度更积极。可以通过制作海报、手册、视频等途径宣导融合教育的理念和意义，促进普通教师对于自闭症儿童的理解和接纳，减少其隔离态度，激发教师参与融合教育的主动性。教师自身需要对融合教育持有积极正向的态度，为学生提供多元化的

---

① 杨茹、程黎：《融合教育背景下特殊学生家校互动模式的质性研究》，《教育学报》2018年第2期。

教学策略与弹性化的课程调整,学校团队与专业团队间要互相合作,才能从困境中找到契机。①

就目前而言,自闭症学生在融合学校适应的困境主要有以下三个成因。

(1) 限制带来的限制:包括认知能力落后造成学习困难;有互动需求却缺乏适当的方式所以影响班级人际关系;分心与冲动的行为特质影响学习表现并对团体造成干扰行为。

(2) 家长与学校教师间立场的对立:包括学校教师认为家长的配合度不够,难以达成共识并协助执行相关策略;家长认为普通老师的特教专业知能与接纳心态不足,期待老师可以再多一些了解与支持。

(3) 家长和老师心有余而力不足:包括家长面对自闭症儿童问题与抉择的彷徨心情,每个问题的处理或每个阶段的决定都要思虑再三,不知道怎么做才是最好的决定;特教教师觉得自己时间不够,无法满足中低智能功能自闭症儿童所有的特教需求。

对于当前融合教育制度的建议:

(1) 有条件的融合:视学生需求的优先级决定是否需要融合教育,不为了融合而融合。

(2) 有弹性的融合:融合教育应以一学期或一学年的适应期为周期评估学生整体适应状况,考虑是否有转换安置环境的需求;以及即使安置在集中式特教班也应该视学生需求提供到普通班级学习的融合机会。

(3) 有支持的融合:融合教育政策的推动需要有配套措施,给予学校老师充沛的资源;安置应以有集中式特教班的学校为主。目前我国政策对于具体的融合教育内容、融合后的安置形式和融合教育质量评估还没有明确的规定,这会影响我国的融合教育质量。因此需要推动特殊教育立法,出台可操作性强的融合教育政策,对评估鉴定、教育安置、课程调整和财政扶持进行详细规定,加强医疗机构、残联、幼儿园和社区等多部门协作配合,进一步优化资源配置,以政策法规推动全社会形成

---

① 杜媛、孙颖:《普通学校教师融合教育专业素养提升路径的分析及启示》,《残疾人研究》2019年第3期。

完善的融合教育机制。① 将医疗、康复、教育和家庭多方面资源整合完善，从多方面为自闭症儿童提供生活和教育的支持，根据儿童的需求，提供相应的生活辅助、治疗及交通帮助等。

---

① 彭霞光：《中国全面推进随班就读工作面临的挑战和政策建议》，《中国特殊教育》2011年第11期。

第四章 教育生态视角下的同伴关系

第一节 教育生态

从生态化的视角来看待教育与个体的发展已经成为一种学界越来越推崇的思考方式。所谓教育生态化是指在教育实践过程中,强调人与自然和谐发展的理念,将生态化的观念与原则融入其中,重新认识和解读相关教育问题。由于自闭谱系障碍的特殊性,对于自闭症儿童的教育不应当是一种僵化的教育,而应该对其进行生态化评估,对儿童各领域能力的发展有全面的认识,并努力找出其优势所在,通过培养其优势能力带动儿童整体发展。生态系统观认为,生态性主要是环境及环境中所有生物的一种系统性、有序性的关联,动态平衡性及自组织性是其主要特征;应当为自闭谱系障碍儿童提供整合式的教育服务,即基于儿童个体的潜能与经验,秉持"扬长补短原则",通过系统化的评估和生活化的课程,实现儿童能力的发展与社会性融入。

教育生态学起步于20世纪60年代,它主要依据生态学的原理和方法,具体地说就是运用生态学的系统观、平衡观、联系观来研究教育与各种自然生态环境、社会生态环境以及规范生态环境要素的相互影响和相互作用的关系,从而揭示教育发展的规律与生态机制,探索优化教育生态环境的途径与方法。1966年,英国学者阿什比(Ashby, E.)提出了"高等教育生态学"的概念,开始运用生态学的原理和方法研究高等教育。1976年,美国学者劳伦斯·克雷明(Cremin, L. A.)在《公共教育》一书中正式提出了"教育生态学"概念。① 他认为，在教育过程中应当以生态学的原理为指导，注重生态发展的系统化、平衡化及协同进化的原则，进而探讨教育现象背后的成因及教育过程的内在规律，从而指明教育未来的发展方向。教育生态学研究的重点在于教育与其周围的生态环境的相互作用机制。

我国大陆地区的教育生态学研究起步较晚。至20世纪80年代初期，才有学者开始介绍国外的教育生态学研究概况。80年代中期，虽然有了翻译国外教育生态学研究成果的零星活动，但未能引起广泛关注。进入21世纪，大陆教育生态学研究渐呈兴起之势。学校生态、校园生态、班级生态、课堂生态、德育生态（生态德育）、学术生态等问题吸引了一批教育理论研究者和实践工作者的注意力。教育生态系统内各因子相互联系、相互作用，并且在长期的教学实践中磨合，进而达到一种相对稳定的平衡状态。

一 生态系统理论

布朗芬布伦纳（Urie Bronfenbrenner）提出生态系统理论，该理论模型将人生活其间并与之相互作用的不断变化的环境称为行为系统。因其对儿童发展的影响直接程度不同，又将行为系统分为不同的层次：最核心一层称为微观系统，是与个体最具直接关系的环境与人、事、物，而个体的特质与个性也与之进行着密切地互动，如家庭环境、学校环境对个体的影响。第二层是居间系统，指的是与个体有着密切关系的微观系统间所形成的系统，如家庭和学校间，或是同伴与师生间的关系。第三层是外部系统，是指能影响个体稳定性，但个体却未密切接触的环境，例如小区支援及设施等。第四层是宏观系统，是指文化传统、信仰与价值观对个体的影响。第五层是时间系统或称为历时系统，把时间作为研究个体成长过程心理变化的参照体系，强调将时间和环境相结合来探究个体发展的动态过程。② 生态系统观点基于人与环境间的互动关系并将

---

① 邓小泉、杜成宪：《教育生态学研究二十年》，《教育理论与实践》2009年第13期。
② 谷禹、王玲、秦金亮：《布朗芬布伦纳从襁褓走向成熟的人类发展观》，《心理学探新》2012年第2期。

其作为概念架构，来理解个体所在的复杂网络如何与个人产生交互作用，以及影响个体成长、健康及社会功能的生活情境。因此，生态系统观的校园支持体系强调人与情境的关系。

(一) 多层次的生态系统

1. 微观系统

如果将学校看作一个整体的生态系统，那么微观系统的部分就是儿童自身的特质。自闭症儿童具有社会沟通困难、行为和兴趣窄化的特质，而这些特质也容易阻碍儿童自我概念的发展，以及催生情绪行为问题。例如，与同伴互动时，容易产生焦虑感、不恰当的社会行为，因此易出现遭受同学排挤、孤立或欺凌的状况。

微观系统的干预主要在于提升自闭症儿童学业学习和社会沟通能力。特殊教育课程应依照学生个别需求，弹性调整课程及学习时数；在教法上应运用跨专业、跨专长、跨领域或科目协同或合作教学，以多样性的教学活动、班级管理策略提供学生充分参与学习的机会。学校实施多元评量，应考量科目或领域性质、教学目标与内容、学生学习优势及特殊教育需求。[①] 此外，教材上也应该依据学生的个别能力，通过加深、加广、简化、减量、分解及替代方法，提升自闭症儿童在学习上的成就、动机和自信心。

在社会沟通能力方面，教师应运用能满足其特殊教育需要的课程提升自闭症儿童社会沟通的能力，研究发现社会故事、游戏、同伴介入和多媒体示范教学策略等都有达到实证性研究的标准。资源班教师应该积极运用上述课程或教材，加强自闭症儿童的社会沟通能力，以促进其在微观生态系统中的进步。

2. 居间系统

学校内学生会参与不同场域的学习活动，而形成多元的居间系统，例如师生关系、同伴关系、亲子关系。与一般学生不同的是，许多自闭症儿童还有与治疗师的关系、与资源班教师的关系等。有时这些居间关系之间的冲突，对于儿童的适应也会造成影响。普特教师关系或是家校

---

① 华国栋：《实施差异教学是融合教育的必然要求》，《中国特殊教育》2012年第10期。

间的互动，也关系着自闭症儿童在学校的适应状况。居间系统支撑着微观系统和外部系统的稳定性，如果居间系统之间可以有较好的协调作用，就能够削弱微观系统冲突所产生的压力，同时也能够稳固微观系统与外部系统之间的关系。

居间系统发挥作用的关键在于普通与特教教师积极合作。居间系统的互动关系牵动着自闭症儿童适应结果的好坏，其中普通教师与特教教师之间的合作关系格外重要。目前特教教师的角色较多处于被动角色，等待学生到资源班上课，较少主动了解自闭症儿童在普通环境中所遭遇的困境，再与普通班教师合作处理解决，因而造成普通班教师较难感受到特教教师的支援。[1] 同时因为自闭症儿童经常离开原班教室到资源班接受特教服务，而产生与普通班学生之间的隔阂，出现遭受孤立排挤的情形。在融合教育思潮的影响下，特教教师应该调整其服务形式，逐渐转变为视学生的需求调整直接与间接服务的比重，同时其服务内容也应该逐渐转变成优势能力的开发、弱势能力的补强以及全校性的介入与支持。[2] 特教教师的角色应该从被动地在资源教室或是在特教班中提供自闭症儿童教学服务，转变为主动了解自闭症儿童在普通班级中的需求，同时通过与普通班教师的合作，提供及影响普通班教师在环境、课程、教学、评量与行为处理等方面的相关策略与实际作为。[3]

3. 外部系统

对于自闭症儿童而言，最具有影响力的外部系统是教育部门以及相关法律法规。外部系统虽然不会直接影响学生，但会间接影响自闭症儿童的学校适应。例如：许多学校因为缺乏对自闭症儿童行为特征的了解，在儿童发生不适当的社交行为时，采取直接处罚的方式。[4] 这种直接惩

---

[1] 熊絮茸、孙玉梅：《自闭症儿童融合教育现状调查、困境分析及家庭参与的探索》，《内蒙古师范大学学报》（教育科学版）2014年第4期。

[2] 方俊明：《融合教育与教师教育》，《华东师范大学学报》（教育科学版）2006年第3期。

[3] 朱楠、王雁：《融合教育背景下特殊教育学校职能的转变》，《中国特殊教育》2011年第12期。

[4] 杨凌燕、肖非：《从知觉生态理论看自闭症的发生与发展》，《中国特殊教育》2005年第11期。

罚的措施，往往引来儿童更激烈的情绪反弹和回应，造成微观系统与外部系统直接冲击，破坏了生态系统结构的稳定关系。

外部系统需注重对自闭症儿童的行为支持。提高行为改善的效果与效率。强调以专业团队为基础进行预防、教育和个别化的处理原则，采用功能本位、正向而全面的行为处理策略，包含事前预防、行为教导、后果处理等策略，目的不只在减少行为问题的发生，更重要的是增进学生的社会沟通和自我管理的能力。为支持自闭症儿童在适应过程中经常出现的情绪行为问题，学校应该建立团队，提供自闭症儿童情绪行为上的支持。

4. 宏观系统

宏观系统在学校生态系统中可以视为校园文化、学校对于障碍的观点等意识形态或是价值观。宏观系统具有潜移默化的影响力，虽然不会直接对自闭症儿童造成影响，但其所形成的氛围，却会通过外部系统、居间系统逐步渗透进入微观系统。因此，一个友善校园环境的营造，会形成一种文化，让自闭症儿童在学校中感受到无形的支持。

宏观系统需致力于营造差异、多元的校园文化。生态的多样性是近年来生态学非常强调的观点，同样的概念运用在校园文化中，多样且歧异性的校园文化才能创建一个健康、美丽的校园。[1] 自闭症儿童经常有令人惊艳的特殊才能，如果学校能以优势能力观点为取向，为这些学生创造展现长处的机会，加之持续性地特教知识宣导和特教教师在职进修，[2] 人们对于自闭症儿童的认知就会从负向的麻烦制造者转变成学校中不可或缺的重要资产。

5. 历时系统

学生长时间在学校生态中生活与学习，在历程中必然会有生理、心理或是环境事件上的变化。像是重新编班、学校转衔、生涯规划等因素都会对学生都会产生不同的影响。自闭症儿童可能遇到的困境包括转衔

---

[1] 王雁：《随班就读教师融合教育素养及提升模式研究》，《教育科学研究》2021年第8期。

[2] 钱丽霞、江小英：《对我国随班就读发展现状评价的问卷调查报告》，《中国特殊教育》2004年第5期。

生活不适应，学习技能困难，在学业和人际互动上较无助，发展友谊或是亲密关系困难。生态系统理论能够帮助人们了解这些系统间微妙变化的互动关系，了解自闭症儿童在生态系统中的处境，从微观系统的角度提升其社会沟通能力，了解居间系统稳定和谐的重要性，同时重视校园文化对于差异的接纳，以及自闭症儿童在整个生涯上面临的困境。

历时系统需重视转衔和生涯发展。自闭症儿童在不同阶段中的生理和心理转换、适应新环境时所承受的压力，以及未来生涯发展都需要我们投入更多的关注。教师应该将自闭症儿童的自我探索、生涯发展等相关主题纳入教学内容，让自闭症儿童和家长都能够及早了解未来的生涯发展，提前为适应未来社会做准备。

（二）指向自闭症儿童学校适应的生态系统理论

近年来，随着融合教育在全球范围的深入推进，传统普特二元分离的特殊教育格局正在发生着急剧的变化。[①] 让越来越多的自闭症儿童进入普通学校学习和生活已成为当下各国发展特殊教育的共同选择，自闭症儿童作为一种新的生态因子，他们进入普通学校、普通班级极大可能会出现对传统教育生态不适应的问题。

自闭症儿童的适应过程是他们与环境互动，以达到与环境中人、事、物和谐共存的动态历程，在此历程中，需要不断调整、学习、改变，在环境中建立适当的行为以达到身心平衡。

学校是儿童在家庭之外接触到的第二个重要环境，儿童需通过学习来应对更丰富、更多样，也更复杂的社会规则与人际关系等，相应地也就需要具备更多的能力。学校适应是学生与学校环境相互影响的过程。学生调整自身状态并建立符合期待的行为，学校适应的目的是为了更和谐的学校生活。广义上看，学校适应包括学习适应、常规适应、师生关系、同伴关系、自我接纳等多个方面。即学生在学校除了课程学习外，还包括与同伴的互动相处、指令规范的遵从与执行以及饮食、如厕、清洁等学校身边事务的处理等，涵盖的内容非常广泛。

---

① 关文军、孔祥渊：《教育生态学视野下残疾学生课堂融合的重构与优化》，《海南师范大学学报》（社会科学版）2019年第6期。

自闭症儿童的适应状况是在生态系统的动态运作中形成的,而系统中的各项因素都会对学生产生影响力,这些影响力可能通过微观系统直接传递给个体。如果将学校视为一个整体的生态体系,则生态系统理论将提供我们不同的视野去探究自闭症儿童在学校的适应状况。① 如果儿童原本就欠佳的适应能力遇上僵化无弹性的学校环境,导致他们在学校里学习动机差、自信心低落,情绪行为问题不断,那么学校在教育和支持上倍感压力就不难想象了。儿童自身的情绪行为问题是家长与教师们普遍认为适应困难的主要原因,但是从学生的视角来看,则认为学业学习困难、同伴互动等问题才是重要影响因素。总之,情绪行为问题、学业适应和人际关系都是影响自闭症儿童学校适应的重要因素。目前资源班服务内涵并不足以支持自闭症儿童的学校适应,主要问题在于未能完全依照学生的需求提供与之相符的课程。② 学习适应在许多自闭症儿童学校适应调查研究中都表现不佳。

不断快速增加的自闭症儿童如何适应学校生活一直是教育工作者关心的议题,生态系统理论的概念能够为分析自闭症儿童学校适应提供新视角,从系统内、系统间和跨系统之间的交互影响,完善自闭症儿童在学校中所需要的支持体系,促使自闭症儿童能够在越来越多元的学校文化中有机会崭露头角,表现其特殊的生命力。

二 生态化评估表

生态化的教育干预模式就是利用生态学的整体观、系统观、层次观、发展观来解释自闭症的发生与发展机制,用整体、联系、和谐、动态平衡的理念指导自闭症儿童的教育干预实践。

生态化教育干预模式保证自闭症儿童在充满意义的真实生活环境中,进行有意志、有情感地自我建构,丰富人生的意义,涵养生命的灵性,最终实现功能的发展和社会的融入。

---

① 熊絮茸、孙玉梅:《自闭症儿童社会生态系统初探》,《中国特殊教育》2014 年第 7 期。
② 于松梅、王波:《学前全纳教育中自闭症幼儿的教育建议》,《中国特殊教育》2006 年第 8 期。

（一）生态化的个案评估

生态化评估与传统评估不同，它将个体与环境的相互作用放在重要位置，不仅对个体进行评估，而且对个体所处的环境进行评估，是一种更具动态化、情境化，更加全面、系统的评估方式。

1. 生态化评估的特点

第一，评估的系统性。生态化评估同时关注儿童及其所生活的环境，认为个体的心理和行为是人与环境相互作用的结果。因此，在评估过程中，一方面重视儿童个体的内在经验和精神意识，理解儿童的心理活动与情感表达；另一方面关注儿童所处的生态环境，这里的环境是一个广义的概念，不仅包括自然环境和社会环境，还包括人际环境、文化环境以及时代精神。生态化评估的最终目的不是追求儿童个体的单向转变，而是通过儿童与环境的相互调适，改善和提升两者之间相互作用的状态和水平。

第二，评估的情境性。生态化评估强调将自闭症儿童放在具体的情境中，理解其行为表达的意义，这里的情境既包括静态情境，也包括动态情境。静态情境包括家庭、学校及社区中物理环境的设置，如空间布局、安放位置、互动空间等，这些对于自闭症儿童尤其是那些对位置、声音、光线有特殊要求的自闭症儿童来说，都是直接的影响因素，在评估过程中应予以重视。动态情境包括儿童在不同环境下参与活动、进行互动、维持关系的状态，通过游戏、任务的形式与自闭症儿童进行互动，可以在自然情境下灵活观察儿童的行为表现，进而判断其心理能力和发展水平。因此，评估能够综合静态以及动态的情境分析，找到儿童情绪稳定和产生适应行为的情境，进而在干预中积极创造类似的情境。

第三，评估的个别化。自闭症儿童的异质性要求高度个别化的评估，不同儿童同一阶段的发展水平和所处环境不同，同一儿童不同阶段的发展水平和所处环境也不同，评估过程关注个体的能力水平和适应状况就显得尤为重要。尤其在集体活动中，了解每个儿童的初始能力和发展水平是设计课程和效果评估的重要参考依据。

第四，评估的支持性。生态化评估的目的不是进行静止的现象划分或标签分类，而是通过对儿童内在心理及外界环境的考察，明确其中的优势与资源，通过挖掘优势、整合资源，创设温馨、包容、支持性的教育环境，实现身心的协调一致发展。

2. 生态化评估的流程

第一步，通过观察或访谈尽可能全面地了解个案的基本信息，包括儿童的主观愿望、兴趣爱好、优势特长以及在关键领域的发展水平；明确儿童所处的家庭、学校/机构、社区的环境资源；尤其关注不同环境下可以提供支持和服务的关键人员，如在家庭中，母亲是儿童最喜欢和信赖的人，干预的初期母亲就应该成为方案的主要执行者。

第二步，通过游戏或特定任务与儿童进行直接的互动，这是一种不依赖于语言的功能评估方式，尤其适合自闭症儿童。通过儿童的游戏活动，观察记录儿童在感知—运动、语言—沟通、情绪—社会性、概念—逻辑方面的发展水平；特定的任务可以帮助评估者进一步了解自闭症儿童在注意力维持、听从和理解指令、提出要求与进行评价等方面的能力发展。

第三步，评估并非一劳永逸，需要与方案的制订和实施密切关联，反复推进，不断深化。尤其重视过程性评价，关注儿童在日常活动中的具体表现。评估的阶段性要求在固定时间段后，需要对儿童的发展水平进行再评估，成为制订下一阶段干预计划的参照和依据。

3. 生态化评估的方法

生态化评估采用多元、灵活的评估方法。除观察和访谈外，尤其重视表现性评价法和成长记录袋法。表现性评价法强调在儿童完成真实的活动或任务过程中评估儿童的发展水平，对于自闭症儿童而言，言语的文本测试并不能有效测量儿童真实的能力水平，依靠动手操作、具有吸引力的活动任务却能够清晰地反映儿童在情绪、交流、人际互动以及社会性等方面的综合能力。成长记录袋法是显示儿童行为表现和持续进步信息的相关记录和资料的汇集，儿童的作业、作品、问题、成果，都可以通过文字、照片、图片、录像等形式进行留存，这是儿童真实生活和发展变化的写照，能够动态展示儿童的成长历程，是自闭症儿童评估的理想形式。

为了方便读者更好地理解基于教育生态的评估干预，本书中提供了一个案例。

表 4-1　　　　　　　　　　生态评估案例

生态化评估表

姓名：××	性别：男	出生年月：2016 年××月××日	评估日期：××××—××—××	评估者：×××
联系地址：××市××区			家长：×××	

评估 1　个体的评估	
①个人的想法愿望	个人讲不清楚
②家长的希望	a. 能够融入普通学校，能够安心坐在教室里听课，不妨碍别人，不下座位，不来回走动 b. 能够与其他小朋友一起游戏
③个体的喜好	喜欢的东西（食物与物品）：数字或字母卡片
	喜欢的活动：玩数字和英文字母，喜欢念英语
	喜欢的人物：外婆
④个体的优势	个体的特长：a. 喜欢学习　b. 空间智力好、机械记忆好
	个体的性格优势：比较遵从师长
⑤健康状态	生长经历：母亲怀孕期间尿糖高，医生禁吃水果。生子过程为顺产，无异常。1岁前未发现异常，一周岁后会说数字，但不会叫爸爸妈妈，家人认为可能开口晚，未引起重视。3岁时意识到异常，但幼儿园老师认为没有问题。1岁半到4岁半期间会说简单的词：爸爸妈妈。4岁半后开始说简单的句子，大班时，老师建议去检查。15个月后学会走路，但不合群。被称为"独立大队大队长"，3岁进幼儿园，不说话，但对数字感兴趣。另外，儿童出生后主要由外婆养育，饮食起居由外婆一手包办。父母工作较忙，无时间照顾。母亲在周六周日会带他出去玩。儿童跟外婆最亲近，有点怕妈妈。在课堂上总是随便站起走动，乱喊，如"还有15分钟吃饭"。与同学不合群，现在有主动找其他小朋友玩的初步意愿，受欺负时会跑到老师那里。（注：4岁时确诊为自闭症，一直未进行训练）
	疾病用药经历：无
	听视觉的问题及其他：无

续表

生态化评估表

⑥智力发育状况	智力	瑞文推理测验：135　韦氏学前儿童智力量表：51 智力存在轻度缺陷
	语言	可说短句，有时发音不清（能说5、6个字，可以念课文），分不清"你""我""他"。从文文的具体成长经历来看：一岁时发的第一个音，早期说出的话以数字为主，喜好念车牌号。幼年时语言机会较少，与他人的沟通互动较少，在四岁时父母开始增加沟通的机会与训练，语言才开始有较大的进步。目前主要是在家中说话，外面不说，语句长度在10字以内，在使用语言时经常出现错误，例如：要什么……（要去哪玩），不要……（不要念语文，不要念10遍，不要你一个人玩），××没有了（16没有了），星期六、星期天去学校
	运动	a. 平衡能力较好，能够独立走平衡木，能够独立跳跃 b. 手指精细运动较好，可以独立握笔写字，使用汤匙等，能够操作体积较小的填补游戏
	社会性	很少主动与他人沟通
⑦学习状况	学习态度	认真
	学业情况	a. 语文：分不清同音字，固执地使用某一个字 b. 数学：100以内加减法，解应用题有困难 c. 英语：单词记得很清楚，是最好的一门 d. 体育免修（去学校资源教室）
⑧行为情绪	不合适行为（问题行为）	a. 上课中有时会站起来或随意走动 b. 平时有多动行为，经常跑来跑去 c. 有刻板行为，摆卡片
	情绪面的问题	情绪状态不稳定，尤其是丢了数字和字母时。生气时又哭又叫，高兴时唱歌跳跃。但很少会出现突然性地尖叫或哭闹
⑨运动状况	运动状况	不参加运动
	参加情况	学校上体育课时，他就去资源教室，在社区内不参加体育活动

续表

生态化评估表

		家庭	学校	社区
⑩社会生活技能	日常生活技能	穿衣：可以独立穿衣服和鞋袜 洗漱：独立刷牙，但洗脸需要帮忙 饮食：能够独立就餐，但比较挑食；吃饭时间一般为半小时；最喜欢吃的食物是生菜，自己能吃一盆。平时不吃零食，不喜欢喝水，不吃鸡蛋、鱼肉虾蟹，要逼着吃，才会吃一点。喝汤、吃水果、吃蔬菜、喝牛奶，渴了自己不说 如厕：小便可以自己去，大便时会表现得坐立不安，可以自己去，独立如厕。但需要随时提醒	饮食：中午在学校，其余时间在家中就餐 如厕：经常忘记饮水，忘记上厕所，若不提醒，可以一天不上厕所	出门拉着大人的手；看大人有没有跟上；知道寻找家长
	社会活动参加技能	未参加社会活动，没有独自外出过；无假装游戏能力	未参加社会活动	未参加社会活动
	语言的理解与沟通	a. 可理解短句（5、6字） b. 主要在家中说话，外面很少说 c. 肢体动作不丰富 d. 使用语言有错误，如"不念第10遍""不要你一个人玩"	主要是在家中进行交流，外面不交流	主要是在家中进行交流，外面不交流

评估2 个体的环境评估

家庭成员		外公、外婆、爸爸、妈妈
教育信息		父母皆大专文化
咨询训练信息	咨询情况	首次接受训练
	接受过的训练	无
	正在接受的训练	模仿游戏、体育游戏（扔球）、假装游戏（打电话）、律动训练、绘画、认知

第四章 教育生态视角下的同伴关系 ◆◇◆

续表

生态化评估表

生活方式	生活节奏		生活圈	
	一周的安排		生活地图	
	上午　下午　晚上 星期一：上课　上课　写作业 星期二：上课　上课　写作业 星期三：上课　上课　写作业 星期四：上课　上课　写作业 星期五：上课　干预训练　写作业 星期六：写作业为主 星期日：出去玩 总结： 周一至周五：正常上学。 周末：父母带其到游乐场或者超市（晚饭回来后外婆偶尔会带他到小区里面去溜一圈，周末爸爸妈妈会带他去游乐场超市以及商场去玩，比较喜欢游乐场和超市，比较喜欢滑滑梯之类的活动，看到其他小朋友也会跟在他们后面，会排队；能够在超市里自己选择要买的东西；到目前为止没有独自外出过）			
	休闲活动		在家玩数字或字母卡片，或者家教机（听英语），很少玩其他玩具	
家庭环境	与家人的交往，关系状况	主要由外婆带，父母平时工作较忙，周日会带儿童出去玩		
	家庭环境可利用的资源	外公外婆时间较充裕，生活方面主要由外婆负责，饮食方面外公负责		
学校环境	与老师同学的交往，关系状况	班级内有同学专门帮助，大部分时间不合群，有时候会与其他同学一起玩		
	学校环境可利用的资源	资源教室		
社区环境	与社区人员的交往，关系状况	有时外婆带他去其他小朋友家玩		
	社区环境可利用的资源	玩滑梯		

续表

生态化评估表		
福利行政环境	福利制度的享受情况	学校补贴220元/月
	福利机构可利用的资源	残联有费用支持

评估3　综合评估

评估的汇总与分析：
a. 该儿童有较强的机械记忆能力，例如记单词、记交通路线
b. 言语表达匮乏而且经常错误使用；干预的主要方向为培养儿童对人际交流的兴趣，提高其语言使用能力

目前的课题（优先顺序排列）：模仿游戏、体育游戏（扔球）、假装游戏（打电话）、律动训练、绘画、辨认表情、认知、讲故事

本次指导支持课题的选定（不超过5个）：体育游戏（扔球）、假装游戏（打电话）、律动训练、讲故事

第二节　自闭症儿童同伴交往

一　同伴关系的发展功能

当儿童在长大的时候，会出现两种社交关系，一种是与成人间的垂直关系，另一种是和同伴之间的水平关系。其中，水平关系即同伴关系是儿童成长过程中不可缺少的一部分。因为水平关系对儿童的社交技巧、安全感、归属感、自我概念和人格发展都有好处。在水平关系中，儿童能自由地和同伴交换意见、谈判、交流情感等，也能学会如何受到同伴赞美、获得自我满足等。关于同伴关系在儿童发展中作用的理论，集中体现在以下三个方面：同伴关系是儿童社会性发展的重要内容；是满足社交需求、获得安全感和归属感的重要途径；有助于自我概念形成和人格发展，对普通儿童而言如此，对于特殊教育需要儿童来说也是如此。

（一）同伴关系是儿童社会性发展的重要内容

社会性发展是指儿童逐渐掌握社会的道德行为规范和社会行为技能，

成长为社会人，逐渐步入社会的过程。社会性发展是在个体与社会群体、同伴群体以及同伴的相互作用，相互影响的过程中实现的。学龄期是人的社会化的关键时期，在此过程中，同伴是儿童在校接触最频繁的群体，因而同伴关系对于儿童社会发展有着重要的作用。

首先，同伴交往的价值对儿童道德判断的发展具有不可替代性。皮亚杰在早期的《儿童的道德判断》中论述了同伴互动形成了"成熟的道德的骨架"，这对儿童道德发展起到了一定的作用。同伴关系中产生的合作和情感共鸣使儿童获得更广阔的认知视野。年幼的儿童以自我为中心，不接受或是不愿意接受同伴的观点、建议和情感，正是在与同伴的交往中，儿童体验到冲突、交流、协商以及合作，最终实现去自我中心化和发展社会观点采择能力。

其次，随着儿童步入学校，与其他同龄人的频繁接触使得同伴交往成为儿童社会性发展的重要途径。1930年，维果斯基等建构主义学家强调了儿童的认知发展是在与其他人的社会交往过程中取得的，在学校教育中，儿童在跟同伴和教师的活动中学习，学习行为也发生在与同伴的听、说、玩和教的过程中。

最后，学校环境中的同伴群体是宝贵的资源，同学之间互相交流信息、表达和分享思想的能力在同伴交往的过程中逐渐得到提升。在友谊功能上，沙利文认为友谊能够促进人际发展并为儿童将来社会关系的建立提供模型。儿童的亲密性友谊可以培养对他人需求的敏感度、提供情绪价值、增加适应未来的社会技巧，还可以修复个人的心灵创伤。

（二）同伴关系是满足社交需求、获得归属感和安全感的重要途径

同伴间的交往与合作能够帮助儿童发展健康人格，满足社交需要，获得社会支持和安全感。无论儿童的实际社交地位处于哪个层次，都有爱和归属的需要，自尊的需要。归属感是指一个人归属于群体和被群体接纳的程度，这种需要无法从一对一的关系中获得。费曼认为良好的同伴关系可以满足儿童所需的抚慰、陪伴、归属感和包容感的心理需求，能够使儿童从亲密的友谊关系中获得爱和自我价值的认同。友谊关系是社会支持的重要源泉，它可以减少处于敏感期儿童的焦虑和恐惧。良好的人际关系可以提供不同的支持、安慰、帮助和信息，

有效地避免抑郁情绪的产生和恶化。当儿童在同伴群体中获得其他人的肯定或某一方面受到赞赏时，他们就更加愿意与其他群体共享，并愿意遵守群体中的规范以取得更多的群体认同。这就是归属感对儿童的自尊感的正向作用。

良好的同伴关系还有利于帮助儿童获得成熟的社交技巧。经常与同伴在一起的儿童可以锻炼自己与别人交流的能力，特别是语言能力。相较于形单影只的个体，和熟悉的同伴在一起的儿童更乐于探索新事物。彼此之间熟悉的同伴为儿童提供了情感上的支持，他们语言相近，能够相互理解，相处自然真实，因而能够建立基本的社会合作的结构。

（三）同伴交往经验有利于自我概念形成和人格发展

在学校时期，儿童的同伴关系是个体人格形成的基础，是形成健康的自我概念的重要因素。在不断发展的自我发现过程中，儿童的自我意识很大程度上取决于和他人的相互作用。正是因为与他人的相互作用，儿童才能够从与他人的交往经验中，逐渐明确自我概念和个人观念，这是人格发展的重要过程。

随着儿童年龄的增长，来自外界的评价越来越多，儿童也开始寻求他人对自己的评价，使其与自身的经验相结合以形成自我概念。儿童按照自己在社会情境中所获得的反馈来定义自己，因此最初会以亲社会行为确立自己的社交地位，并赢得同伴群体的接纳，随后再通过群体接纳不断强化个体的亲社会行为。詹姆斯在著作中也特别强调了社会关系的重要性，他指出儿童重视自己在群体中是否受欢迎，是否与同伴有亲密的关系和在团体中的领导地位。班杜拉所提出的交互决定论认为人、行为与环境之间的关系是双向交互作用的过程。儿童所经历的情景是会影响他们的思想和行为，但儿童自己的行为也影响着环境。同伴关系在儿童社会化的过程中，为他们展示规范行为的榜样以及提供评价行为的信息，并创设一定的环境使他们的活动有助于儿童形成自我评价和自我调节的能力。

目前，我国"融合教育"正处于从解决特殊儿童入学"数量"到保障学生教育"质量"的提升阶段，而自闭症儿童的核心障碍给普通教育带来了巨大的挑战，许多媒体报道自闭症儿童在融合教育过程中面临

"被停课"或者"退学"的危机,普通家长游行或者抗议自闭症儿童在自己儿童的班级就读等事件频发。这些都不利于建立良好的同伴关系,因此需要为特殊儿童提供有效的教育支持系统,包括政策、设备、专业人员、家长和社会性等多个方面的支持。①

二 自闭症儿童同伴支持现状

对自闭症儿童来说,社会交往缺陷是他们的主要障碍之一,在融合教育环境下,该项缺陷表现得更为突出。社交技能分为主动性社交技能和响应性社交技能。主动性社交技能是指在自然情景中,自闭症儿童主动以语言或者动作的形式向同伴发起互动。响应性社交技能是指在自然情景中,同伴与之互动后,自闭症儿童给予回应,包含口语或非口语的行为。主动性社交技能是自闭症儿童的关键社交技能,当习得主动性社交技能后,自闭症儿童的沟通、社会适应、生活自理等能力会随之提高。无论是主动性社交技能还是响应性社交技能的发展,都离不开同伴支持。

当前自闭症儿童同伴关系发展现状不容乐观。自闭症儿童往往没有与同伴交往的意识或者缺乏适当的交往技能而无法与同伴进行合适的交往,主要表现在三个方面。首先,自闭症儿童在交往认知方面不能很好地"读懂"同伴的交往意愿,当同伴发起主动交往的时候,往往不会及时做出回应。其次,自闭症儿童口语发展较慢,表达能力较差,并缺乏面部表情与目光接触,对同伴较为缄默。最后,自闭症儿童缺乏与同伴交往的动机与意识,在语言沟通上既不能很好地理解别人的语言,又不善于表达自己的思想感情。总之,自闭症儿童不能像正常儿童那样与同伴进行交往,这严重影响自闭症儿童言语能力,心理理论能力的发展。由于自闭症儿童与同伴交往较少,造成其同伴交往能力低下。同伴交往能力是社会交往能力的核心成分,同伴交往能力差,其总体的社会交往能力就低下。所以自闭症儿童的同伴交往能

---

① 苏雪云、顾泳芬、杨广学:《发展生态学视角下的自闭症儿童融合教育支持系统:基于个案分析和现场研究》,《基础教育》2017年第2期。

力也是亟待提高的。

目前，无论是学前期还是学龄期的自闭症儿童同伴交往状况都亟待改善，其原因是多方面的。首先，引起自闭症儿童同伴交往障碍的主要原因是其受先天素质和自身心理发展机制的制约，神经系统失调而导致发育障碍，其病征包括不正常的社交、沟通、兴趣和行为模式。由于在人际交往方面存在先天性的损害，不能像普通儿童那样保有强烈的交往意识与动机，这导致自闭症儿童在集体环境中对同伴主动开启的社会性交往表现得漠不关心或无动于衷，以致无法维续与同伴的交往。其次，自闭症儿童缺乏交往策略，以至于不能开展正常的同伴交往。最后，同伴交往是相互的，而缺乏互动性的交往是难以持续的。面对其"不理睬"的态度，大部分同伴不会再跟没有任何回应的儿童继续交往下去，只有儿童也能积极回应自己，他们的互动才会持续下去。因此，大部分自闭症儿童在校园生活中很难融入集体和建立同伴关系，在班级中也很少能得到同伴的支持，具体有以下四种表现。

（一）同伴交往少，同伴关系维持困难

自闭症儿童因其自身障碍缺陷，缺少主动交往的意愿，发起交往次数少，并在交往过程中很难掌握正常的交往技巧，难以对他人发起的交往进行充分的回应。在校园中，自闭症儿童一般很少与他人玩耍，总是一个人进行各项活动，沉浸在自己的世界中。他们较少主动向他人发起互动，不会和同伴聊天、游戏，也不懂向同伴寻求帮助或帮助他人，有时想参加他人的活动，却因不会表达而表现出破坏性行为，从而导致普通儿童不愿与其游戏或在其开始"破坏"时终止游戏活动，所以自闭症儿童通常不能与其他普通儿童维持良好的交往关系。

（二）融入过程慢，同伴接纳度不高

普通儿童对自闭症儿童的接纳态度，受到普通儿童对特殊儿童的认知和理解及普通儿童自身品质特征的直接影响，家庭教育方式和教师对特殊儿童的接纳程度、社会资源支持等方面也会起到间接影响。自闭症儿童对环境的适应能力比普通儿童差，表现得较为落后；面对教师的指令，自闭症儿童不能快速执行，总是需要他人的提醒或帮助才可以执行。

另外，家长和教师对自闭症儿童的接纳程度也会影响普通儿童的态度。部分家长和教师对自闭症儿童不理解，认为自闭症儿童有点"不正常"，让其他孩子离自闭症儿童远一些；部分家长经常向教师反映自闭症儿童干扰课堂，对其余普通儿童有不良影响等。这都会影响普通儿童对自闭症儿童的态度，家长的消极态度也会让普通儿童在和自闭症儿童的相处中持消极态度，并形成"排斥圈"。

（三）融合程度低，教师指导有限

虽然，目前普校教师对融合教育已经有了初步的认识，但是还停留在融合的表面，即空间上的融合。教师对如何真正让自闭症儿童融入正常环境中，如何帮助他们建立良好的同伴关系，还缺乏相应的专业指导，经常处于难应对、难处理的状态。教师在融合教育中起着关键性作用，教师的有效指导可以让自闭症儿童的融合之路走得更为顺畅。有学者指出，如果教师未给予适当的引导，不仅特殊儿童难以和普通儿童建立友谊，发展人际关系，而且会让普通儿童缺乏对人类差异的理解、同理心以及人文关怀。因此，教师应密切关注特殊儿童与普通儿童的互动，并适当介入，这样才能真正发挥融合教育的价值。

（四）伴随问题多，同伴接触意愿降低

影响自闭症儿童同伴支持的除了社会交往障碍外，往往还伴随着认知、情绪、行为等方面的问题。这些问题行为也会影响自闭症儿童与普通儿童的正常交往。虽然普通儿童有时表现出与自闭症儿童交往的意愿，但是自闭症儿童因一些问题行为的存在，可能发生很多不合时宜的行为，这导致其他普通儿童往往认为自闭症儿童行为怪异、难以理解，进而使得普通儿童对其产生抵触情绪。比如，自闭症儿童会在班级中大喊大叫、不明原因地发脾气、在教师要求安静坐好的情况下在教室里乱跑，或有一些奇怪的刻板行为，特别是当自闭症儿童出现一定的攻击性行为时，其他同伴则避免与其接触，认为他不是一个"乖孩子"，不愿与他玩耍。这样，他就很难在班级中寻得同伴支持。所以自闭症儿童的问题行为频发，也影响着同伴支持的发展，并导致他们难以得到较高程度的同伴支持。

三 对普通儿童的建议

（一）消除偏见

自闭症儿童不具备与同伴展开交往关系的驱动力和意识，在利用语言符号与他人交流时不但难以理解他人言语中要表达的意思，而且其自身也不能正确完整地表达思想情感。这样一来，导致普通儿童对自闭症儿童的接纳度降低。在与自闭症儿童一同学习中，普通儿童对随班就读的自闭症儿童存在明显偏见与消极互动的心态，无法理解自闭症儿童的怪异行为。因此，在一定程度上，只有当普通儿童相信融合教育对他们有帮助，在认知上体谅自闭症儿童的处境，才会从内心深处消除他们对自闭症儿童的固有偏见，进一步改变自己固有的交往关系，可以更好地敞开心扉感知自闭症儿童的需求，有意识地扩大自己的社交范围，更好地从思想意识和态度认知层面上接纳身边的自闭症儿童。

（二）提供友谊支持

研究表明，同伴关系的弊端表现在自闭症儿童被同龄的普通儿童喜欢的程度随着交往时间增长而减少。这对自闭症儿童的伤害是非常大的，相较于被接纳，他们更多地陷入被排斥的不利处境中，自身要承受更多的学业压力，害怕被孤立和侮辱。自闭症儿童的沟通障碍是他们发展同伴友谊最主要的障碍。因为自闭症儿童的语言及口语发展滞后甚至缺失，无法完全理解言语背后对于行动的要求，不能在各个特定的背景下进行灵活地表达与转换交往思维模式，才会导致与同伴之间的交往冲突和攻击行为。而消除同伴交往冲突最有效的方法之一是普通儿童需要对自闭症儿童提供友谊支持。当普通儿童与自闭症儿童发生积极的同伴互动与情感交流，就可以从心理和精神上满足自闭症儿童的交往需要，从而更好地解决自闭症儿童的攻击性行为问题。

（三）加强同伴指导

融合教育环境中的同伴指导策略就是为了增强自闭症儿童与普通儿童的有效交往，改变他们之间的交往形式。自闭症儿童通过模仿习得普通儿童同伴所表现出来的与年龄相符，社会认可的行为方式，达到提高他们自身社交技能的目的。加强融合教育环境中的同伴指导,可以安排一些普通儿童主动帮助特殊需要儿童。例如在学业辅导和社会技能发展方面,普通儿童可给予自闭症儿童关注、反馈和辅导,使其特殊的需要能得到及时理解并能有效满足,在与自闭症儿童紧密接触、相互了解、相互理解、体谅和关照的学习氛围下,获得真诚的友谊和建立亲密的同伴关系。研究表明,加强同伴指导可对自闭症儿童融合教育质量产生直接影响,也是改善自闭症儿童同伴关系的最有效的做法。因此,为了保证指导质量,有必要选择情绪稳定、善于沟通、能力较强、有志愿服务精神的普通儿童作为同伴指导者,加强对其针对性的专业化培训。还可以给予同伴指导者物质奖励和精神荣誉,以此提高普通儿童同伴指导的动机水平。

第五章　自闭症儿童同伴关系的挑战

第一节　污名

一　污名定义及分类

污名（Stigma）一词可追溯到古希腊，最早是指在下等人身上烙下标记以证明其低贱的身份，是一种社会规范的偏离和破坏身份认同的标签化。当污名标签出现后，就区分出两类人：被污名者和施污名者。[①]污名使个体具有"被贬抑的特征"，被污名者的虚拟身份与真实社会身份之间存在差异，污名的发生是由刻板印象、偏见及歧视的综合反应所导致的。污名本质是一种消极的刻板印象，是社会对某些个体或群体冠以的带有贬低性、侮辱性的标签，对被污名者的学习和生活有着深刻的消极影响。污名不仅会使受污名者产生诸多负面情绪，如自责、羞愧、焦虑、抑郁、双向情感障碍等，还会降低其自尊和自我效能感，丧失希望和乐观情绪，对受污名者的心理健康产生严重的危害。

污名分为可见性污名和可隐藏性污名。可见性污名是指具有明显的常人不能接受的异常，外人往往在不了解被污名者的背景下就能很容易辨别出他的异常或污名特质。对于可见性污名最大的挑战是"印象的管理"。可隐藏性污名是指具有不可见的常人不能接受的异常，一般外人很难意识到被污名者的污名特质，且这种污名不会即刻显现。对于可隐藏性污名而言，最大的挑战在于"信息的管理"。隐藏性污名一般发生

[①] 尹群明、陈燕红、陈玥、白晓宇、祝卓宏、王淑娟、李新影：《中文版连带内化污名量表在自闭症患儿父母中的修订》，《中国临床心理学杂志》2021年第2期。

于性取向异常、精神疾病、癫痫及自闭症人群中,由于他们没有明显的身体特征,外人不能马上辨别出他们的异常。由于自闭症患者并没有明显的身体症状,所以自闭症儿童及其家庭成员所受到的污名主要是可隐藏性污名。①

根据污名在两个层面的不利影响,污名又分为公众污名(大众根据污名对受污名者所做出的反应)和自我污名(受污名者将污名化的态度指向自己而产生的反应),两者的组成要素都是刻板印象、偏见和歧视。污名不仅发生在被污名者身上,与被污名者相关联的个体/群体也遭受着污名经历,这种污名叫作连带污名。而与连带污名和联结污名不同,连带内化污名是指与被污名个体或群体有联系而间接获得自我耻辱感和相关心理反应等污名的情况,由认知、情感和行为三个部分组成。

此外,不同的研究者对污名的分类各有不同,主要包括:身体污名、疾病污名、个人特质污名、可见性污名、可隐藏性污名、感知污名、实际污名等。自闭症儿童因其神经系统发育障碍而与普通儿童表现不同,有理论指出,自闭症不同于唐氏综合征等其他可见残疾,是一种隐形疾病。对自闭症缺乏理解的看法也可能导致污名,有一些观点将自闭症发生的原因归咎于母亲的冷漠,如"冰箱妈妈"(Refrigerator Mothers)理论,这种观点虽然已经被科学研究所否定,但仍在一段时间内被夸大,这也可能导致对家长的社会污名。②

二 连带内化污名

对香港地区自闭症儿童父母的调查显示,自闭症儿童父母的污名内化情况非常严重。研究发现自闭症儿童家长会因子女患自闭症而感受到不同程度的污名,会内化大众对自闭症消极的刻板印象,形成对自闭症、自闭症儿童和自己的负面信念。长期的这种负面信念严重影响着自闭症儿童父母的身心健康,也影响着自闭症儿童的适应和融入

---

① 吉彬彬、秦莉花、罗尧岳:《自闭症儿童父母连带污名研究进展》,《护理学杂志》2016年第8期。
② 兰继军、白永玲:《孤独症儿童污名现象及其消解对策》,《辽宁师范大学学报》(社会科学版)2020年第5期。

社会的进程。研究结果发现家庭月收入越低，自闭症儿童的年龄越大，以及自闭症儿童的病情越重的父母其连带内化污名的水平更高。在中文版连带内化污名量表（Affiliate Stigma Scale，ASS）评估中有3个维度，情感污名维度的条目平均分最高，其次为认知污名维度，行为污名维度的条目平均分最低。自闭症儿童父母更多存在的问题是对自闭症儿童生物根源的自责，对其康复和治疗等的经济压力、预后差的无助和伤心等。[①]

三 污名的成因

污名的形成主要和道德观念、社会经历有关。对污名者来说，污名他人不仅是一种对主流社会意识和文化的反映或者无意识行为，还具有很高的"实用性"，如：污名他人能使个体的自尊水平提升、增加个体的社会认同感、使个体的社会地位合理化、缓解个人焦虑、是自我保护的防御机制等。我们平时在社交媒体上可以看见的性别对立情况，如部分女性打着平权的旗号要求特权、部分男性抨击大龄"剩女"制造婚恋焦虑，诸如此类不恰当的道德观念导致了污名。社会心理学家把污名描述为一种情境威胁。在社会情境中某个体或群体地位被剥夺导致了污名，污名影响了个体被对待的方式。"贴标签"也是社会历程中污名化某类群体的一种重要方式。污名的过程通常是人们对一个群体先形成刻板印象，而后逐渐将这些刻板印象演变成偏见，最后造成歧视。

自闭症污名的形成与背景知识、文化传统、国家、（对自闭症患者的）接触量有关。背景知识越多，对自闭症的了解越深，自闭症污名化的现象就会相应减少；对集体主义文化传统而言，自闭症这样的少数群体往往是很难被广泛接受的；发达国家医疗教育条件普遍优于欠发达国家，因此不同国家的人对自闭症态度可能也有不同；对自闭症的接触量也会对自闭症污名化产生影响。有研究者选择了英国与马来西亚的大学

---

① 吉彬彬、秦莉花：《罗尧岳·湖南省孤独症儿童父母连带内化污名现状研究》，《精神医学杂志》2021年第1期。

生进行研究。结果显示只有有质量的接触能显著影响其对自闭症的接受度，但是接受度并不能显著预测人们对自闭症患者的接触意愿，因此可能社会对自闭症接受度提高，也会存在自闭症污名化现象，降低接触意愿。[①]

减少自闭症污名可以通过改进宣传教育，倡导接纳态度（媒体宣传、公众教育、家长教育）；树立包容理念，促进教育公平；培养复合型自闭症教育专业人才；增加接触，提供有效支持等方式实现，以促进自闭症儿童融入社会，共享社会建设成果。

四 污名的影响

多项研究结果表明，自闭症儿童及其家庭经历着高度的污名，污名的影响主要分为三点。第一，降低了自闭症儿童的健康水平，污名通过威胁自尊、学业成就和身心健康导致个人幸福感降低。这种被排斥与歧视的经历不仅会加重病症，还会强化自闭症儿童生活是不确定的、危险的等内在感受。被污名者不仅受病痛的影响，还受环境、社会关系网和照顾者的影响。在大众与自闭症儿童的互动中，大众可能会因为特定环境中的污名线索而产生对自闭症儿童各方面的不认同感。第二，增加了家长的身心压力。自闭症是一种广泛性发育障碍，自闭症儿童的生活适应能力低下，心智解读能力、情绪识别能力、社会交往能力、隐喻加工能力等都普遍低于一般儿童，这些缺陷都会增加其父母的抚养难度。也由于自闭症的不可治愈性以及尚未完善的福利政策，自闭症儿童的康复训练需花费大量的金钱，所以其父母需承受巨大的经济压力。第三，降低了家庭的幸福感水平，家长及儿童本身都经受着污名的威胁，生活中获得幸福感较少，有研究表明自闭症儿童的父母存在较多的紧张、焦虑、悲观和抑郁情绪，也存在信心不足等问题，较普通父母更可能出现强迫症状、精神病性症状，且心理承受能力也普遍较低。

---

① de Vries M., Cader S., Colleer L., et al., "University Students' Notion of Autism Spectrum Conditions: A Cross-cultural Study", *Journal of Autism and Developmental Disorders*, Vol. 4, No. 50, 2020, pp. 1281–1294.

第二节 欺凌

> 自闭症谱系儿童,仅仅因为他们的与众不同以及不合群,就会经常遭到来自同学的折磨和排斥。因此,我们常常可以看到,无论是在游乐场还是在上学路上,一个自闭症谱系儿童被一群嘲笑他的小顽童包围着。他或许正在盲目地攻击对方,或许是在无助地哭泣,无论哪种情况,他都毫无招架之力。
>
> ——汉斯·阿斯伯格

对于大部分特殊教育需要儿童而言,学业成绩表现不佳、沟通与情绪表达障碍、缺乏自信、冲动或焦虑行为等特质,尤其是社交技巧的缺乏让他们更容易处于被欺凌的境地。[1] 例如,自闭症儿童因社交情感技能发展不足,往往无法辨识社交情境的各种线索而做出不恰当的情绪行为反应,从而引发其他学生群体的误解,继而成为欺凌的受害者。加上教师常以弱化特殊儿童的自我声音,引发班级同学以关照、同情的方式处理欺凌问题,以及其接受特殊教育服务的"标签"所引来的异样眼光更加剧了特殊儿童受欺凌的现状。在不同障碍类型的儿童中,自闭症儿童被认为是最容易遭受欺凌的,比其他特殊儿童遭受欺凌的可能性高出 2—3 倍,比普通儿童高出 6—7 倍。[2] 自闭症儿童在学校出现的学业困难、社交孤立和情绪焦虑等问题会成为自闭症儿童遭受校园欺凌的直接因素。

一 欺凌定义

如果你向周围的朋友、同事和儿童询问"欺凌"的定义,得到的答案一定是多种多样的,因为一个人眼中的欺凌在另一个人看来也许只是

---

[1] 陈奕桦、谭蕾:《残疾学生校园欺凌研究现状》,《中国学校卫生》2018 年第 2 期。

[2] Morton H. E., Gillis J. M., Mattson R. E., et al., "Conceptualizing Bullying in Children with Autism Spectrum Disorder: Using a Mixed Model to Differentiate Behavior Types and Identify Predictors", *Autism*, Vol. 23, No. 7, 2019, pp. 1853–1864.

一种消遣别人的行为。对学校来说，为了保证政策制定和实施的一致性，有必要就"欺凌"达成统一定义。一般而言，欺凌包括不对等的权力，从生理或情感上伤害别人的意图和一个欺负的对象。欺凌实质上是"在一种生理、语言、社交和情感等不平等的互动关系中，抱着负面的意图，长期针对某一特定的目标反复做出一些负面的行动"。

校园欺凌是指在学校区域内发生的教师或者学生针对学生的持续性的心理性或者物理性攻击行为，这些行为会使受害者感受到精神上的痛苦。校园欺凌不仅会对特殊儿童的身体造成伤害，如肢体上的殴打创伤、头痛、失眠、做噩梦等，也会给特殊儿童的心理健康蒙上阴影，包括童年抑郁、孤独、焦虑和自卑等消极情绪体验。更为严重的是，校园欺凌会加剧普通学校内部对特殊儿童的隔离，成为阻碍融合教育发展的"毒瘤"。在学校的一些特定的场所，比如，走廊、校车、操场以及成人不易觉察的环境中，最容易出现欺凌事件。自闭症儿童还常常在家附近被邻店儿童、家庭共同的朋友或年长的手足欺负。欺凌事件中经常会有旁观者，而且有不同的表现形式，其中最常见的是语言或者身体上的对抗和恐吓，破坏私人用品，以及贬损对方的行为和评论。

有些欺凌看似微不足道但会造成严重的后果。比如，公然偷走儿童的帽子，并在他试图索回的时候恐吓他；说一些不怀好意的闲话，散播谣言，羞辱他们等。同伴的回避和排斥是他们经常遇到的另一种欺凌，比如，用餐时被排斥在团体之外，没人回答他们的问题，游戏分组总是后一个被选上，或者根本不被邀请参加社交活动。虽然父母和老师总是鼓励自闭症儿童和同龄人交往，但是一些普通儿童并不欢迎他们。如果同伴故意或者恶意拒绝，那么单单改善自闭症儿童的社交能力也无济于事。

还有一些成人会对儿童施加欺凌，比如，某位亲戚或家庭朋友取笑或捉弄儿童。有些时候，欺凌也会来自老师。某位老师利用自己的权威地位嘲笑和羞辱儿童，用讽刺的口气回应，过度地批评或者惩罚儿童，或者用面部表情对其表示出怀疑或不接纳的意思（比如"我觉得他很笨"的眼神），都符合欺凌行为的定义。这些举动会催生一种允许班上同学出现类似行为的氛围，使得这个儿童成为公认的欺凌目标。

另一种欺凌行为是先挑衅自闭症儿童，然后欣赏他被欺凌后的反应。同样情境下，年龄更小的普通儿童都知道不能马上反击以免落入"陷阱"，或者知道如何反应才不会惹祸上身，而自闭症儿童面对挑衅通常都会不计后果地做出冲动的反应。当他们报复此前的挑衅行为时，可能会造成自己都意想不到的伤害，最后使那些始作俑者变成了成人眼中无辜的受害者。这些暗中进行的欺凌所带来的混乱场面，往往会使全班有机会逃脱某些无趣的活动和考试，因而经常被一些普通儿童有意利用。

二　被欺凌原因

已有研究发现，特殊儿童遭受更高频率和更加严重的校园欺凌是由多方面风险因素所致。尽管较低的认知理解能力、情绪焦虑以及刻板行为等问题会成为部分特殊儿童遭受校园欺凌的直接因素，但同伴的拒绝与排斥是特殊儿童遭受校园欺凌更为关键的风险要素。此外，缺乏情感温暖的亲子关系和低程度的父母教育参与也是特殊儿童遭受欺凌的重要原因。

被欺凌对象可分为被动型和主动型。被动型被欺凌对象通常是身体赢弱的儿童，在社交场合会感觉焦虑，缺乏自尊和自信，表现得害羞和孤单。虽然他们在学业上没有困难，但是体育成绩很差，而且几乎没有什么朋友。他们对欺凌的反应通常也是被动的，很容易放弃自己的权利，不太会气愤地寻求报复机会，也没有朋友的支持。这些被动的人格特征和能力也反映了一部分自闭症儿童的特征。

主动型的被欺凌对象在交友方面也有困难。无论对于同伴还是成人而言，这类儿童的社交行为都倾向于侵略和挑衅，容易引起他人的愤怒。这类儿童不懂得如何对一个社交场景做出适当的判断，或在互动中担当建设者的角色。例如，这类儿童可能不懂得怎样自然地加入一群玩耍的儿童，而是通过与人扭打等不适当的行为引起别人的注意，试图控制整个局面。当他看到"停止"的信号时，也无法做出正确的回应。导致其他儿童看到他被欺凌时，可能会认为"他活该"，或是"没有别的办法可以制止他了"。主动型被欺凌对象的特征与一部分自闭症儿童相符，尤其体现在阿斯伯格综合征儿童的社交表现中——他们想参与社交互动，却又不知道该怎么做。

自闭症儿童容易受欺凌的另一个原因是，在游戏区域中他们经常会因为自身需要而主动找寻一个安静的角落独处。课堂上，他们或许能够妥善应对社交需要，但是下课之后他们通常已经精疲力竭，需要在独处的环境中平复心理和情绪，不似其他儿童那样，恢复情绪的最好方式是在游戏区域中喧哗、活动、和朋友互动。不幸的是，自闭症儿童喜欢独处的特征往往更有利于欺凌者对其施加欺凌。当他们脱离同伴在角落里恢复精力的时候，也就陷入了最容易受到欺凌和捉弄的危险环境中。此外，自闭症儿童还可能因为他们的服饰、发型、爱好和兴趣不符合传统的性别观念而受到欺凌。

三 减少欺凌的策略

（一）多种干预方法

为了减少欺凌现象的发生，应在学校内部营造反对任何人的身体或情感受到侵略的文化，为所有人提供安全的学校环境，且这种环境必须由老师和学生共同参与创造。[①] 包含多个方面，例如增强师生对欺凌问题的认识，评估学校的欺凌情形和建立课堂上有关欺凌行为的规则；教导学生保护技能以应对欺凌、抵抗伤害，为潜在可能被欺凌的学生尤其是自闭症学生提供帮助；营造积极的学校氛围，改变可能引发欺凌行为的学校环境因素和旁观者的行为，为自闭症学生顺利在普通学校中学习生活创设先决条件。为了实现这些目标，学校需要进行问题的评估、教职工的培训、制定相关政策以及举办相应的活动以改善学校的氛围，增强学生的保护技能和应对欺凌行为的能力，并鼓励所有学生参与建立、维护安全的学校环境。减少校园欺凌的策略主要有行为导向的干预，认知导向的干预以及综合干预，具体如下。

1. 行为导向的干预方法

行为导向的干预方法是指通过对自闭症儿童以及周围人的行为进行塑造，通过改变其参与社会的互动模式或者周围环境来提升自闭症儿童

[①] 杨婕：《美国中小学主动反欺凌干预机制研究》，《上海教育科研》2021年第10期。

的社会参与度和社会包容度，以减少校园欺凌现象的发生。本书介绍的以行为为导向的干预方法主要有同伴介入法和同伴表达法。

同伴介入法和同伴表达法均属于同伴干预法范畴，这也是针对自闭症儿童校园欺凌干预使用最为普遍的方法。同伴介入法是要求教师先训练有社会交往能力的普通儿童，并通过指导他们与自闭症儿童建立恰当良好的交往模式，以此提高自闭症儿童正常的社会行为能力。[①] 将同伴介入法应用到校园欺凌干预领域，采用同伴介入欺凌安全技能干预（Peer-Mediated Bullying Safety Skills Intervention）增加自闭症儿童在自然环境中的社交机会，改变同龄伙伴与自闭症儿童互动的方式，帮助普通儿童获得与自闭症儿童进行沟通、互动和维持交流互动所需的特定技能。该干预方式通过干预自闭症儿童的同伴为自闭症儿童参与社会交往创造机会，让他们在各种活动和环境中与同龄人进行积极互动，减少欺凌与排斥。另一种是同伴表达法，在干预过程中研究者将相同数量的特殊需要儿童和普通同伴聚集在一起，组织他们每周参与共同感兴趣的活动，在活动参与中相互表达各自的想法与感受。此干预方式通过提供真实的社会融合情境，促进自闭症儿童和普通儿童之间的交流合作，提升自闭症儿童的社会适应性以及与同伴之间积极良好的互动，以减少普通儿童对自闭症儿童的欺凌。

2. 认知导向的干预方法

认知导向的干预方法主要是通过教授应对欺凌的相关技能来提高受欺凌自闭症儿童的自信心、自尊以及自我效能感，以减少其因受欺凌而产生的焦虑和恐惧。例如让自闭症儿童学习欺凌应对技能，具体包括应对欺凌的4个连续步骤：（1）避免对欺凌者做出不适当的身体和口头回应（例如，对欺凌者说负面的话，踢、打或推欺凌者）；（2）口头表示不赞成欺凌，如"我不喜欢那样"；（3）远离欺凌者；（4）向成年人讲述欺凌事件。在教授欺凌应对技能时，采用5分制（0—4分）对自闭症儿童上述4个步骤的学习进行测量：如果自闭症儿童进行报复（即对欺凌者

[①] 田金来、张向葵：《同伴介入法在自闭症儿童社交能力中的应用》，《中国特殊教育》2014年第1期。

第五章 自闭症儿童同伴关系的挑战 ◆◇◆

做出不适当的身体或口头回应),则得分为 0;正确完成每一步都会使特殊学生的分数增加 1 分,分数为 4 表示学生正确完成了所有四个步骤。预防欺凌的正向行为支持的干预方法,强调培养学生理解"尊重"的概念,通过教授学生遇到不尊重行为如何正确回应等技能来建立自闭症儿童的自信心,通过事件记录来计算自闭症儿童受到身体和言语攻击的频率。视频建模的干预方法,让自闭症儿童观看成人、同伴或他自己执行目标行为的视频,要求儿童在观看后给予正确的回应,并在适当的情境下教授自闭症儿童复杂的语言技能,有效提升自闭症儿童理解指令、主动交流和在游戏中适当表达的自信心。在此过程中通过提升自闭症儿童的自信有效减少其遭受到的社会排斥、言语欺凌和身体攻击。

3. 综合干预法

除了针对自闭症儿童和普通儿童个体层面的干预之外,还有研究者采用综合干预法针对自闭症儿童及其周围的生态人群开展反欺凌干预。针对自闭症儿童自身、家庭和学校等不同群体开展旨在减少自闭症儿童校园欺凌的全方位干预框架与行动方案。[①] 特殊需要学生之所以会遭受校园欺凌,主要原因之一就是其较差的学业表现和较低的学业成绩,学业发展的差距导致他们在普通学校遭受其他学生社会心理方面的歧视、排斥与欺凌。因此应对自闭症儿童校园欺凌,首先需要提高自闭症儿童的学业成绩,其次则需要家庭和学校从更宏观的生态领域提供支持。为此,可将自闭症儿童校园欺凌干预分为三个部分:(1)"学业评估、跟踪和干预",此部分首先对每位自闭症儿童的成绩进行评估,再根据评估结果对学生的学业给予支持和帮助,通过提升成绩来间接减少欺凌;(2)"与家长开展结构化对话",此部分针对自闭症儿童的家长,侧重于使用清晰的框架与家长就孩子的学习和学校生活展开公开持续的对话,通过 4 个阶段的培训(探索、关注、计划、审查)促进家长在欺凌干预计划中的参与,帮助自闭症儿童获得家庭支持;(3)"提供更广泛的支

---

① Barlow A., Humphrey N., "Achievement for All: Narrowing the Attainment Gap for Students with Special Educational Needs and Disabilities", *Research in Developmental Disabilities*, Vol. 34, No. 4, 2013, pp. 1210 – 1225.

持",此部分是学校加强全校反欺凌战略的关键行动,学校对干预的支持至关重要,因此学校需要为自闭症儿童提供相应的资源,改善自闭症儿童的出勤率和行为问题,从而预防校园欺凌的发生。

(二)多主体干预

为降低欺凌事件和帮助特定儿童,学校设计的方案首先应当培训相关工作人员。工作人员需要学习在哪些情况下最容易出现欺凌事件,怎样监督、处理欺凌行为,以及怎样提供合适的后续解决方案。学校制定针对欺凌行为的规范时也需要学生的参与。应当安排课程定期检查这些规范,并讨论特定事件和应对策略。学生需要参加有关欺凌的培训课程,了解欺凌对施受双方产生的长期影响,具体到欺凌事件所涉及的各主体应采取不同的做法。

1. 欺凌者。对于欺凌者,可从知识、技能、行为及态度等方面着手,首先改变他们对自闭症同伴的固有看法。将正向行为支持的理念融入到班规或课程中,实施系统性、多层次课程,在自然环境中教导他们恰当的情绪行为表达方式,尽早介入以预防更严重的行为问题。需要提醒他们此类行为所造成的短期影响是触犯行为规范和遭受惩罚,长远来看则会影响到双方的交友能力和职业成就。同时还要警告他们自身也可能会出现情绪障碍,并很有可能触犯法律。

2. 旁观者。旁观者常为目睹欺凌事件而感到不安,他们需要一些建设性的策略和鼓励以应对这种不安。他们从前对于欺凌事件的回应可能包括庆幸自己不是被欺凌对象;担心自己介入并成为受害者,因而不作任何反应;因为处于沉默的大多数群体,感觉不到自己有责任介入事件;不确定应当做什么,所以什么都不做;被警告不许介入;习惯于保持沉默;或基于同伴压力不敢说出事情的真相。也有一些学生会认为这样的事情很"好玩",或者被欺凌的学生本来就"欠揍",从而公然鼓励欺凌者的行动。应当教导这些旁观者清楚地认识到什么是错误的,是必须被制止的,如果自己无法制止就需要向成人报告。这就相当于填平了一部分欺凌者和被欺凌者之间的鸿沟。在"沉默的大多数"中间,有一些学生社会地位较高,有强烈的社会正义感和天生的自信。可以私下鼓励这些学生,因为他们有能力成功干预并制止欺凌行为。他们较高的社会地位也能够鼓舞其他旁观者勇于表达不同意见。正面的同伴压力绝对可以减少欺凌事件的发生。

在制定有关制止欺凌行为的规范中，应当包括为鼓励旁观者的积极干预而采取的奖励措施，让那些没有采取任何干预行为的旁观者也必须为他们的无所作为承担部分后果，因为无所作为就相当于间接鼓励了欺凌行为。不作为的团体必须要承担责任，换句话说，他们必须为没有采取任何行动而承担后果。聚焦同伴群体互动过程来改善校园欺凌状况，通过营造学校和班级的反欺凌氛围增加欺凌者实施欺凌时的同伴压力，尽力将欺凌事件中协助欺凌者、置身事外者等力量转变为反欺凌力量，鼓励他们帮助欺凌事件的双方。

3. 保护者。老师可以鼓励建立伙伴关系或保护者体系，招募有社会道德观念且社会地位较高的学生做保护者。他们的职责是帮助监控自闭症儿童的周边情况。向老师通报任何不恰当的秘密事件，鼓励被欺凌对象告状，而且公开表明自己对于欺凌的反对态度——反对一切捉弄和欺凌的行为。保护者的另一个重要作用是修复自闭症儿童情感和自尊心受到的伤害。成人固然有同情心并且能提供安全感，但是一位受欢迎的同龄人的支持所带来的修复价值，对儿童来说是更加有效的良药。有时候，自闭症儿童并不了解别人的某种行为是捉弄或欺凌。监控者和保护者应当具有足够的社会敏感度，能够很快分辨出友善或者不友善的行为，从而快速做出相应的反应。很多情况下，保护者能够从成年监控者难以察觉的场合把他们从水深火热中解救出来。

4. 被欺凌者。被欺凌者自身也可以采用一些策略，比如避开那些可能产生危险的场所。自闭症儿童通常需要有一个与外界隔离的环境调整身心，但是这样的地方也是他们最容易受攻击的地方。人越多的地方越安全，最好的避免受到欺凌的地点是在学生群体内或学生群体周围。这样，当侵犯者靠近欺凌目标时，被欺凌儿童可以受邀加入群体，或者就待在群体周围。这种"邀请加入"的行为也应该成为教室约束欺凌行为规范的一部分。还有一些方法，比如，课间留在有监护者的课室中，安排一些群体活动（如下象棋），或找一些志同道合的同学一起在游戏区域玩耍。

对于被欺凌的自闭症儿童，应加强教导他们在遭遇欺凌时的应变能力和自我保护能力（如离开欺凌现场或向教师求助）。同时教师也应当记录欺凌者与被欺凌者之间的行为数据，监控二者的变化与改进，以更好地促进欺凌的预防。

对于怎样避免成为被欺凌对象，一些传统的建议反而会让情况更糟，比如，"不用理会任何欺凌的语言和行为"之类的建议。认为忽视欺凌行为就能够防止欺凌行为的产生，是一个不切实际的空想。事实上，欺凌者的行为会不断加剧，直到被欺凌者产生回应。被欺凌的学生必须做出回应，但是他到底需要做些什么或者说些什么呢？一般的建议是要求这些学生尽量保持冷静，维护自己的尊严，用自信和积极的回应解决问题。但是，像是阿斯伯格综合征儿童本来就很难保持冷静和维护自尊，奇怪地"自言自语"反而更不容易让他们控制自己的情绪。被欺凌的学生应当认识到，他们没有做错任何事情，他们不应当受到这样的对待，需要改变的是那些施加欺凌的学生。

建议让儿童事先准备好一句符合自己真实想法的且可持续使用的简单命令回应，比如，"停！你不应当这样对待我""停！我不喜欢你这样做"。他们最好不要说不符合自己心意的话，比如"我不在乎"，因为自闭症儿童在任何情况下都很难做到不诚实。还有一种回应的方式是"开玩笑"，但他们一向没有幽默感。如果被欺凌对象分辨不出对方的行为是否友善，可以这样回应："你在开玩笑吧，是友好的那种，还是不友好的？"学生们还要清楚地表明自己的感受，如"你的言行让我感到糊涂、生气"等等。重要的是要向对方表明他会向成人报告这一欺凌事件。接下来这个学生需要做的是，离开当时的环境，找到成人或者让他感到安全的学生群体。如果欺凌行为发生在教室里，老师可以事先允许被欺凌者根据情况更换位置，而不必在当时征得老师的同意。

5. 教师与家长。教师支持与学生遭受校园欺凌呈显著负相关、与学校归属感呈显著正相关，教师支持通过增加学生对学校的归属感使其较少遭受校园欺凌。教师具备处理学生之间欺凌的意愿、知识及技能是减少学校欺凌行为的前提条件。当教师表现出愿意帮助被欺凌的学生或采取专业的干预措施时,同伴之间的伤害会减少并增强互帮互助的风气。[1] 教师有责任确保自闭症学生在预防校园欺凌方面获得支持和帮助,并监察学校反欺凌措施对他们的影响,协助学校反欺凌策略的审查与修订。因此,让教师参与欺凌预防计划的培训、评估、设计和监督尤为重要。此外,普通班教师可能无法时刻注意到每个学生的状况,且自闭症学生往往因表达能力有限或是受到威胁而不敢发声,作为学生的主要监护人父母应敏锐观察儿童的表现,根据儿童的情绪行为状态及时与其沟通,记录欺凌行为,帮助学校了解欺凌行为如何影响学生的成长,以家校合作的方式帮助自闭症学生学习和运用如何在学校防御欺凌的策略。[2]

6. 学校。(1)学校宣导。在普通学校中系统性地开展特殊教育宣导,建立接纳与关怀的环境。学校应创设无障碍的环境,减少自闭症儿童可能面临的不便和歧视。首先,借由特教宣导海报展览、义卖活动、才艺表演、制作取材于生活故事的校内特教刊物激发读者的共鸣等措施营造良好的人文氛围,鼓励全校师生从心理和物理环境两方面接纳与关怀特殊需要儿童,营造友善的校园环境。其次,为了让随班就读学生融入普通班,在入班之前,普通班教师可通过绘本、影片等形式让普通学生预先了解自闭症学生的身心特征、发展需求以及普特生相处方式。最后,提高同伴互动,建立彼此理解的友好关系,班主任利用日常例行性活动,以特教体验活动、共同讨论制定班级规则、戏剧表演等方式增进普特学生之间的交往、互动及支持机会。(2)建立全校制反欺凌方案。全校制(Whole-School Approach)是有效且可持续的防止校园欺凌的方法已经成为人们的共识,其主要包括了阐明整个学校工作人员的角色、职责,开展教师培训,并结合各种有效反欺凌课程方案的实践制定和采用反欺凌政策与举措。这种全校制反欺凌方法的前提是系统地重组学校的社会环境,有效识别欺凌行为,并引导全体学生习得亲社会行为。[3]

---

[1] 尹力:《我国校园欺凌治理的制度缺失与完善》,《清华大学教育研究》2017年第4期。
[2] 付玉媛、韩映雄:《多元主体参与:英国校园欺凌治理实践与启示》,《比较教育学报》2021年第4期。
[3] 孔令帅、陈铭霞:《构建中小学校园欺凌综合治理机制——来自英国的启示》,《教育发展研究》2017年第20期。

建立安全与包容的校园环境，强有力的学校管理，充分利用课程来预防并应对欺凌，培训并支持教职员工等全校参与的方针对减少校园欺凌具有积极的效果。

总之，基于学校和循证的反欺凌计划在预防及处理欺凌行为上发挥着重要作用，基于循证的反欺凌计划应得到学校的支持，从而帮助有意施加欺凌的学生了解适当与不适当行为的意义、相互尊重的重要性，并找到积极的方法以明晰欺凌关系网中各主体的权利及地位，减少欺凌现象的发生，相应地，被欺凌的学生更应获得关注和支持以减少伤害，增强其信心和建立积极同伴关系的能力。鉴于受欺凌的学生通常会在很长一段时间内受到影响，还需长期、不断地强调反欺凌信息，相应的干预举措必须持续跟进几个月到一年的时间。

这也为我国减少校园欺凌，推进融合教育提供了启示。相较于普通学生，随班就读环境下自闭症儿童往往更易遭受同伴侵害而不是主动欺凌他人。学校及相关部门有义务从根源上解决问题，从宏观到微观建立有效的解决方案或系统强化教师的责任与作用并纳入家庭功能。学校应将干预计划全校制、例行性地融入至学生的日常活动和 IEP 中，通过收集数据监控计划的实施进度、优势，分析计划与实践间落差，及时调整行为干预决策，并跟踪学生的良好行为及能力发展进程。

第三节　家庭诉求

一　主要困境

不会交流、不能参与交互式交流，还有着刻板的行为方式和过于沉迷的倾向，要照顾这样的儿童，对任何家庭来说明显都是沉重的负担。即便是对于那些拥有丰富资源的家庭而言，虽拥有能为其提供服务的社区网络，也仍是项十分艰巨的工作。部分自闭症谱系障碍儿童还存在着严重的行为障碍以及伴有睡眠障碍、饮食障碍、癫痫等其他症状。

儿童的特殊状态给自闭症谱系障碍儿童的父母带来了极大的烦恼和困扰，导致自闭症儿童的家庭经济负担及家长照料负担沉重。自闭症儿童家长必须花费更多的时间来照顾儿童，以至于自闭症儿童家长的职业、事业受到了严重的威胁，很大程度上影响了他们社会价值的实现和人际交往，使其自尊感及父母养育效能感明显低于正常儿童的家长。所以，相比起正常儿童的家长，自闭症儿童的家长渴望能够得到社会的理解、接纳和平等对待。他人、集体和社会若是能够了解自闭症家庭的诉求，及时提供情感支持并给予自闭症家庭更多的理解，可以帮助自闭症谱系障碍儿童的家长从友好环境中发掘出自身更多的心理弹性，使自闭症谱系障碍儿童的家长获得较强的自尊修复能力从而更好地维持身心健康。

自闭症患儿康复和训练需要长期且巨大的经济投入，高昂费用使得不少家庭不堪重负。同时，专业的自闭症教育和康复机构与学校数量相对有限，且大多建在大城市，大城市的租房与开销也加剧了本不富裕的家庭的压力。随着国家医疗制度的不断完善，自闭症的康复费用可以部分报销，但报销比例仍然较低。大多数自闭症儿童家庭仍然处于"自救"阶段，生存状况堪忧。

目前特殊教育领域师资较为缺乏，且我国自闭症教育康复人员的专业知识和职业技能尚需规范。由于每例儿童行为症状表现不同，异质性非常大，较难为自闭症儿童提供因材施教的康复计划，康复时间久却未见成效的情况普遍存在。康复机构应结合科技的不断发展对传统的康复方法加以改进。随着自闭症发病率的攀升，康复机构数量的不断增加，有关自闭症儿童家庭以及康复机构的社会支持政策也亟待加强。

就亲子关系而言，由于自闭症行为症状的特殊性，家长不知道在教养中如何保持一个对儿童康复较好的"度"。究其原因，自闭症儿童家长缺乏专业的育儿知识与专业指导，没有足够的理论支撑，难以对儿童的行为做到"对症下药"。加之，自闭症儿童常伴有言语和非言语障碍，其语言交流能力和非语言交流能力较弱，家长和自闭症儿童之间难以做到真正地双向沟通，良好的依恋关系有待加强。

让家长较为费心的，莫过于自闭症孩子常见的多动问题和睡眠问题。有些孩子往往只睡两个小时就又起来动个不停了。自闭症人士可能是受睡眠问题困扰最深的群体之一，有研究表明，大多数自闭症人士都会在一生中某个阶段经历睡眠障碍。睡眠不足使得疲惫的父母患上抑郁症或者焦虑障碍的风险大增。自闭症社会交往缺陷的核心症状，会让自闭症儿童受到同龄小朋友的排斥，这更加重了家长的亲职压力。60%以上的家长因害怕子女及整个家庭受到外界的歧视，不愿意让外人知道子女是自闭症患儿。社会的不理解导致自闭症儿童家庭被孤立，从而也影响了自闭症儿童家长的人际交往。

自闭症儿童家长亲职压力明显高于普通儿童家长，也高于其他障碍类型儿童父母。研究表明，自闭症儿童家长的情绪会经历否认期、伤心混乱期、希望期、沮丧期、接纳期。自闭症患儿家长自身心理弹性不足，使其在面对重大变故时无法保持正常行为和状态，无法适应环境变化。而且，大部分医师及其他亲属多仅关注患儿的病情，对其父母的心理需求并未重视，导致其负性情绪长期积压，主要表现为：

1. 焦虑

父母在得知孩子被诊断为自闭症谱系障碍之后最常见的反应就是焦虑。通常当母亲心烦意乱的时候，身边的人就会想方设法让她平静下来。在这时跟她说"冷静，事情没你想得那么糟"并不会有什么用处，焦虑情绪很难就此轻易排解。因为此时人的心理机制正在调集能量来为即将到来的任务做准备。焦虑的感觉有不同程度的表现，有时是些许不安全感，有时是严重的恐慌发作。如果一个母亲在孩子诊断之前就一直忧心诊断结果可能有问题，那么在得知结果后她的反应倒有可能是释然。尽管极度焦虑是有害的，需要接受心理干预甚至是药物干预，但适度的焦虑却是人正常运转所必需的。如果孩子表现出发育异常，家长应当利用适度的焦虑情绪来促使自身采取因应措施。在孩子的童年时期，焦虑可以帮助家长预测其可能会发生的问题，并在他面临某种危险之前就解决问题，这个过程需要有足够的精力和能量储备。此外，因为有研究表明自闭症与基因相关，已经有了一个自闭症孩子的父母，往往会因为担心基因遗传而不敢再次生育。

2. 内疚

在家庭内部，长辈、亲人由于对自闭症生理机制的认知不足，会把自闭症儿童的成因归因于母亲，给母亲带来了巨大的精神压力。同时，自闭症儿童家长也要忍受外界异样的眼光，外人多加关注的眼神

第五章　自闭症儿童同伴关系的挑战 ◆◇◆

都会给家长心理带来伤害。不少父母会责怪自己是因为做了什么或者没做什么，才导致了孩子的自闭症。诊断的过程往往会加重他们的内疚感。每次他们带着孩子去某个地方寻求帮助的时候，总会听到一连串像这样的问题：

- 你最早注意到异常是什么时候？
- 孕期过程是什么样的？
- 你在孕期的精神状况怎样？
- 如果你孕期还在工作，什么时候停止工作的？
- 家族中有类似情况吗？

对于那些本来就怀疑自己孕期有过失行为的妈妈来说，这些问题可能会让她们格外痛苦。爸爸们则怀疑是不是自己没有照顾好配偶。无论有什么样的宗教信仰背景，很多家长心里的某个角落，都藏着这样一个问题："难道是因为我做了什么不该做的事，或者是起了什么不该有的念头，所以我要遭受这样的惩罚？"为什么别人孕育的孩子健康、正常，而自己的孩子却是有缺陷的。这是让家长们难以面对的问题。如果家长认为这种情况是自己造成的，他们会悲痛不已。

3. 创伤

创伤是一种可能对个人心理发展造成持续严重损伤的情绪休克。根据美国精神医学会的定义，创伤是个体所经历的，对其人身完整造成威胁的事件。亲眼见证此类事件，或者听闻此类事件发生在家人身上也可导致创伤。创伤性压力是一种难以承受的、影响身心的体验，也会影响到人们的思考能力和理解其经历的能力。这些经历往往短期地，甚至可能长期地抑制人们的应对能力。自闭症可能带来较严重的创伤，因为自闭症是长期的，在孩子的整个生存期都会影响到家人。每次在孩子和家人闯过了一个危机之后，另一个危机又出现了。随着孩子长大，这种情形还有可能加剧，并使原本的创伤变得更加复杂。比如说，一个孩子或许已经取得了稳定的进步，然而到了青春期却出现癫痫症状。挑战行为也会加剧家长的创伤。很多自闭症孩子都会哭闹、频繁发脾气、破坏东西、伤害自己或者尖叫。

二 重要诉求及建议

（一）重要诉求

基于研究结果和实践经验，家庭对自闭症儿童的关注主要表现为与人际交流和情绪控制相关。家长认为在幼儿园和学校时由于儿童障碍或缺陷所导致的种种困难会对家庭产生极大的压力。压力的主要来源包括：儿童缺乏有效的交流手段，与同伴发展亲密关系时存在问题，对同伴接触缺少反应，儿童行为管理问题，以及由于儿童行为导致同伴在公共场合难堪。这些困难主要指向人际交流能力和情绪管理能力以及社会支持的不足。

1. 人际交流和情绪管理诉求

人际交流和情绪管理是所有儿童学习和社交的核心能力。近30年来，对特殊儿童和正常儿童发展状况的研究表明，早期出现的人际交流能力、情绪管理能力是人的基本能力，这两大能力发展的最佳时期是童年期。一些简单的活动，如一起用餐，参与使人快乐的、富有情感变化的社交游戏，交流共享基本的生活经验等，包含着大量的自主学习机会，儿童在人际交流、情绪管理方面的不足将不利于他们参与这些活动，难以从中获益。虽然对于自闭症儿童来说，学习功能性技巧是非常重要的，但是这些技能必须建立在人际交流能力和情绪管理能力的基础之上，只有如此，儿童才能自立自信、自主学习。

（1）人际交流。多年来，研究者和临床医生一直就自闭症各种缺陷的本质进行辩论。自从1943年康纳首先对"幼儿自闭症"做了描述之后，诊断方案就一直在发展和改进，但是其中两项诊断标准一直保持不变，自闭症亦基本上由这两方面的发展困难界定：①人际交流能力的发展；②社会关系的发展。这些基本标准与自闭症所有亚类都有关。此外，当研究者考查最能影响自闭症患者生活独立和生活品质的能力时，人际交流能力毫无疑问是最重要的。同时，自闭症儿童的家长把儿童在幼儿园和学校缺乏人际交流能力视为最重大的压力之一。[①]

[①] 林云强、秦旻、张福娟：《重庆市康复机构中自闭症儿童家长需求的研究》，《中国特殊教育》2007年第12期。

（2）情绪管理。由于自闭症儿童在加工合作同伴的口头言语和非言语行为（如情绪表达）时，存在各种问题，根据我们的经验，加工口头语言的挑战和困难会让儿童对预期结果产生焦虑感和不确定感，容易导致情绪异常。在同伴和其他照料者看来，自闭症儿童和成人在情绪管理领域所面临的挑战是显而易见的，自闭症患者自己对生活的记录以及在会议上的相关发言等都对自身的情绪问题做出了生动的描述，多年来，这些第一手的资料已经成为实证研究中重要的参考文献。

自闭症患者的情绪管理问题非常普遍，引起了人们的重视，以至于在过去自闭症主要被描述成行为障碍或严重情绪错乱。随着研究的深入，这种错误观念逐渐被抛弃，现今人们认为自闭症是一种发育障碍，情绪控制困难是一个次级症状。影响情绪的因素包括：难以用有效的、合乎常规的方法进行人际交流，对各种刺激的加工混乱导致的反应异常，由于运动规划困难导致的动作协调和执行问题、有限及令人费解的言语行为，由于社会理解困难所导致的困惑和焦虑。[1]

此外，根据实践经验，当同伴不能理解、误解或未察觉自闭症儿童情绪异常发出的信号时，他便难以向自闭症儿童提供支持和帮助，导致儿童的情绪控制出现问题。出现以上情况的原因可能是自闭症儿童很难使用常规的或别人易于理解的方式传达情绪情感。因此，困难通常不是由于儿童或家长某一方造成的，儿童和同伴在共处过程中都会经历困难，这些困难容易形成不良的体验。由于这些问题，儿童的人际交流能力和学习能力通常会产生明显退步，除非同伴能够为提高儿童的情绪管理能力提供支持，及时对其情绪异常、需要帮助的信号做出回应（相互调节）。

2. 社会支持诉求

众所周知，大部分自闭症儿童和家庭都能从广泛的支持中获益。如前所述，学习产生于日常活动之中，因此，社会支持必须在活动中、在同伴间展开。[2] 自闭症儿童的父母和其他同伴在日常生活中会遭遇很多

---

[1] 尤娜、杨广学：《自闭症诊断与干预研究综述》，《中国特殊教育》2006年第7期。
[2] 高飞、杨静：《自闭症儿童家庭的社会支持现状研究——对河北省99个自闭症儿童家庭的调查》，《教育导刊》（幼儿教育）2008年第4期。

挑战，面临巨大压力，在规划家庭未来时长期充满不确定性。那些进展良好、积极成长的家庭是由于家中的自闭症患者能从大量正式和非正式的支持中获取帮助、汲取力量。正式的支持包括能敏锐察觉家庭和儿童需要的专业人员，非正式的支持包括亲戚、朋友的帮助，他们能帮忙减轻抚养自闭症儿童的压力和挑战。[①]

（二）对自闭症儿童家长的建议

1. 找到"联结"

其实，自闭症孩子的父母也活在育儿体验的整个谱系当中。没有一个孩子是完美的。长久维系一个家庭的是亲子之间的情感纽带。这种纽带在正常孩子与父母之间与在自闭症孩子与父母之间，既有相似，又有不同。不管哪种情况，父母抱在怀里的婴儿，都跟父母想象中的孩子，或多或少是有区别的。将这两幅画面统一起来，是所有父母每天的必修课。从这个意义上来说，自闭症孩子的父母绝不是孤立的少数派。

作为自闭症孩子的家长，困惑和忧虑是司空见惯的。而忧虑最好的解药，就是在当下找到"联结"。人类生活归根结底是相互依赖的，对于自闭症的孩子来说更是如此。如果孩子过得不好，父母会感同身受，会难过，不可能置身事外。这意味着，无论孩子有没有自闭症，父母都要时刻觉知自己和孩子的需要。

如何让家庭中的每一个人都得到他们最需要的？这个问题就发生在家庭每时每刻的互动里。父母能每时每刻都给予孩子恰如其分的爱和接纳吗？在自闭症孩子最需要爱的时候，也就是在情绪烦躁和挑战行为爆发的时候，爱常常是最难给予的。越是在这样的时候，家长越是需要头脑清醒地去选择他们扮演的角色，发挥的作用，并能看到当下可以做出的各种选择。这就是不断发展的变化的接纳过程。

普利策获奖记者高卢（Ganl）曾诗意地说过：

> 生活不是一大堆感叹，而是一连串短短的瞬间，像项链上的珠

[①] 黄辛隐、张锐、邢延清：《71例自闭症儿童的家庭需求及发展支持调查》，《中国特殊教育》2009年第11期。

子一样串在一起。我们走错路,是因为我们期望太高,然后空虚失落的我们又不得不找一个人来指责。

当父母学会活在当下,找到给自己串项链的那些珠子,他们的怨恨就褪色了。

2. 建立合理期望

孩子既需要界限,也需要充满爱意的正面关注。缺乏任何一样都会阻碍成长。挑战越大,这句话就越显得重要。在期望值合理、家长能够坚持的情况下,自闭症孩子的进步通常比较大。反过来,不现实的期望往往导致事与愿违,家长孩子都受打击。对所有孩子的家长来说。关于定界限和立权威的内心斗争都会一直持续到孩子离开家的那一天。许多亲子冲突的核心,都是"孩子本该更好"的期待。成功地立界限,应该是建立在对孩子能力理性评估的基础上。充分了解孩子的能力,有助于避免设定不现实的界限。因此,无论考虑立什么样的界限,都要先弄清楚孩子自闭症的独特表现形式对这个界限会有什么样的影响。这一点很重要。孩子的智力或发育水平可能还不足以完成某个期望。构建合理的期望值,可以依靠其他家长或者了解孩子的专业人员的帮助,也可以参考相关的发展检查表。在给孩子立界限时,保持温暖的亲子关系特别重要。通过这种联结,孩子更容易认识到你是在努力地教育他。而你也不会为了限制孩子而太过内疚。

3. 积极参与儿童干预——以家长引导式地参与儿童人际关系发展干预为例

自闭症儿童家长身为重要他人的角色,在儿童的行为、情绪干预方面发挥着重要作用。家长应积极学习相应的干预策略,主动参与到儿童的干预过程中,帮助儿童提升其社会交往、情绪管理能力,改善儿童的同伴关系。考虑到自闭症儿童的家长把儿童在学校缺乏人际交流能力视为最重大的压力之一,本书将以人际关系发展干预为例,展开叙述儿童干预过程中的家长参与。

人际关系发展干预基于正常儿童习得、建立情感关系的方式,利用结构鲜明、步骤简单清楚的活动让自闭症儿童和父母、照料者以及同伴一起游戏，致力于形成一种生活风格，使自闭症儿童在日常生活的各种活动中体验正面积极的情绪分享与刺激，提高自闭症儿童人际交往能力，改善其人际关系。人际互动可以分为工具性互动和经验分享互动，人际交流为中心的理念强调经验分享互动，注重培养自闭症儿童的社交技能，即儿童在各种社交情境下都能做出适当的回应，而不是仅仅局限在某些场所或是情境当中。

（1）指向儿童经验分享互动的干预

人际关系互动的过程重视父母在自闭症儿童人际关系发展中的作用，重视父母的引导式参与，互动双方具有高度的弹性与即时的反应变化。儿童在与其照料者相处的过程中，不知不觉形成了对互动的安全感和信任感。我们通常可以考虑从儿童的社会参照和共同调控两个方面进行干预。

社会参照能力就是通过对比他人行为或社会规则而对自己产生评价的过程，具体来说就是使自闭症儿童能够不断地理解他与家长或同伴间的关系，以判断他与对方协调程度的高低。社会参照的能力与意愿是培养互动的基础。

共同调控指的是互动双方的其中一方自发性地反应，为了维系双方互动的共同意愿而改变自己的行为。注重让自闭症儿童成为共同调控者，通过改变自身的行为来配合家长或同伴的反应，而不是对方努力地配合自闭症儿童的各种反应来改变自己的行为。在实施阶段，只有当儿童与社交对象的经验分享互动水平相当时，儿童才能在活动中平均分担共同调控的责任。当自闭症儿童与家长、同伴等经验分享互动水平较高的个体互动时，也要尽量避免水平较高的个体单独掌握整个互动，单方面地调整自己的行为来适应自闭症儿童，这样是不利于自闭症儿童社交水平的提高的。

功能优先于方法，自闭症儿童理解使用社交技能的能力要比学会与人交往的外在模式和步骤重要得多，因为自闭症儿童可能很快学会某种方法与特定的人交往互动，但却对于交往互动的本质没有任何概念。

(2) 实施

①人际关系评估

评估儿童语言、认知、知觉、动作、注意力以及情绪控制力等各种能力，最后通过人际关系发展评估来评估儿童的经验分享能力处于何种水平。

人际关系发展评估包括以日常生活为背景的观察和针对家长与专业人士的问卷与访谈两部分，其中针对家长的问卷与访谈是根据经验分享能力发展的六级设计的。除了家长提供的自闭症儿童在日常生活中与他人互动的录像资料之外，还会设计一系列不同阶段的经验分享活动让自闭症儿童和家长或是主要照料者一起进行，同时通过单面镜和录影机来进行观察和记录。观察的重点在于自闭症儿童的行为是为了维持还是干扰情感协调，以及儿童社会参照能力、共同调控能力的水平如何。这样的观察通常会持续两小时左右。

②干预的实施

首先，让儿童逐渐接受家长对于互动的调整和监控，同时理解并学会家长对自己行为的指导和纠正。家长在这一阶段的一个重要任务就是培养儿童将通过互动所获得的对方的面部表情和声音作为信息来源中心，这里的声音不一定是有意义的语言，也可以是笑声或叹息等"表情声音"。当家长发现儿童的注意力没有集中到自己的脸部时，可以把自己的手指或是活动中要使用的玩具举到脸的旁边，提醒儿童注意，只有当儿童的注意力集中到自己的脸部时才继续开展接下来的活动。在第一阶段，自闭症儿童除了和父母在家中的互动之外，每周还会有 15 小时左右的时间要到人际关系中心去，在课程治疗师和其助理的监督指导下进行互动练习。

其次，让儿童意识到并逐渐担负起调控和修复互动中出现的问题和责任，学会享受变化所带来的兴奋感。经验分享互动发展至这一水平的儿童虽然已经能够自然地把家长和治疗师当作人际关系的主导者，但是仍旧过于被动，因此家长仍要为其提供有组织的结构化活动，在活动中增加刺激和愉悦感。

再次，要求儿童能够体会即兴地改变游戏以及与同伴一起共同创作的乐趣，并逐渐学会开展集体活动。这就要求儿童从两人关系的沟通和互动，逐渐过渡到适应多人的集体活动。让儿童理解主观体验和对外部世界的体验，并知道这两者是同等重要的。也就是说，由外部动作过渡到内心体验的聚焦，是这个阶段的重要学习任务。让儿童分享彼此的内心世界，包括对事物的观点、情绪体验、兴趣等一系列主题。

最后，注重培养密切的朋友和伙伴关系，努力促进儿童发展与同龄人之间的个人友谊，形成自己生活中重要的，甚至是亲密的人际关系。

治疗初期所选择的活动开始和结束时会有明显的标志，角色的功能清晰，流程简单。在自闭症儿童经验分享互动发展到第三阶段以前，引导式参与的作用都是至关重要的。所谓引导式参与是指家长在自闭症儿童自主进行社会互动之前，对儿童的行为和活动做明确的规则限制，培养儿童主动修复互动缺陷的意识和能力。引导式参与不但在治疗室里进行，在家里也有一定的练习时间，时间长短视儿童的发展水平而定。家长在进行引导式参与之前，治疗师会在一个装有单面镜的房间里与儿童互动，同时也是在给家长示范，如何教会儿童游戏的规则及如何与儿童成功地互动。家长在引导式参与中最重要的任务就是逐步引导自闭症儿童在活动中成为共同调控者，通过引导使儿童能够在人际互动出现问题时，成为主动修复的一方。在自闭症儿童开始尝试结构简单的活动时，就逐步加入变化的元素，同样类型的活动不断增加难度，这样一来，就可以确保儿童获得的快乐和成就感来自与同伴共同的活动，而不是来自某个玩具或是活动固定的程序。父母和自闭症儿童大约每半年就会接受一次系统地再评估，便于随时调整干预计划，同时检验之前的干预效果。

注重发展和加强自闭症儿童内在的人际交往的动机。通过指导，使父母能够敏感地发现儿童现有的发展状况，对自闭症儿童已有的能力进行训练，促使儿童能够进行自我泛化和类化，使其不但在熟悉的情境中，慢慢迁移到类似情境直至完全陌生的情境中也依旧能够自如地运用他已经掌握的与人交往的能力。

儿童内在的、天生的与人交往的动机在自闭症儿童社会性发展过程中发挥着巨大作用。在人际关系发展干预疗法的干预计划里,家长、治疗师、教师的作用在于当儿童需要的时候为他提供必要的、合适的支持,做一个同行者而非指导者。要使自闭症儿童学会某种社交技能,不一定非得需要外在的强化和奖励,来自人际互动本身的喜悦和兴奋感足以促使他们继续学习下去。

第六章　自闭症儿童同伴关系调研与实践

第一节　自闭症儿童随班就读现况
——基于普校教师的视角

自闭症儿童在随班就读的背后，隐藏着"随班就座"的危机。尽管就如何开展随班就读工作，提升随班就读的质量，已有一定的研究和实践成果。但是，我国目前随班就读的实施现况却不容乐观，自闭症儿童在普校随班就读的质量不佳。现阶段我国对随班就读的特殊学生的各方面支持援助力度还不够，除了缺少系统的、持续的支持与援助外，还在教育行政管理、教育资源、学校氛围、自闭症儿童生活能力与自律性、教师专业培训、课程设计、学校与家长合作等方面存在问题。[1] 这就使得自闭症学生面临着诸多的困难。这样仅仅将他们放在普通班级，而没有提供相应的支持体系的随班就读实际上就是"随班就座"。

就现状而言，多数随班就读的自闭症学生并没有得到他们需要的特殊教育，随班就读并未真正实现融合教育的理想。另外值得关注的是，自闭症随班就读这一比例有所下降。为什么在广大普通学校教师、家长以及社会大众越来越接纳融合教育的时期，随班就读人数比例反而下降？[2] 我国鲜有学者对这一现象进行专门调查，但从已有的研究中，可

---

[1] 魏宏亮：《随班就读所涉及相关问题的研究综述》，《北京市区县教育科研人员第四届学术年会论文集》，2011年。

[2] 杨希洁：《当前特殊教育发展若干特点及问题的思考》，《中国特殊教育》2019年第8期。

以初步得出造成这一现象的原因之一是随班就读缺乏足够的政策和资源保障，导致普通学校教育水平不高、自闭症学生难以获得有质量的教育。随班就读的自闭症学生因为人际交往和学习适应上的各种困难正被带入了另一类的"隔离"形式。这种"隔离"在一定程度上比传统意义上特殊教育学校的"隔离式教育"更加严重，随班就读的自闭症学生在普通学校中正扮演着跟得上就"随着"、跟不上就"随便"的从属角色，这使得"随班就座"成为随班就读难以避免的困境。另外，自闭症儿童在普通学校随班就读，由于自身的缺陷，他们可能会在学习和人际交往等方面需要一定的支持与援助，我国随班就读的课程教学并不能真正满足自闭症儿童的教育需求，存在诸多问题。

究其原因，大致可归纳为以下几个影响因素：（1）教师的专业素养。随班就读教师的专业素养包括专业态度、专业知识、专业技能和获取支持，是影响随班就读质量的关键。教师作为人力资源的重要组成部分，其相互合作的情况也是高品质随班就读研究的重点之一。（2）环境与心理的接纳度。我国的随班就读仍十分缺乏现代教育技术设备的应用，教学设施欠缺，普通学生歧视、排斥特殊学生的心理接纳环境，令随班就读的特殊学生身心未能真正融入普通班级。（3）课程支持。普通学校要实现融合教育倡导的让所有儿童都在普通教室里接受高质量的、适合他们独特的学习需要的教育，就必须重视调整课室里课程的形式、内容与实施策略。① 课程与教学是否符合特殊学生的个别差异关乎融合教育的实施成效，会对特殊学生的行为问题及学习成效造成影响。② 随班就读的特殊学生的特殊性以及随班就读课堂中暴露的问题决定了必须对随班就读课堂课程教学做出适应性的调整。③ 综上所述，随班就读的品质受诸多因素的影响。本书拟通过质性研究的方法，从普通教师、资源教师、家长三方视角，探讨随班就读的实施现况，检验影响其发展的关键因素，

---

① 邓猛：《关于全纳学校课程调整的思考》，《中国特殊教育》2004年第3期。
② 魏寿洪：《成渝两地普小教师融合教育课程与教学调整实施现状研究》，《中国特殊教育》2018年第6期。
③ 王琳琳、赵斌：《论随班就读课堂教学适应性调整的必要性和可行性》，《现代特殊教育》2012年第8期。

为未来的自闭症儿童融合教育实务提供可借鉴的参考信息。

一 研究方法

本研究使用质性研究的方法。在资料收集和分析阶段，使用质性的策略和方法，收集并分析多样化的资料，可以澄清一些偏见，使得研究的效度与信度得到增强。

（一）质性研究

1. 研究对象

本研究采用目的抽样，选取17名班内有特殊学生的普通教师作为研究对象。确定研究对象后，采用质性研究中的访谈法。依据半结构化访谈方法，对参与者分别进行访谈。每次访谈开始时，在征得参与者同意后进行录音。

2. 分析方法

在访谈完成后将录音资料转换为文本资料，使用主题分析法对逐字稿进行资料分析。

二 研究结果

（一）环境支持

1. 硬件环境

存在硬件设施配置不平衡的情况，且普遍处于匮乏状态。部分学校由于刚接手自闭症学生或自闭症学生数量较少而没有配备相应的资源教室，学生在硬件上没有得到个性化安置。场地、教具等硬件设施普遍缺乏。如：

> 暂时真的没有（为特殊学生配置的）专门设施，就是分到哪一班，哪一班班主任来关注一下他，特别关心一下他就是了。
>
> 但是老师的专业性那一块和学校的安置，学校安置就是很普通地把孩子放在普通班，随大流，没有什么特殊的个别化的对待啊，也不会说还有资源教室、资源老师，这些都没有。
>
> 场地受限、环境受限。第三个是教具受限，就是有场地给你，

但是没有任何教具……硬件设施、软件设施都没有。

2. 多方合作情况

资源教师与普通教师之间的沟通合作情况较好，对教师工作的不理解来自家长及行政管理层。某些自闭症学生的家长拒绝承认孩子特殊情况，对教师的工作表现出抗拒。普通家长对于给予特殊学生支持表现出不理解不认同。部分家长与教师之间存在不良的沟通关系。学校行政层的随班就读工作意识普遍不高。虽然近几年由于政策启动，得到一定的推动，但理想和现实之间仍有差距。如：

> 目前比较大的困难就是，一开始整个普校之中的教师甚至管理层他们都不知道融合教育是什么，不知道我一个人可以改变什么。
>
> 他不是觉得你对他孩子不好，而是觉得你对有自闭症的孩子过于照顾了，觉得不公平。
>
> 如果看到他觉得很有问题的孩子，就会很主动来找我……第二个就是他们班上有自闭症学生的就会很主动问我，怎样帮助他在班级里适应得更好。家长沟通的最大的问题就是那些看起来是自闭症儿童的，家长不愿意去诊断他，不愿意接受，想潜伏在普通孩子中，不承认他的特殊性。
>
> 政府教育局支持的东西比较少，但是已经比两年前多一点啦……只是没那么快没那么好。
>
> 现在的激励机制还不够……不要说金钱上的，名誉上的激励都没有。

3. 融合接纳环境

自闭症学生接纳环境还需改善，一些普通学生对特殊学生比较关心，会包容接纳，还有一些表现出排斥与厌恶，孤立与歧视的态度。但多数普通学生对自闭症学生的态度在经过长时间教育后会逐渐转为接纳。对于特殊学生，无论是普通学生还是各科老师，都会对其特殊性有特别照顾和包容。老师会使用不同方式营造良好的融合氛围。如：

> 一般有同情心，另外就是对他们应该还是比较包容的……但是平时都是帮助他们比较多，都是对他们挺关心的……班主任啊，学校层面都有，主要是强调同学们要在各方面帮助他。
>
> 一开始那些孩子可能会有嘲笑，但随着教学，他们对特殊孩子的态度会好转……会有宣导活动、主题班会。
>
> 不会说歧视，也不说特别怎么样，可能他们还没有那个意识……我发觉普校的校长、老师很多都不太了解自闭症。

(二) 专业性支持

1. 资源教师

专业方面的支持呈现出较匮乏的状态。没有资源教师的学校，相关工作就由其他科任老师承担，而为数不多的资源教师在学校还需要兼任其他职务。如：

> 我不是特教专业毕业的，我是学校的心理辅导老师兼任的。
>
> 我们是兼职的，我是班主任，也是两个学科的科长，然后还要兼任资源教师，没有闲下来的时间。
>
> 专业教师比较少，我们的专职教师更多的是普通的科任老师转过来的。
>
> 但是老师的专业性那一块和学校的安置，学校安置就是很普通地把孩子放在普通班，随大流，没有什么特殊的个别化的对待啊，也不会说还有资源教室、资源老师，这些都没有。
>
> 这边的专业人员非常稀缺，师资非常弱，我现在在这边没有指导老师……只能靠我自己去摸索……整个区都缺资源教师。

2. 普通教师特教素养

普通教师在随班就读的工作中没有足够的专业人员来帮助他们，工作中存在许多困扰，在教导自闭症儿童时存在心有余而力不足的情况。如：

就是老师有这个想法想去帮助孩子，但是他的时间和精力不是很够，还有一个（原因）就是支持性的东西不够……如果说有个督导，由他去建议老师这样会更好……思想要开放，另外一个就是为孩子建立资源教室，请资源教师，定制IEP这些，就是要落实到孩子身上。

不知道给他设什么教学目标……目前对自闭症学生的训练不知道从何做起，有时候又觉得没有那个必要。

我们做老师的来说，也不懂得怎样去教这些学生。完全不知道该怎样去教他们，因为没有专业的人士指导过我们。

（三）教学支持

1. 教育干预

在教导自闭症学生的过程中，普通教师遇到的问题主要集中在由学生本身的特殊性而表现出的沟通困难、管理困难。在这方面缺乏培训的普通教师很少能独自解决问题。家长也表示孩子的进步主要是由于自己的努力。相比之下资源教师的干预则有显著的效果。如：

同一个知识点教他们很多遍都教不会，还有就是自闭症的学生总在课堂上突然之间站起来走动，打扰到其他同学上课……

基本上吧，感觉这块没什么方案推动，基本上都是靠家长去推动……随着我孩子年龄的增加他很多东西都在进步。我一直在做家长培训，然后他的一些行为我们会抓得很紧。

改善是有的，例如，我有一个个案，我在刚接手她的时候，还不会说话，不会写字，一年之后，现在她就是可以仿读一些字词……她可以描和写，我觉得这个的话是进步，挺大的。

个别行为问题家长有看到成效。

2. 改善空间

普通教师、资源教师和家长共同希望教师的专业素质和相关人员的随班就读意识可以提高，并增派专业人员在技术上提供支持。

大部分资源教师建议当地配备齐全的硬件设施和软件设施。课时安排上，教师认为学生较多，而分配的课时较少，应根据实际情况增加课时，让学生得到充分发展。如：

> 我觉得我们学校很缺资源教师，很缺乏特殊教育知识，像我们这样完全不知道该怎么教育这些孩子，这些孩子怎么进步？还有就是没有法律法规保护这些孩子的教育问题。
>
> 行政本身对特教的理念就不是特别好，就是从根源上面你学校的领导层应该先接受特殊教育，你才能让下面普通教师接受特殊教育……因为学生挺多的嘛，类型也挺多的，而且他们年龄跨度很大，认知上面也参差不齐，但要在同一时间段提供给他们一些个别的辅导，会比较难。
>
> 应该多宣传，像老师、小朋友应该对这方面多一些了解，让他们多接纳。还有一个就是我觉得家长的心理辅导有点少，我知道很多家长的压力没有地方疏导……其实家长也是需要帮助的，因为家长的情绪对孩子影响很大。
>
> 就是老师有这个想法想去帮助孩子，但是他的时间和精力不是很够，还有一个（原因）就是支持性的东西不够……如果说有个督导由他去建议老师这样会更好……思想要开放，另外一个就是为孩子建立资源教室，请资源教师，定制IEP这些，就是要落实到孩子身上嘛。

三 讨论

综合研究结果得出，随班就读工作与普通教师的特殊教育专业知识以及能力有关。面对随班就读的自闭症学生，教师的专业知识和能力就可能不足以应对班级中情况的变化，由于自闭症学生自身的特殊性，导致了他们在普通班级中接受教育会存在一定的困难。研究结果显示，大多数的普通教师认为自己没有足够的能力辅导他们，希望能得到一定的专业人员的支持。对普通教师进行一定的融合教育素养培训，能够帮助普通教师获得应对自闭症学生的技能，让学生真正融入学校。由教学支持维度下的干预情况主题可知，普通教师缺乏一定的特殊教育培训，应对自闭症学生、特殊问题的能力有待提高，很少能独自解决问题。

随班就读的质量尚需改善，可以通过完善资源教师配置方式及注重行政支持来改善这一现况。政府对随班就读的重视程度和随班就读专业教师资源的配置方式是影响随班就读的重要因素。研究结果表明，大部分地区存在资源教师紧缺、教师专业支持不高且部分并非专职资源教师的现象。多数资源教师不是特教专业毕业，由学校的心理辅导或普通老师兼任，部分教师对融合教育并不了解。随班就读教师及相关人员的专业素质有待提高，期望有相应的政策出台并落实，给予一定的专业人员支持，重视随班就读的发展，完善资源的配置方式。目前资源教师难以做到专人专用，在教导自闭症学生时存在心有余而力不足的现象，导致其难以根据学生的实际情况开展多样化的指导，让学生得到充分发展。一部分资源教师表示当地行政对发展随班就读的重视程度偏低，影响随班就读工作的开展。需要对学校中层以上领导干部进行特殊教育理念的培训，加强行政人员对随班就读工作的重视。

普通学校对特殊学生所需的硬件设施与专业人员配备方面的支持都没有很好地落实到位，期望孩子能获得更多方面的教学支持，如个别化教育计划、资源教室的配置等。从整体上看，目前硬件设施的配备不够完善，对学生的支持处于匮乏的状态。近几年，因政策推动和资金支持已得到一定推动，但理想与现实仍有差距。

随班就读课程调整是提升特殊教育质量的关键因素。[①] 合理且适当的课程调整能够在适应普通学生能力水平的同时满足自闭症学生的需要，对于随班就读质量的提升乃至特殊教育质量的提升都具有现实意义。

（一）随班就读品质的影响因素

1. 随班就读学生学习适应的影响因素

本研究表明教学支持、心理环境支持和专业支持可以正向预测学生

---

① 党凯琳：《随班就读课程调整：意义、策略与出路》，《教育导刊》（上半月）2020年第3期。

的学习适应。说明对于随班就读的教师而言,调整学校环境、沟通方式、使用个别化的评估方法、调整课程设置、提升普通教师对特殊学生的接纳态度、增加专业人员的支持等方式,对于促进自闭症学生在普通班级的学习效果是显著的。普通学校的心理支持和硬件支持是关乎随班学生在普通学校能否拥有良好的学习适应的重要因素。课程是促进融合教育发展的主要工具之一。若课程设置不能满足不同学习者的广泛的需要,它将成为教室里隔绝孩子正常学习的障碍。其中心理环境是最有力最显著的预测因素,普通学校创设良好的教学氛围是促进随班就读的特殊学生学业适应的有效措施之一。质性研究结果显示硬件环境是限制教学的因素之一,随班就读的资源支持需要硬件设置与专业方面的支持来帮助学生适应学习和生活。

2. 随班就读学生人际适应的影响因素

本研究表明教学支持、心理环境支持可以正向预测学生的人际适应。结合访谈的结果,在教学支持方面,资源教师制定个别化的辅导是有效的,可以改善学生行为方面的问题。在心理环境支持方面,部分学校内部教师间的通力合作、教师对随班就读学生的良好接纳态度都有利于给自闭症学生营造良好的融合氛围。这两个因素有助于提高自闭症学生在随班就读中的社交表现。在教学支持这一方面,个别化的教学支持能够在一定程度上帮助学生学习一些交往技巧,从而进一步促进学生的人际交往。[①] 在心理环境支持这一方面,教师间的规划协作、增加相关的支持人员及团队合作对随班就读学生的人际适应具有重要作用。综合前人研究成果和本研究结论,要提升随班就读质量应该双管齐下,从教学支持、心理环境支持两方面来促进自闭症学生在普通班级的人际适应。

四 建议

结合研究结果、讨论与结论,本研究提出以下建议。

(一)加强师资培养,夯实融合教育基础

在随班就读实施的过程中,通常普通教师是随班就读工作的实际执

---

① 须芝燕:《初中随班就读学生学校适应不良的干预策略研究——以 C 校实践研究为例》,硕士学位论文,华东师范大学,2011 年。

行者，要重视普通教师在随班就读中的作用。本节的调查表明，受过特殊教育理论指导的教师较少，所以要根据教学中的实际需求，加强对普通教师的特殊教育专业培训，在普通教师培养方案中加入必要的特殊教育内容，走普通教育和特殊教育复合的教师培养道路，提高其特殊教育的专业素养。

（二）优化资源配置，强化随班就读专业支持服务

齐全的、完善的资源配置是随班就读发展的前提，完善随班就读需要的硬件配置、提高资源教师的数量和专职性是普通学校亟待解决的问题。由于各地区现今在经济、教育各方面的发展状况不平衡，对某些地区的学校来说，在短时间内配置好健全的设施较为困难，可以加强校区间的交流与合作，实现硬件设施的共享。学校还需彰显特教岗位专人专岗的精神，明确专职资源教师的职责，加强区内资源教师相关政策的执行，从而在资源配置上满足各地区随班就读的发展。

（三）多种途径开展特教知识宣导，提高随班就读融合度

对于随班就读教师来说，他们更为关注的是在课堂上怎么做到照顾集体的同时兼顾自闭症学生个体。[①] 政府、高校特教系和社会机构可以合作进行随班就读政策的宣传与咨询，共同协助指导普通学校规划随班就读工作，如融合活动的开展以及家校关系的协调等。借此，提高融合教育意识，促进学校行政、普通教师、其他学生家长对随班就读的自闭症学生的接纳程度，提高随班就读的质量。

（四）亟待发挥巡回教师的指导和普及功能

巡回教师是指定期对普教教师进行关于特殊教育和随班就读环境中的课堂管理等方面的知识技能培训和指导的教师。高质量的巡回辅导机制能够有效提升普教教师对自闭症儿童随班就读过程中遇到的各种问题的应对能力，并且可间接促进自闭症儿童相关知识在普通学生及其家长群体中的普及程度。[②] 因此，巡回教师的功效不仅体现在专

[①] 王秀琴：《巡回指导教师在随班就读中的作用研究——基于北京市海淀区2011—2013年巡回指导工作的实践》，《现代特殊教育》2014年第7期。

[②] 孙瑜、徐胜：《自闭症谱系障碍儿童随班就读现状研究述评》，《绥化学院学报》2022年第1期。

业化技能上，更体现在社会化效应上。目前我国尚未形成完善的巡回辅导机制。普教教师和特教教师处于割裂状态，二者之间没有形成高效的沟通桥梁，因此，决策层应促进普特教育系统联合沟通系统的建立，开始或加快特教教师向巡回教师转型的进程，发挥巡回教师的指导和普及功能，以此实现自闭症儿童随班就读各类问题的专业化应对机制。

（五）需要建立完善有效的随班就读支持服务体系

随班就读的支持服务体系需在实践过程中不断完善，目前我国尚未形成自闭症儿童的随班就读支持服务体系。未来可以在教师、学生、家长等维度进行教学实验和改革，提高自闭症儿童的随班就读服务质量。首先，在教师层面，普教教师和特教教师（或资源教师）的合作教学是提高教学质量的有效措施，特教教师应该帮助普教老师形成和实施自闭症学生的长、短期个别化教育计划，帮助随班就读的自闭症学生的学业成就等方面的能力获得发展；其次，在学生层面，班级内的分组（或分层）教学可以调配和重组学生的能力和优势，将自闭症学生分在与其优势互补的小组中完成同一个学习目标，以合作学习和榜样模仿的形式帮助自闭症学生融入集体学习活动，弥补其劣势，提高其整体能力及学习效能；最后，在家长层面，加强家校沟通，无论是自闭症学生的家长还是普通学生的家长都应该对融合环境中的教学情况有所了解，并支持教师的各项教学实践活动。

第二节　自闭症儿童同伴关系
——基于自闭症学生的视角

自闭症谱系障碍（Autism Spectrum Disorder，ASD）是一种广泛性神经系统发育障碍，以社会交往障碍、狭隘兴趣和重复刻板行为为核心症状，同时可能伴有智力落后、多动冲动、焦虑、睡眠障碍等方面的问题，男孩的患病率显著高于女孩。最新研究发现我国自闭症患病率约为0.7%，由于人口基数大，因而国内自闭症儿童和青少年的绝对数量较为庞大。随着融合教育理念的传播以及融合学校的增长，越

第六章 自闭症儿童同伴关系调研与实践

来越多自闭症儿童进入融合学校就读,并尝试融入社会,他们在融合学校的适应情况、教育与发展情况受到政府、家长和社会的广泛关注。在融合过程中自闭症儿童面临诸多困难,一方面是因为自身的社交困难与行为问题,如缺乏社会性注意、难以模仿他人、难以感知他人的复杂情绪、异常的目光注视、发起互动或进行回应的能力不足等;另一方面是因为外部支持不足,如社会刻板印象根深蒂固、教育支持体系不完整、教师或同伴观念封闭等。在上述内外两方面原因的共同作用下,自闭症儿童习惯性地被当作发展水平很低的个体看待,易被贴上负面标签,学习和发展环境堪忧,离"因材施教、适性扬才"的教育目标相去甚远。

为缓解这一困境,国内外研究者开始突破以往从社会、政策或教育系统的"正常化""回归主流""教育平等"等宏观角度的探讨,愈加重视融合教育中特殊学生与家长的微观的、具体的经验与反馈,并进一步打破以往把自闭症发展困境孤立于教育环境之外进行考察的研究范式,更加强调解决特定教育生态环境中的问题。而同伴关系正是其中关键一环。同伴关系指的是同龄人或同等心理发展水平的个体在交往互动过程中建立、发展起来的一种平行且平等的人际关系,在儿童和青少年社会化以及身心发展过程中起关键作用,良好的同伴关系有利于促进他们社会适应及心智成熟。[①] 已有研究发现,自闭症儿童和青少年的同龄人接受度较低,经历低质量的同伴关系,亟须开展相应的评估和干预工作。然而目前国内该领域的研究还较少,尤其对于融合学校中自闭症儿童同伴关系的具体表现、影响因素以及干预方式的文献较为欠缺。[②] 鉴于此,本研究通过质性研究方法,以自闭症儿童自身视角为切入点,力图回溯并呈现其融合过程中生动而鲜活的经验和感受,分析他(她)们的同伴关系特点与干预策略,以期为融合教育提供新的参考。

[①] 高旭、王元:《同伴关系:通向学校适应的关键路径》,《东北师大学报》(哲学社会科学版)2010年第2期。

[②] 叶小红:《融合教育背景下自闭症幼儿之同伴关系研究》,《现代特殊教育》2015年第3期。

一 研究方法及过程

(一) 研究对象

自闭症儿童的同伴关系是一个需要被倾听和理解的领域,从学生亲身体验入手了解其同伴关系,是在融合教育中为他们提供帮助和支持的重要依据。本研究采用"目的性"抽样方法,既确保收集资料的可行性,又可针对性地选择能够为研究主题提供有效信息的研究对象。研究对象的选择有以下标准:(1)被明确诊断为自闭症或阿斯伯格综合征;(2)曾经在普通学校接受过多年的融合教育;(3)拥有较好的语言表述能力以及认知能力;(4)学生和家长均同意参与本研究。基于上述条件,经由广州市自闭症家长协会选取6名接受过融合教育的自闭症儿童作为研究对象,平均年龄为18.40±3.13岁,其中男生5名,女生1名。所选研究对象详细信息见表2。

1. 研究程序

研究者首先与自闭症儿童和家长取得联系,说明研究目的、内容、需花费时间、保密性原则等等(无论何种原因,均可拒绝参与访谈或拒绝谈论某个问题,不必承担任何后果,并向受访者保证资料不会外泄)。访谈过程中,若有必要进一步探索或澄清之处,研究者会在适当时机,当场就有关问题请教受访者,同时对重要内容进行书面记录。在受访者不能提供新的、有帮助的内容时结束资料收集。

2. 研究资料的收集

本研究的资料收集主要通过访谈和文本资料收集。在实施访谈过程中,正式访谈主要用于研究对象对同伴关系的认知与体验,非正式访谈主要针对家长进行,补充正式访谈中未获得的信息。每位访谈对象的访谈过程持续40—60分钟,研究资料的收集历时1个月。研究者对访谈提纲保持开放性,通过半结构式访谈和随机追问相结合的方式,使受访的学生或家长能够自由、充分、完整地描述和表达,直到信息饱和。同时,研究者会尽量做到不干扰现场情境,并留意互动情境中发生的细节,进行观察记录。

3. 研究资料的整理与分析

第一步，研究者先将录音材料转录为逐字稿，并详细记录受访自闭症儿童的非言语行为，如皱眉、摇头等。继而通过反复聆听录音，对每份文档资料进行核对。在这一过程中同时将自己的理解和感悟撰写成研究备忘录；第二步，初始编码，打散原始资料并赋予概念和意义，再以新的方式组合起来，产生最基本的代码，即研究中最基本的意义单元；第三步，聚焦编码，将这些基本单元按照意义进行归类并厘清概念类属，将具有相同属性的资料归入同一类别，形成主题，并通过合并、拆分或删除，使主题保持内部同质和外部异质；第四步，对受访学生的个人经验和意义建构作"解释性理解"，并对主题进行界定和命名。

表 6-1 　　　　　　　　自闭症儿童的基本信息

编号	性别	年龄	居住地	障碍类别	学习经历
小桉	男	19岁	广东	阿斯伯格综合征，智力正常	随班就读小学六年，初中三年
小北	男	19岁	广东	高功能自闭症，智力正常	随班就读小学六年，初中三年
小成	男	16岁	江西	高功能自闭症，智力正常	随班就读小学六年，初中两年
小铎	男	15岁	广东	高功能自闭症，智力正常	随班就读小学六年，初中四年
小益	男	22岁	广东	阿斯伯格综合征，智力正常	随班就读小学六年，初中三年，高职特殊班
小菲	女	19岁	广东	高功能自闭症，智力正常	随班就读小学六年，初中三年，职业高中

二 研究结果与分析

同伴关系的特点具体表现在：渴望并主动寻求同伴接纳，但易被对方轻视和忽略，进而更加"自闭"；易遭遇嘲笑、挑逗挑衅、污名式欺凌，并引发焦虑、攻击、自伤行为；倾向于建立非混合友谊，短暂表浅与过于友善的"伪友谊"同时存在。针对同伴关系的特点，制定相应的干预和支持策略，包括以行为干预为基础，重视内在感受和个人意义表达；实行同伴教育，创设良好舆论与接纳环境；开展父母教育，支持并促进自闭症儿童能力的发展；重视家校合作，完善学校硬件设施。

(一) 基于自闭症儿童视角的同伴关系

1. 渴望并主动寻求同伴接纳，但易被对方轻视和忽略，进而更加"自闭"

同伴接纳是一种群体指向的单向结构，反映群体对个体的态度：喜欢或不喜欢，接纳或排斥。同伴接纳不仅意味着陪伴、排忧解难，还意味着自我价值与归属感。[①] 自闭症儿童的"自闭症""孤独症"等标签，放大与加剧了教师和同学对该群体"自我封闭"的刻板印象，经常认为其有"渴望独处""自我中心""不考虑他人"的倾向，认定其对同伴容易表现出冷漠或没兴趣的态度。因此自闭症儿童常被消极对待，同伴接纳度低，常处于独处状态。

然而，近年来相关研究开始打破对于该群体的刻板印象，发现自闭症儿童其实仍对社会关系感兴趣，只是限于言语能力以及沟通技巧，很难主动表达期望与意图，因而干扰到其发起互动或交往的能力。[②] 自闭症儿童对短暂的同伴关系记忆深刻，渴望获得同伴接纳并且拥有和谐亲密的同伴。

> 本研究中的受访者小成清楚地讲述了一段善意温暖并且较为持久的关系，"在小学阶段有一个我们小区的玩得好的，一起去图书馆，或者在小区玩游戏，或者在我们家里玩电脑、桌面游戏，那个男儿童特别好，很善良的，我们一起玩的时候他都是帮着我的，有他在我就好很多，那同学后来到外省读书了，我难过了好一阵子"。并且，自闭症儿童还希望能够获得同学们的了解，表现出发起社交的积极意愿。如小益谈道，"初三的班主任在班上提及过，说查过我的资料，其实我也很想跟他们进行社交，但是我可能不懂他们的表情，就不会一直跟他们说话……老师把这个当着我的面跟全班同学

[①] 程利国、高翔：《影响小学生同伴接纳因素的研究》，《心理发展与教育》2003 年第 2 期。

[②] 张珍珍、连福鑫：《随班就读自闭症谱系障碍儿童社会行为特点及其对同伴关系的影响》，《中国特殊教育》2020 年第 11 期。

第六章 自闭症儿童同伴关系调研与实践

讲过一遍的，当时我觉得这个老师非常好。"研究者问："可是她当着你的面跟同学们讲了你可能有障碍，你不会觉得不舒服吗？"小益回答说："不会啊，讲出来同学们才了解嘛。"

由以上表述可见，自闭症儿童并非人们主观认定的天然倾向于选择逃避同伴关系的"自闭"。换言之，自闭症儿童或青少年并非人们所认为的"渴望独处"，相反，他们相当渴望能够与同伴建立关系。

自闭症儿童因缺乏社交技巧或共情困难等各种问题容易招致误会，同伴不乐意与其交往的受挫体验会使其孤独感增加，导致他们对友伴的渴望更强烈，陷入恶性循环。[①]

如小成回忆道，"每天我都去找那个同学讲话……后来他很烦，越找他，他就越烦我……后来我非常焦虑，非常糟糕"。还有小益也提道，"班上同学不和我一起玩，我就会回家大哭"。此外，对于其拍手、转圈、尖叫等异常行为，同龄人或教师也会表现出不同程度的不理解、疏远冷漠与排斥。家长对此也深有感触，小北母亲无奈地谈道："老师对他的期望只是不干扰正常教学就行，他一个人在学校走来走去，看起来挺无聊的（苦笑）。"

这种持续性的低同伴接纳不利于自闭症儿童的学校适应、人格发展以及社会能力的提高，甚至包括成年后的社会适应。由于自闭症儿童的表达与倾诉能力受限，学校往往忽视他们被同伴排斥的受挫体验，导致他们很难得到及时的安慰和支持。

交往受挫时，自闭症儿童可能采取回避方式，即选择自我封闭以降低伤害。网络成为满足其同伴交往需求的一种回避方式。网络世界多以单机模式为主，无须使用者与外界有互动，尤其单机游戏以及现今盛行一时的抖音小视频。丰富的屏幕呈现能够活跃其感官刺激，使其产生短

---

① 孙圣涛：《自闭症儿童的社会缺陷及其早期干预研究的介绍》，《中国特殊教育》2003年第3期。

暂的愉悦与满足感。

> 如小桉描述的,"我的社交能力一直不好,经常沉迷在手机游戏里,每天用手机时间可能很多的,上午下午晚上都有玩,有可能八个小时"。小成也谈道,"上网的时候会因为太沉迷而忘记一切,如果妈妈不管就会一直看手机,平时上网喜欢看小视频,看动画片,看电影的评论,百度里的小视频,还有'鬼畜'视频,然后就是bilibili网站"。

持续性地沉迷网络所带来的快感对缓和交往受挫的情绪有一定作用,但过分沉溺网络则易导致自闭症儿童与现实的脱轨。也使得自闭症儿童孤独感增加、交往更加受限,对于打破沟通壁垒、促进同伴交往弊大于利。

2. 易遭遇嘲笑、挑逗挑衅、污名式欺凌,并引发焦虑、攻击、自伤行为

欺凌意味着恃强凌弱、以多欺寡、反复且持续性伤害他人的行为,常以身体接触、言语威胁以及排斥等方式表现。欺凌者与受害者的非良性关系一旦确立,若没有及时识别与制止,欺凌发生率将叠加增长。[①] 进入融合学校的自闭症儿童虽然能力较好,但在社会信息的处理上远不如其他同伴,他们先天对人际关系的理解和把握能力较差,尤其对于他人意图、情绪的推断能力较低,容易"得罪"同伴,产生矛盾。

自闭症儿童遭受欺凌的形式多样,首当其冲的是言语攻击,其观点或者爱好易遭到嘲笑讽刺。

> 如小桉气愤地讲道,"同学们瞧不起我,感觉即使跟我讲话也瞧不起我……有人当着我的面直接说我保护动物就是在护着牲口,说我爱看经典节目就如同返祖"。同学间的言语欺凌若没有得到制止,

---

① 任海涛:《"校园欺凌"的概念界定及其法律责任》,《华东师范大学学报》(教育科学版)2017年第2期。

最终会演变成身体欺凌,"有一天下午有个同学喝了一大口矿泉水,然后吐到了我的身上,然后他就跑走了……"。更严重的是周围一些同学会形成针对该学生的欺凌氛围,由个体欺凌扩大到群体欺凌,如小铎讲述的:"除了我之前提到的那几个朋友,其余的人对我都是排斥的……把我的书丢来丢去,在那笑,把我整得嗷嗷大叫。我去追他们,他们就跑……。"此外,一般同伴也会将校园逸事口头传播,自闭症儿童的表现会被添油加醋地歪曲或丑化,遭遇污名化,易被视为"怪胎""有病"而成为同伴疏远或欺凌的对象,如小成至今记忆犹新,"有些男同学心思特别深,会联系一些和我玩得好的女同学,让她们和我反目成仇,给她们灌输一些我不好的杂七杂八的事,说我不好的事情,说我是个大傻子,说我考试成天考0分……忘不掉,现在还会经常想起来"。

可见由于个体认识不足以及偏见带动班级舆论,自闭症儿童处境较为孤立。遭受欺凌的自闭症儿童痛苦不堪,且力量对比悬殊无力反击。这些威胁与恐惧,使他们在忐忑不安中生活,甚至会使自闭症这个群体对融合教育产生抗拒。

如小北认为,"不要随便把心青年(指心智障碍青年)送去普通学校。有个家长分享了他家儿童的故事,儿童经历了校园暴力,骨折了。这个家长感慨地说,'调皮的青春期儿童一次又一次地被置于险境',听起来就很恐怖啊!有些老师还睁一只眼闭一只眼什么的……我就代表所有的家庭和儿童留了一次言,也是代表所有的家庭和儿童的心声,就是'我翻过了融合的山,却被挡在了校园欺凌的门外'……如果没有校园欺凌的话,去普通学校就没有什么问题。据我了解,普通学校有些老师和同学的素质是很低的,基本上每个学校都有这种情况。"

通过对上述文本的分析可发现欺凌行为并不是孤立事件,而是相互关联着的互动链，这些欺凌事件塑造了一种与融合教育目的相悖的校园生态，对自闭症儿童产生了消极影响。

自闭症儿童在融合教育期间，正处于向成熟发展的过渡阶段，更加渴望外界的信任与尊重，且逐渐形成一定的自我意识，欺凌行为会给其带来较严重的心理压迫与伤害。遭受欺凌的自闭症儿童有可能爆发自伤性行为或攻击性行为。

> 如小成讲到的"控制不住打自己的头，还会撕烂作业本"，小桉也谈到"会跟同学打架，会起很多冲突"，小铎也有类似反应，"'坏人'惹我了，我就发怒，说脏话，而且还会吼"。

这些行为易导致矛盾双方陷入更为激烈的对立状态。研究表明，同伴拒绝或欺凌会导致自闭症儿童的焦虑与反应性愤怒水平高于同龄人，进而加剧敌意和攻击性，这又会进一步导致同伴拒绝，由此陷入恶性循环。因此对于自我意识处于觉醒和发展之中的自闭症儿童来说，欺凌带来的不仅是内在的心理痛苦，还可能导致一系列扩大的、难以控制的情绪行为问题，这种同伴交往中的创伤体验进一步制造了他们社会性发展和融入的非生理性障碍，值得进一步关注。自闭症儿童并不执着地坚持要自己在同伴中看起来跟别人一样，例如要穿戴一样的衣服和饰品。自闭症少年们保留着许多其他人看来太过幼稚的特征。他们与同伴相比特立独行。可能他们根本不在乎自己在旁人心目中的形象，而这或许正是让他们看起来更"不正常"的原因。

3. 倾向于建立非混合友谊，短暂表浅与过于友善的"伪友谊"同时存在

友谊是一种以个体为指向的双向结构，反映个体间的情感联系，[①]友谊在个体的成长过程中发挥了满足亲密需求、增进人际关系，促进个体社会发展与心理调适的功能。虽然随班就读使自闭症儿童接触普通同伴的机会更多，但他们更倾向于与其他特殊儿童建立友谊，即非

[①] 邹泓：《同伴接纳、友谊与学校适应的研究》，《心理发展教育》1997年第3期。

混合的友谊。[①]

如小桉认为"在普通学校,心智障碍青年没有什么朋友,跟特殊儿童才有共同话题的"。自闭症儿童与普通同伴的友谊质量不高且维持时间短暂,点头之交是其友谊发生的常态,能够分享快乐、互相信赖的知己较少。如,小成谈道:"初中的时候见到同学,都只是打个招呼。"小菲也感觉自己"没有什么玩得好的朋友,基本都是自己玩自己的"。可见,自闭症儿童虽然渴望友谊,但往往较难建立真正的朋友关系。

融合学校教师在教学环境中为了让同学们友善对待自闭症儿童,当自闭症儿童出现不适当的行为时,教师普遍都会给予"包容""谅解"式的特殊对待,在这种示范作用下,同伴们出于同情或社会赞许性会理解和照顾他们,却不会把他们当成朋友。对掌握社会信息有缺陷的自闭症儿童来说,他们很难发现这些微妙的社会信息,有可能出现高估友谊质量的"伪友谊"现象,轻易认定同伴为其"好朋友",但却与实际情况不符合,较难领悟到自己并非对方真正的朋友。

如小成在回忆自己初中的"好朋友"时讲道:"想过去找他玩,因为初中的时候经常找他,他都不出来……后来就说不要再找他了。"小菲母亲也讲述了小菲在交友方面的经历,"在学校经常受到同学们关心,但是放学后从来没有人找她玩"。

这种表面友善,实质却具有欺骗性的"伪友谊"启示融合学校的教育工作者对待自闭症儿童应注意教育干预的方式和效果。自闭症儿童更希望得到平等的尊重和真实真诚的同伴关系,无原则的同情和包容所造成的同伴关系"假象",很可能导致他们误判同伴关系,甚至无法习得

[①] 岳孝龙、胡晓毅、刘艳虹:《孤独症儿童友谊研究述评》,《中国特殊教育》2016年第8期。

正确的同伴交往甚至社会交往规则。

（二）基于自闭症儿童视角的干预和支持策略

1. 以行为干预为基础，重视内在感受和个人意义的表达

进入融合学校的部分自闭症儿童，面对交往中的挫折，并非一味消极对待，而是会尽力地进行自我调节和社会调节。自我调节方面，自闭症儿童在冲突事件缓和后，能够感知自身情绪以及行为失控，可有意识地建构反思框架，以建构性的方式调节自身情绪。

> 如小北谈道："每天都去锻炼去跑步，不好的情绪就用运动消耗掉了……会一直坚持运动，小时候的运动就是翻跟斗，现在就是打乒乓球、跑步、游泳，运动我从小到大都没停过的。"小铎也提及，他会意识到"知道自己的坏习惯，在尝试改变，不想和任何人打架"。

社会调节方面，自闭症儿童能够主动寻求外部帮助，如向教师报告相关事件以期获得帮助，如小菲会积极寻求老师的帮助。

> 因为初中生很逆反，不听老师的话，还是会欺负我。我会用自己的方式反抗那些同学。会跟老师打报告，说同学欺负我。

在具体干预技术上，基于传统的行为主义学习理论提出的应用行为分析模式，占有特别突出的地位。该模式聚焦于外显的行为矫正或行为训练，并以问题行为的减少作为干预有效性的主要指标。[1] 关键反应训练和正向行为支持是基于行为分析的新干预模式，可有效发展个体的关键行为和正向行为，能够系统地调整环境以达到预防与减少个体问题行为、改善个体生活适应的目的。[2] 还有一些模式更加重视儿童的内在感

---

[1] 钱乐琼、杨娜、肖晓、周世杰：《孤独症谱系障碍儿童的早期干预方法综述》，《中国临床心理学杂志》2013 年第 5 期。

[2] 杜玉虎、刘春玲：《运用积极行为支持改善随班就读儿童行为问题》，《中国特殊教育》2007 年第 1 期。

受和个人意义的表达，注重真实情境中的功能性社会性交往，例如，生态化干预模式、社交沟通交往支持模式等。学校和家庭可对以上模式加以整合，对自闭症儿童开展教育干预，促进他们的自我调节和社会调节能力，进而改善同伴关系。①

2. 实行同伴教育，创设良好舆论与接纳环境

要提升融合教育质量，不仅要对自闭症儿童本身的问题进行干预，同时也要重视外部教育生态的作用。建设包容接纳的文化环境有利于包括普通学生在内的所有人群。同伴支持直接影响到学生在同伴群体中的地位与受欢迎度，对同伴的干预能够有效提升自闭症儿童的社交融合，改善其社会交往现状，并且可以及时避免和减少不良行为的发生。②

> 如小桉谈到一个教师通过对同伴干预，帮助他被接纳的事例："……老师让我先在家里待着然后（老师）跟同学们做了一些工作，后来和同学的矛盾就缓解很多。"

错误的认识是偏见和歧视的温床，对自闭症的正确认知不足，会导致污名、排斥与冲突。

> 如小北母亲谈道："有些印象没有处理好的话，可能会加重别人对他的误会，会产生很多矛盾和争斗。"

因此，学校需要以适当的方式向普通学生开展相关的宣讲与教育，创设良好舆论环境，使普通同学更好地了解自闭症儿童的特点，提供如何与他们相处的指导意见，减少疏远、排斥和欺凌现象，形成真诚尊重的同伴交往态度。鼓励自闭症儿童参与集体活动，创设互动机会，让自闭症儿童理解并掌握互动中的条件和规则，使其体会到与人交往的技巧，

---

① 王淑荣：《自闭症儿童社会交往能力培养策略探析》，《中国特殊教育》2015年第7期。
② 田金来、张向葵：《同伴介入法在自闭症儿童社交能力中的应用》，《中国特殊教育》2014年第1期。

提高沟通意识,在与同伴交流的过程中发展各方面能力。

3. 开展父母教育,支持并促进自闭症儿童的能力发展

基于家庭的干预模式强调尽一切可能为家庭提供服务和支持,将学生发展需要和家庭整体需求相结合,促使父母成为儿童发展的有力支持者。① 研究表明,父母的参与是学生进步的重要因素之一,不仅有利于支持其在不同活动和情境中相关能力的发展,而且对学生认知发展、社会融合起着重要的促进作用。正因如此,许多国家都把争取自闭症儿童父母的支持和配合作为实施融合教育的一项重要原则。

我国目前对自闭症儿童的融合教育尚处于发展阶段,家长的情绪问题较多,往往给自闭症儿童施加过大压力并且传递负性情绪,不利于亲子教育。因此,父母需以发展性心态学习特殊教育的知识与技能,提高家庭教养水平,包括识别并应对各种挑战,掌握情绪与行为调节策略等。

> 如小益提及:"开始父母不是很懂特殊教育……到小学的时候开始做 IEP、请助教,一直到高中都会给老师写信,也有和其他家长沟通,我就感觉很实用。"小菲也有类似体会:"妈妈经常和老师学习,很有帮助……无论如何都是比较中立的,不会用骂的形式,会比较温和地处理,我觉得很好,不会很激烈地去处理。"

可见,父母通过学习专业知识,能够提升养育技能,还有助于更好地教育自闭症儿童或青少年用正确的方式与人交往,帮助他们发展社交技能,营造更自信的成长氛围。②

4. 重视家校合作,完善学校硬件设施

自闭症儿童的进步与发展,有赖于教师和家长及时、充分的沟通。

> 如小益谈道,"学校老师投诉过我的情绪行为问题……妈妈把我

---

① 赵楠、潘威:《自闭症儿童早期干预中家长介入的优势、困境及应对策略》,《中国特殊教育》2020 年第 10 期。

② 刘昊、刘立辉:《父母实施孤独症儿童共同注意干预的效果研究》,《中国特殊教育》2010 年第 2 期。

的情况跟学校说,学校很包容"。而小益的母亲也谈道,"大部分同学对他很友好,特别是有些女同学,这是我们去沟通的结果"。

更进一步,家长与教师应重视家校合作,综合考虑自闭症儿童各个领域发展的水平,践行"最适当安置"的理念,弹性且多元地安排教学。

> 如小成就因此受益,他讲道"小学因为行为问题、注意力的问题、情绪问题,所以很多集体活动老师不让我参加,这使我很受挫;后来到了初中之后,初中的老师特别好,分析了一下这些困扰不会影响到班集体,她就毅然地让我参加了集体活动,这让我很感动。我并没有给集体造成困扰,参加了集体活动之后的效果比较好"。

学校的硬件环境也是不可忽视的重要因素,自闭症儿童可能因为教室广播的声音、密集的物品等无法集中注意力,难以控制情绪,出现一系列问题行为,进而遭到普通学生的冷遇与歧视。

> 如小菲母亲提道"儿童很喜欢吹空调,触觉敏感,觉得教室很热,很烦躁,对老师和同学们造成困扰……后来我们形成了一个规定,(让他)在下课时间跑去办公室吹空调"。

硬件设施是帮助自闭症儿童高效融入的物质基础,多样化的环境能够促进自闭症儿童的环境适应,进而改善情绪行为问题,普通学生会更愿意支持和接纳自闭症儿童。融合学校在环境创设上可借鉴发达国家经验,科学地建设融合环境,如在物理环境上呈现出清晰的结构化特征,[1]在象征符号上提供多样的视觉支持;在感觉环境上提供多区域的安静场

---

[1] 关文军:《融合教育学校残疾学生课堂参与的特点及教师提供的支持研究》,《中国特殊教育》2017年第12期。

域；在艺术环境中提供充足的沟通氛围等。①

三 研究反思与展望

本研究启示教育者与家长在融合教育过程中摆脱偏见和成见，更多了解自闭症青少年真实的同伴关系需求以及同伴关系对于他们的独特价值，认识他们所建立的现实的同伴关系类型以及在同伴关系建立过程中的复杂体验。尤其需要注意的是融合教育不是僵硬的制度设计和现象层面的个体安置，而是需要具体而温暖的，产生实质性融合的师生、同伴关系的建立并形成教育和成长价值。在这个意义上，同伴关系的质量直接影响和决定着融合教育的实质性达成。因此，从自闭症儿童的视角审视融合教育中的同伴关系及存在价值，基于他们的体验形成的教育干预和支持才更具有适切性和科学性。

融合教育蕴含着平等、参与、共享，是教育公平与正义的体现，该目标的达成并非是一蹴而就的，渐进地、有条件地推进融合教育，是兼顾理想与现实的做法。未来研究可从校园文化、标签、污名、教师和学生对自闭症儿童的了解、学校硬件环境等方面着手，积极推动自闭症儿童同伴关系的发展，并改善他们在学校生活中的社交境遇。研究者须就具体的干预策略进行分析，一方面，检验国际上已有的干预策略是否适用于我国文化背景；另一方面，须及时开发并检验本土化干预策略的有效性。

第三节 自闭症儿童同伴关系特点及干预
——基于资源教师视角

自闭症谱系障碍是一种广泛性发育障碍，以社交沟通缺陷、狭隘兴趣及重复刻板行为为核心特征，并常伴发多种其他疾病。随着融合教育的倡导，我国进入普通学校就读的自闭症儿童数量在持续上升。研究表

---

① 杨希洁：《英国自闭症儿童的教育现状、挑战及启示》，《中国特殊教育》2014年第10期。

第六章　自闭症儿童同伴关系调研与实践

明，自闭症儿童在校园内更容易遭受同伴拒绝，同伴数量少且友谊质量欠佳，其同伴关系质量往往比其他障碍类型的特殊儿童差。此外，周围伙伴对自闭症症状表现缺乏了解，致使同伴支持的缺失，容易增加欺凌风险。当前普通学校内同伴排斥、冷落、歧视等现象仍然存在，并没有因为融合教育理念的普及而消弭。

学界认为融合教育的初衷是在真实的教育情境下促进自闭症儿童和普通儿童建立高质量的人际关系，从而提升他们的社会交往能力、适应能力。有学者将成员资格、关系和发展三大相关领域作为评价融合教育质量的关键因素，其中关系领域描述的是同伴关系，指儿童和同龄人或心理发展水平相近的个体在交往互动过程中建立和发展起来的人际关系，包括同伴接纳、沟通交往、友谊等"单向或双向情感结构"。和谐融洽的同伴关系对自闭症儿童社会化及身心健康发展起着关键作用。同伴关系质量的提升是自闭症儿童在融合教育过程中从形体融入到社会融入的重要表现，为了达成这一目标，儿童在与同伴共同开展学习、交往活动的过程中，需要获得多主体的接纳与支持。

普通学校作为自闭症儿童教育生态环境的重要组成部分，是帮助实现个人潜力发展和提升社会性的重要场域。近年来，不少学校通过设置资源教室为学校中的特殊需要儿童提供教育支持，其中资源教师对融合教育践行起到关键作用。[①] 作为连接普通教育与特殊教育的桥梁，资源教师不仅对自闭症儿童同伴交往能力有正向的干预作用，也对改善其同伴关系的外部环境起到支持作用。

已有研究中关于普通学校自闭症儿童同伴关系具体表现、干预机制的内容相对较少，且少从专业教师（资源教师）的视角去深入剖析现状，呈现真实生动的同伴互动和教育生态。基于此，本书采用质性研究方法，基于资源教师专业化视角阐述自闭症儿童的同伴关系发展特点，分析现象背后深层次的社会人文因素，思考有效的干预策略，以期为社会、学校、教师、家长提供自闭症同伴关系干预启示。

---

① 陈莲俊、昝飞：《随班就读支持保障体系建构视角下我国资源教室的建设与运行》，《中国特殊教育》2020 年第 3 期。

一 研究现状

已有研究表明,自闭症儿童总体上处于被忽视和被拒绝的同伴接纳状态,小学阶段仅有16.67%的自闭症儿童拥有一个互选好友,但友谊质量较高。[①] 在校园内自闭症儿童年级越高,其同伴关系质量越差。张珍珍等人采用社会网络分析法,对16名小学自闭症儿童的同伴关系进行研究,结果发现儿童在班级中社会网络参与度低,较少成为联络人,易被同伴忽视和孤立。[②] 有学者发现言语欺凌多发,超过50%的自闭症儿童曾经历过言语欺凌[③],且遭遇欺凌的高功能自闭症儿童有更严重的抑郁和焦虑情绪。多项研究表明,自闭症儿童友谊关系在亲密度、孤独感、帮助等维度得分显著低于普通学生,但在陪伴维度无显著差异;儿童活动参与越多,友谊质量越高,教师课堂的社交指导能促进其与同伴的课后互动;儿童的友谊关系多为同性别,且他们倾向于将一起学习和玩耍的同伴定义为朋友,与朋友的联系多在校内;普通学校环境中需要更多的社会互动,儿童常因社交互动缺陷、问题行为表现而遭受拒绝或欺凌。

针对自闭症儿童同伴关系的干预,一方面要提高儿童社交能力;另一方面要为接受融合教育的自闭症儿童营造接纳包容的环境,需要学校、家庭、教师等多方面力量的支持。目前自闭症儿童社交能力的干预呈现出不同学科和流派视角。技能取向的社交干预以应用行为分析为理论基础,主张通过行为干预,强化自闭症儿童正确的社交沟通技能、情绪技能,包括直接教学法、社会技能团体法等;认知取向的社交干预以认知心理学为理论基础,主张以提高自闭症儿童的社会认知能力来改善其社会行为及社交能力,包括社会故事法、心理理论训

---

① 马江霞:《随班就读自闭症学生同伴关系及其与教师接纳的关系研究》,硕士学位论文,华东师范大学,2019年。
② 张珍珍、连福鑫、贺荟中:《小学随班就读自闭症谱系障碍儿童同伴关系现状研究——以浙江省杭州市为例》,《中国特殊教育》2019年第9期。
③ Juvonen J., Graham S., "Bullying in Schools: The Power of Bullies and the Plight of Victims", *Annual Review of Psychology*, Vol. 65, No. 1, 2014.

练等。① 同伴介入法（Peer Mediated Intervention）指培训发展中的普通儿童，使其以同伴示范、提示等方法来改善自闭症儿童的社会发起、反应和互动能力。游戏与文化介入法（Play and Culture Intervention，PCI）在校园内的实施有助于提升自闭症儿童的社交技能，改善普通儿童的接纳态度，营造友好的互动氛围，对自闭症儿童的社会融合具有重要意义。② 社交情绪调控交互支持模式（SCERTS）强调通过持续不断的交往支持，如沟通支持、学习支持、家庭支持、专业人士支持等，来改善自闭症儿童的人际交流和情绪情感调节，促进儿童在教育环境中积极地成长。家长参与的疗愈模式（Parent-Mediated Intervention）强调家长担任交流促进者的任务，在自然的生活场景下，遵循发育原则的行为疗愈，使用各种行为策略来促进自闭症儿童关键性技能（如社交技能）的进步。③ 社会工作个案介入能减少自闭症儿童课堂过程中的问题行为，帮助其掌握简单的社交技巧，提高儿童的同伴接纳度。④ 全校支持行为干预和支持（Schoolwide Positive Behavioral Interventions and Supports，SPBIS）强调学校营造友善的交往氛围，教师和同伴提供支持，以降低自闭症儿童遭受校园欺凌的风险。⑤

综上，自闭症儿童在普通学校容易被同伴忽视、拒绝，朋友数量不多，友谊质量欠佳，有遭受校园欺凌的风险。关于自闭症儿童同伴关系干预，不仅要对自闭症儿童的社交行为进行干预，提高其社会交往和沟

---

① 田金来、张向葵：《同伴介入法在自闭症儿童社交能力中的应用》，《中国特殊教育》2014 年第 1 期。

② 陈瑾香：《基于融合教育理念的孤独症学生社会交往干预个案研究》，《科教导刊（下旬）》2016 年第 36 期。

③ Schuck R. K., Tagavi D. M., Baiden K. M. P., Dwyer P., Williams Z. J., Osuna A., Ferguson E. F., Jimenez Muñoz M., Poyser S. K., Johnson J. F., Vernon T. W., "Neurodiversity and Autism Intervention: Reconciling Perspectives Through a Naturalistic Developmental Behavioral Intervention Framework", *Journal of Autism and Developmental Disorders*, Vol. 51, No. 10, October 2021, pp. 1 - 21.

④ 张慧敏：《随班就读自闭症儿童同伴关系改善的个案介入研究》，硕士学位论文，福建师范大学，2020 年。

⑤ Waasdorp T. E., Bradshaw C. P., Leaf P. J., "The Impact of Schoolwide Positive Behavioral Interventions and Supports on Bullying and Peer Rejection: A Randomized Controlled Effectiveness Trial", *Archives of Pediatrics & Adolescent Medicine*, No. 2, February 2012, pp. 149 - 156.

通表达能力，也要多方通力合作，共同努力创设支持性的社交环境。

二 已有研究述评

从研究对象来说，已有的研究多是以自闭症儿童的同伴、普通教师、父母作为访谈对象，较少从专业教师（资源教师）的视角去深入探讨、剖析融合教育背景下自闭症儿童的同伴关系特点及干预。而资源教师作为自闭症融合教育过程中的旁观者、见证者、指导者，能为自闭症儿童同伴关系研究带来独特的评价视角。

从研究内容来看，已有的研究多从同伴接纳和友谊关系两个层次探讨普通学校自闭症儿童的同伴关系，而较少深入探讨同伴欺侮或校园欺凌、同伴互动和情感联系、自闭症儿童的退缩或逃避心理等方面。本研究的同伴关系主要探讨同伴接纳、同伴互动、友谊、欺凌四个方面。

从研究方法来看，国内外学者常用社会测量法（包括同伴提名法和好朋友限制提名法）、问卷调查法、社会网络分析法开展自闭症同伴关系的研究，这种量化研究范式虽然直观简便，样本量大，但缺少对具体的情景事件和经验活动的阐述和分析。本研究采用质性研究方法，基于资源教师视角，以生动的文本阐述融合教育背景下自闭症儿童同伴关系及干预现状，丰富自闭症儿童同伴关系相关研究。

三 研究过程与方法

（一）研究对象

本研究采用质性研究方法，选取普通学校专职资源教师为访谈对象。根据本研究目的与内容，研究对象的选取有如下标准：（1）担任普通学校专职资源教师，为特教相关专业背景；（2）本研究开始前已在普通学校任职半年及以上，熟悉自闭症儿童在学校的同伴关系情况；（3）有意愿参与本次访谈，有较强的语言表述能力。通过上述条件，研究者采用"目的性"抽样，辅之以"滚雪球"抽样的方式，最终共选取10名资源教师作为研究对象。资源教师平均年龄为 25.90 ± 3.18 岁，其中男性教师2名，女性教师8名。

（二）资料收集

基于同伴关系概念，参考已有的自闭症儿童同伴关系研究，研究者自编资源教师半开放式访谈提纲，内容聚焦于资源教师对普通学校自闭症儿童同伴关系的认知、评价和干预建议。资料收集主要分为以下几步：（1）研究者与在普通学校任职的资源教师获得联系，并且说明本次研究的目的、内容、所耗时间、保密性原则、录音问题等，获得受访者同意后，便约定具体访谈时间和地点。每位访谈对象的访谈时间为45—120分钟。（2）在访谈过程中，研究者仔细倾听受访者回答，并适时追问更深入的内容和细节，观察并记录受访者的非言语表达。在受访者不能提供新的、主题相关的内容时，研究者结束本次访谈。（3）在访谈结束后，研究者对原始资料进行编号，编号形式为"学校—姓名—日期"。

四　结果与讨论

依据访谈内容，通过三级编码，主题"普通学校自闭症儿童同伴关系特点"可归纳为以下四个核心类属："同伴接纳水平差异大，处于被动的社交地位""同伴互动缺乏社交技巧，难以和同伴形成情感联结""朋友为'帮助者'，难以建立高质量、稳定的友谊""在融合过程遭遇欺凌，容易引发退缩行为"。

主题"普通学校自闭症儿童同伴关系干预"可归纳为以下四个核心类属："教师形成交往示范引导，鼓励班级学生接纳自闭症""创设交往互动情境，积极开展社交训练""完善普校融合支持系统，创设友善的人文社交环境""推动家校共育，形成正确融合目标导向"。

（一）基于资源教师视角的自闭症同伴关系特点

1. 同伴接纳水平差异大，处于被动的社交地位

同伴接纳是指个体在同龄群体中被接受的程度，反映群体对个体的态度及个体在群体中的社交地位。[1] 同伴接纳是发展人际关系网络的基础，良好的同伴接纳可以帮助自闭症儿童获得归属感和自信心，从而更好地适应班级集体和学校环境。本研究中资源教师指出了同伴接纳积极

---

[1] 张佳薇：《随班就读学生的同伴关系研究》，硕士学位论文，西北师范大学，2021年。

的一面,如"在融合氛围之下,有一部分学生会很愿意帮助他们"。在支持性的社交环境下,同伴作为社会化学习的来源,引导自闭症儿童的日常学习和活动,如"同桌会给他们一些帮助,提醒上课注意听、现在讲到第几页了等"。自闭症儿童能建立以班级同伴为核心的社交关系网络,在同伴中处于受欢迎的交往地位,如"所有同学都十分接纳他。课间班上同学有兴奋的事情也会想要和他分享,平时课间隔壁班的同学也会和他一起玩"。在包容的人际环境下,同伴对待其情绪行为问题的态度不是排斥,而是能给予一定的理解和支持,如"这学期军训的时候,他发脾气大叫,同学们都会来安抚他"。

在同一教育生态环境下,自闭症儿童同伴接纳水平差异大,如"班上的氛围还不是很好,大家对她是视而不见的。班主任表面上是接受的,内心是不太喜欢"。自闭症儿童社会网络中心度低于普通学生,在班级社交网络中更容易处于边缘的地位,如"普班的同学在上课的时候是忽视他的。他的座位也是安排在最后单独坐,其他同学已经习惯了他不参与课堂"。自闭症儿童班级社会网络参与度低,想要加入班级的小群体,往往面临着同伴拒斥,如"想要融入却很难"。即使进入了小圈子,自闭症儿童也会慢慢脱离普通学生的游戏进度,处于被戏弄嘲笑的玩伴地位,如"下课的时候,他们会玩'打人'游戏,'追人''打人'。小杨一般追不上他们,所以就演变成了一直被嘲笑欺负。他也很委屈。因为别人觉得跟他玩,不好玩"。由以上表述可见,自闭症儿童渴望获得同伴接纳并建立友谊,但处于被动的社交地位,常未始即终。

自闭症儿童所表现的社会行为会影响其同伴接纳,亲社会行为能正向预测其同伴接纳,负向预测其同伴拒绝。[①] 大多数自闭症儿童难以发展出恰当的亲社会行为,这制约了其良好同伴关系的发展。自闭症儿童由于伴随触觉、听觉等感官异常,外加社交沟通方面的障碍,容易产生冲突,诱发出攻击性行为,从而引发同伴的排斥行为,[②] 如"被排斥的

---

① 王美芳、陈会昌:《小学高年级儿童的学业成绩、亲社会行为与同伴接纳、拒斥的关系》,《心理发展与教育》2000年第3期。
② 张珍珍、连福鑫:《随班就读自闭症谱系障碍儿童社会行为特点及其对同伴关系的影响》,《中国特殊教育》2020年第11期。

孩子通常伴随着情绪行为问题"。愤怒失调是自闭症儿童的情绪反应特征之一，儿童经历挫折时，容易产生过激反应，如"不高兴的时候会直接冲出教室，会打人，会用可怕的言语表达内心的想法"。在校园的社交环境中，充满攻击性的言语容易使同伴产生恐惧心理，加剧同伴排斥，如"别人看到他这么可怕，都不愿意和他玩"，从而造成交往的恶性循环，如"别人不愿意和他玩，他又要发脾气，十分自我中心，希望所有东西都是围着他转的。"

面对自闭症儿童的异常行为，普通学生缺乏了解，表现出不同程度的不理解、疏远、冷漠与排斥，阻碍双方进一步的沟通交往。但是，自闭症儿童并非社会标签下所认为的"自我封闭""活在自己的世界"，他们也会在意外在的眼光、评价，因同伴排斥而产生焦虑、抑郁等负面情绪，如"比较敏感，班上的同学会用异样的眼光看他，窃窃私语。我之前想找他上个训课，他不太愿意出来。因为不想让别人觉得自己是例外，是特殊的人"。由此可见，低同伴接纳直接导致自闭症儿童负面情绪的衍生，不利于其学校适应、人格发展及社会能力提高。

2. 同伴互动缺乏社交技巧，难以和同伴形成情感联结

在同伴互动方面，受核心障碍影响，自闭症儿童对同伴的关注度低，喜欢独处，通过参与互动获得的内在强化较少。儿童在集体环境中较为被动，常游离在班级之外，缺乏社交动机，对社会性刺激缺乏相应的注意，如"多数时间是自己玩自己的""课间会在教室外面游荡，课堂上也很少主动参与，很少会主动和同龄人交往"。自闭症儿童大多数时间需要教师或同伴引导发起、回应交往，如"互动很少，不会主动和你说话，一般是问一句答一句。朋友引导他的时候，他也是静静地看着。一般需要我们老师去引导发起交往、回应他人"。在被动参与时，自闭症儿童和同伴交流也缺乏反应，不会眼神对视，也难以理解同伴的表情含义，缺乏正确使用面部表情、手势及音调等主动开始与同伴社交互动的能力，[1] 如"自闭症儿童就算是坐在一起玩，也不会有眼神、口语上的

---

[1] 欧阳叶：《融合教育环境中自闭症儿童同伴关系现状及其干预建议》，《西北成人教育学院学报》2018年第6期。

分享,可能看到同学拿了自己感兴趣的玩具,他们会上手拿,谁大力抢到谁就拿到了,之后还是自己玩自己的"。

但是近些年的研究发现,自闭症个体存在较大的异质性,社会动机不足是大多数自闭症个体具有的特征,不是全部。[①] 自闭症儿童会对同伴关系产生兴趣,旁观周边同学,产生单项交往意识,如"还是有社交意愿的,下课其他女生聚在一起玩,她会尝试想要走过去,听她们在说什么,然后玩一下桌面上的东西。但是她不会社交,做这些行为的目的是尝试社交,想要和她们一起玩"。然而自闭症儿童发起和维持交往的能力受限,难以和同伴产生进一步的情感交流,如"他不掌握社交方法,和其他同学玩的时候,别人不怎么理他"。此外,自闭症儿童常使用动作性交流手段,对具体的手势存在低水平的依赖,如"想和另一个同学玩,不是说'我想和你一起玩'的语言交流,而是以推人、拉扯、打人等其他不正确的行为来表达自己想和他玩"。自闭症儿童使用不受欢迎的交流手段来表达交往意愿,会引起同伴拒绝、排斥,如"很喜欢班上的一个女生,因为她长得很好看又很优秀,老师天天表扬她。他就很喜欢她,会去吓她或者缠着她,一直在背后跟着人家,拉着人家,抱人家。他希望通过这种方式去引起女生的关注,但是女生会觉得奇怪、害怕,班主任也和我投诉过"。由以上表述可见,恰当的沟通和表达策略是自闭症儿童发展同伴关系的重要前提,不正确的交往发起方式使其与同伴的关系愈加疏远。

心理理论和共情能力异常会影响自闭症儿童识别和理解他人情绪的能力。在同伴互动过程中,自闭症儿童的言行表现出自我中心的特点,没有及时察觉情绪并做出相应行为反应的能力,如"会主动和别人讲话,一般是自己想到某个点,就会揪着那一个细节,自己讲个不停,也不管你听不听"。在游戏活动中,自闭症儿童难以理解谈话和互动过程中的社会规则,缺少维持主题、交换轮流的社交意识,如"不会表达一

---

① Kim K., Rosenthal M. Z., Gwaltney M., Jarrold W., Hatt N., McIntyre N., Swain L., Solomon M., Mundy P., "A Virtual Joy-Stick Study of Emotional Responses and Social Motivation in Children with Autism Spectrum Disorder", *Journal of Autism and Developmental Disorders*, Vol. 45, No. 12, December 2015, pp. 3891 – 3899.

起玩游戏,喜欢自言自语说自己感兴趣的东西,'日历是什么?我知道日历是什么''那我们一起来玩游戏吧''我知道日历是什么,年月日……'讲一大堆,说话让人摸不着头脑,不知道怎么回应"。由上述表述可见,自闭症儿童在同伴交往中缺乏相应的策略,交往互动性差,这在一定程度上影响了互动过程中对方的情绪体验。而儿童期的交往缺少双向互动是难以持续发展下去的,普通学生会觉得难以和自闭症儿童产生情感联结,从而在社交游戏中将他们排除在外,如"因为互动性不强,同学们也都习惯了和她说话没有回应。其他学生课后基本也不会主动邀请参与他们的活动"。

3. 朋友为"帮助者",难以建立高质量、稳定的友谊

友谊是一种以个体为指向的双向结构,反映个体与个体间的情感联系。[1] 有学者将友谊定义为:一种互相忠诚、相互信任的、双向的、亲密的关系。[2] 自闭症儿童对友谊的理解较为简单,常以陪伴要素而非情感和亲密两个要素来理解友谊。自闭症儿童更倾向于和态度友好的同伴建立关系,在双向交往中常处于被帮助的一方,如"会选择愿意和他交流的人亲近,对于经常帮助他、提醒他、跟他说话的人,他会表现出依赖"。在朋友数量上,自闭症儿童的朋友不多,通常是学校生活中接触较多的亲密玩伴,如"小玲的朋友会比较友好,早上上学晚上放学都是手拉手,在集体活动中也是结伴一起玩耍""小许课间会和同桌手舞足蹈地聊天""有朋友,有2—3个,对她很友好,会主动引导帮助她做一些事情,也表现得比较亲密"。在一对一同伴互动过程中,自闭症儿童若面临口语加工困难,则会使用肢体动作表达想和同伴交往的意愿,本能地从物理距离上亲近喜欢的朋友,如"他不会主动表达,但是他会通过肢体语言去表达。他会用手去拉朋友的手,表达现在很开心,很喜欢和他一起玩"。

谈及友谊质量,资源教师表示小学阶段自闭症儿童友谊关系呈现出

---

[1] 邹泓:《同伴接纳、友谊与学校适应的研究》,《心理发展教育》1997年第3期。
[2] 王俊红:《4—6岁幼儿社会性行为、同伴接纳对友谊质量的影响研究》,硕士学位论文,首都师范大学,2011年。

短暂、表浅、不稳定的特点。儿童期友谊关系的建立往往需要基于共同的兴趣爱好或游戏活动，但自闭症儿童兴趣较为狭隘，共同注意缺乏，难以维持长时间的互动。随着年龄的增长，普通学生对朋友的选择性逐渐增强，强调双方交流时的默契感，如"高年级的普通孩子较少主动找他们玩，更多的是帮助和提醒，低年级的同学比较愿意跟他们玩"，"普通孩子到了六年级，已经逐渐走向成熟，所以自闭症儿童不一定能参与到他们最流行和热门的话题与活动当中了"。自闭症儿童理解、表达和分享情绪的困难会影响友谊关系的进一步发展，如"自闭症儿童策略不够，深度不够，不会主动分享最近发生的事情"。由上述表述可见，自闭症儿童受核心障碍影响，在互动过程中缺少支持，难以和同伴建立并发展长久且稳定的友谊关系。

此外，自闭症儿童缺乏对社会信息的察觉，难以判断友谊关系的真诚性和双向性。在互动过程中，普通学生可能只是以角色代入的方式扮演着教师所期待的角色，如"影子老师会起到一定作用，平时买点东西'贿赂'普通学生，他们就会尝试着和他交朋友"。普通学生并没有把自闭症儿童作为平等的朋友，只是从自我满足和社会赞许的出发点发起交往，双方是不对等的交往关系，如"普通学生会觉得自己是帮助者，对方是被动的接收者""和自闭症同学交朋友，他们会觉得像'妈妈带着自己小孩'，觉得自己比他厉害，我能帮助他，从帮助的行为中获得满足感"。而这种没有正确出发点的交往，没有给到自闭症儿童足够的尊重和理解，容易对双方后续的互动造成不良影响。因此，教育工作者在干预过程中应给予正确的引导，主张双方以平常心开展交往互动，如"普通学生的交往方法不是很恰当，他们更应该是引导者的角色，互帮互助，而不是主动地要求自闭症儿童"。

4. 在融合过程遭遇欺凌，容易引发退缩行为

欺凌为一种施害者对受害者重复性、故意的、对身体或情感造成伤害的恶意行为，特点是在恃强凌弱中存在着一定的权力或力量的不平衡，受害者受到消极行为的影响却很难为自己辩护。在普通学校中，自闭症儿童由于社交障碍、情绪行为障碍、认知障碍等原因，容易反复遭受同伴欺凌，如"有严重的情绪行为问题，会表现出不恰当的行为问题，普

班学生看了不爽,就会起冲突,开始打了起来"。

欺凌的方式包括:身体欺凌,语言欺凌和关系欺凌。普通学生会出现言语上的挑逗、嘲讽,以高人一等的姿态嘲笑自闭症儿童,在班级里形成不良的融合风气,如"学生觉得和他玩不到一起,就会逗他。在上课的时候,我请他起来回答问题,其他同学就会说'老师,他不懂的'"。普通学生也出现身体的推搡、攻击,企图将自闭症儿童排除在班级社交网络之外,成为其他同学的笑料和愚弄的对象,如"小团体会嘲笑他,下课的时候会追着他打,他们觉得这样子逗他,很好玩"。心智发展不成熟的普通学生甚至会故意刺激自闭症儿童的情绪,对他们的身心造成伤害,以致引发一系列敏感、焦虑、退缩的负面情绪,如"六年级的一个女生比较害怕气球,她们班的男生会故意从学校外面带气球回来,下课的时候,故意在女生面前吹爆,那个女生当场就崩溃了,跑到厕所大哭"。

同伴的欺凌行为不仅会诱发自闭症儿童的情绪行为问题,也会导致自闭症儿童厌恶融合教育环境下的人际关系,更倾向于建立非混合友谊,如"所在的普班融合氛围不好,会有同学欺负他。比如,他们班的学生会故意捉弄他,故意把颜料洒在他的桌子上,导致他衣服和脸上全是颜料。他就会经常说:'我不要回普班上课了,我要在特教班。'因为他认知能力不错,他就会表达自己的意愿"。此外,自闭症儿童难以理解讽刺、隐喻、嘲笑等带有感情的话题内容,即使遭遇了校园欺凌,被"有权力"的欺凌方所压制,也很少主动反抗,向老师或家人倾诉,如"很难理解别人的言外之意,别人嘲笑他,其实他也不懂。他之前有遭遇过校园霸凌,欺负他的同学很大力地打他,会把他打哭。因为他'傻傻的',不知道怎么反抗"。

欺凌对自闭症儿童的影响是显著的,包括对自尊、心理健康和人际关系等造成损害,产生严重的不良后果。在教育实践工作中,教师应积极协调矛盾,及时为自闭症儿童提供心理支援,整合多方力量,减少或避免欺凌的再发风险,如"班主任也进行过很多次批评教育","会利用老师的权威告诉这些孩子不可以欺负特殊学生","平时老师们也有经常和同学讲要在生活和学习中多多帮助小欣"。

(二) 基于资源教师视角的自闭症同伴关系干预

1. 教师形成交往示范引导，鼓励班级学生接纳自闭症

有研究表明，小学教师对自闭症儿童的接纳程度与其同伴接纳显著正相关。与接纳态度一致的积极支持行为，能提升自闭症儿童的同伴接纳度，如"班级氛围较好的，六一活动的时候，自闭症儿童在那里打架子鼓，其他同学在旁边唱歌"。而消极的教师态度会直接影响自闭症儿童参与集体活动的机会，如"班级氛围差的，自闭症儿童基本是没法参与到整个活动的，像秋游，班主任不让他去，所以连这个活动都没办法参加"，也会间接影响同伴对自闭症儿童的接纳态度，如"有的班主任会因为自闭症儿童在班级里大叫而不待见他，这也会影响普班学生对自闭症儿童的态度"。小学阶段儿童的交友观容易受到教师权威的影响。因此，教师正确的交往示范是帮助自闭症儿童获得同伴接纳的重要力量，如"班上的同学都很友好，主要是老师引导得比较好，而且是负责管理德育（特教）的副校长所在班级"。其中普通教师对融合教育理念的正向理解有利于营造友善的班级交往氛围，"班级的老师多少了解一些融合教育，素养比较高，在她们的引导下，整个班级氛围很友善、融洽"。

资源教师也扮演着关键角色，有交往示范引导的作用，会潜移默化影响普通学生的态度，如"作为老师，我平时都是比较重视自闭症孩子，以他们为先，让普通班的孩子有一种老师很重视自闭症孩子的感觉，那自闭症儿童会在同伴中得到更多尊重"。资源教师积极地引导普通学生的交往态度，能改善自闭症儿童在普通班级的交往处境，如"我会时不时去他们班级上看他们，主要起到两个作用：一是让他们知道我在关注他；二是让其他同学知道，有个老师天天来看他，他们会因为老师的作用发生态度变化。一旦有同学来关注他，我就会表扬、夸赞那位同学，甚至是引导那个同学和他玩"。小学阶段的学生对于同伴交往的标准，受"道德、责任、人道、爱心"等因素影响较小。为自闭症儿童营造良好的同伴接纳氛围，资源教师需引导普通学生理解和尊重自闭症儿童，避免污名化下的同伴排斥和校园欺凌，如"平时我会利用德育课，让学生学会帮助有特殊需要的群体，并教导普通孩子与自闭症儿童相处的方法"。

2. 创设交往互动情境，积极开展社交训练

自然发展行为干预模式强调把社会交往作为核心，采用行为疗法，在自然情境中训练，发展自闭症儿童的社交能力。其中，同伴扮演着独特的角色，在儿童社会化过程中不能被成人所替代。[①] 成人对自闭症儿童的协助有利于其提升社交技巧，但是也容易使其依赖成人。若将成人的提示和协助脱离出来之后，自闭症儿童的互动行为维持效果较差。因此，在融合教育过程中，教师应积极为自闭症儿童创造与同龄人互动交流的机会，尽可能让他们在真实的交往情境中发展社交能力，如"我会开展小组活动，制造他们一起玩的机会"，"我和班级里的科任老师都也有经常鼓励，带她参与集体活动，有意识地引导其他学生和她交流。在活动的选择上，我们会尽量选择她感兴趣的和她熟悉、有信心完成的活动"。

同伴介入法强调培训有社交能力的普通儿童，指导其与自闭症儿童建立恰当的社交模式，进而强化自闭症儿童合适的社交行为，以提升其社交技能，[②] 如"我们学校是有爱心小分队的，有20—30个助学伙伴。平时我会请一些助学伙伴到班级，让小伙伴帮助自闭症儿童从感兴趣的游戏里培养社交游戏的能力，再慢慢地一步步开展更深入的社交过程，指导自闭症儿童在情境中使用沟通技巧"。在融合教育的环境下，多元化的同伴资源也为自闭症社交干预提供了条件。资源教师有计划性、有目标性地引导自闭症儿童和普通学生进行游戏，在活动中添加社交元素，营造欢乐的气氛，有利于双方获得正向互动经验，增强社交意愿，如"我们会定期开展反向融合活动，邀请助学小天使到班级里，主要是进行一些集体性、合作性的游戏，如体育类'两人三足'、背靠背夹球、画画游戏等。自闭症儿童的参与意愿还可以，愿意在游戏中去玩乐，非常欢乐"。但是，在真实的学校教育生态环境下，仍有太多现实因素阻

[①] 邓欢、马梓熙：《同伴介入法提升自闭症儿童社交能力的个案研究》，《山西能源学院学报》2021年第5期。

[②] Jo Robertson, Kim Green, Sandra Alper, Patrick J., Schloss, Frank Kohler, "Using a Peer-Mediated Intervention to Facilitate Children's Participation In Inclusive Childcare Activities", *Education and Treatment of Children*, Vol. 26, No. 2, 2003, pp. 182–197.

碍了同伴介入法的尝试和实施，如"一大阻碍就是家长，因为没有一个家长愿意让自己的孩子去帮助他们，会觉得他们影响了学习"。

因此，目前普通学校的社交干预课程以实用社交技能、情绪技能和沟通技能干预为主。资源教师主要通过直接教学法教导自闭症儿童，辅以应用行为分析方法，不断加以强化正向行为，如"通过奖励和惩罚，这学期学会了打招呼"，"像眼睛看着同学打招呼，经过训练他是有进步的，对话中提问他眼睛要看着谁，小乔也能回答出来"并及时纠正自闭症儿童的社交问题行为，如"像以前的话，会很大力拍打别人来问好，后来经过教导，他就慢慢知道可以通过语言来沟通，也学会说'你好'来问好"。

自闭症儿童由于执行功能存在障碍，在社交过程中难以监控和调整自我行为，调控自我情绪。[1] 因此，情绪调控是社交干预的重要内容。资源教师教导有效表达与调控情绪的方法，纠正人际互动过程中的情绪行为问题，有助于提升自闭症儿童人际交往和沟通能力，积极开展社交活动，如"康纳学校老师通过量表筛选了一部分自闭症儿童，以小组课的形式给他们上情绪管理课程，现在是高阶的了，做学生的情绪管理、表达和控制。情绪调节对他们的社交也是有影响的"。此外，自闭症人群缺乏对自己或他人的心理状态的理解，难以解读他人的动作、眼神、语言或面部表情等，从而无法预测和理解他人的行为，这对社会交往来说无疑是极大阻碍[2]，如"自闭症儿童想要理解他人的情绪变化，做出相应的决策，还是比较难的"。因此，情绪感知能力是社交干预重点，心智解读方法常用于社交干预中，如"大部分轻度自闭症是具有交往需求和意愿的，其主要困难是沟通技巧问题，可以开展个别化的心智解读训练，训练学生换位思考，理解他人的意图的能力"。社会故事法也常用于语言认知能力发展较好的自闭症儿童干预中，如"对于阿斯伯格综

---

[1] Russell J., Jarrold C., Henry L., "Working Memory in Children with Autism and with Moderate Learning Difficulties", *Journal of Child Psychology and Psychiatry, And Allied Disciplines*, Vol. 37, No. 6, 1996.

[2] 廖进：《运用同伴介入法提升普小自闭症儿童社会交往的研究》，硕士学位论文，重庆师范大学，2019年。

合征的学生,也可以通过社会故事法,根据他生活中的事情,编成一个故事,着重解释可能产生误解的地方,提高他对社会情境的理解能力"。

自闭症儿童社交干预以沟通交往、情绪调控为核心内容,同时也会兼顾认知、感知觉能力等方面。由于感知觉的过度反应,自闭症儿童在社会和非社会活动中容易遇到困难,难以处理复杂的环境信息,如"小玥对各种声音十分敏感,特别是哨子,课间不下去做操,和姥姥一起坐在教室,不参与集体活动。此外,她感统失调也十分严重,除了走路,其他运动都不会,很难参与到同学们的活动中"。资源教师应根据其感知觉水平开展干预活动,如"我平时会给她上感统个训课"。此外,在日常教学中,资源教师应针对自闭症儿童个别化教育计划,有条不紊地开展干预训练,帮助自闭症儿童提高适应能力,为其更好融入普通班级的日常教学活动作铺垫,如"除了补习文化课之外,我还加了注意力训练和感统训练,刻意纠正小榕的问题行为,我想他快点回到普通班,这样以后才能融入社会。他昨天冷不丁冒出一句:'老师,我想在学校里上第四节课。'我以为是家长教他说的,打电话过去询问后,才知道是他自己说的,我真的好开心"。

3. 完善普校融合支持系统,创设友善的社交人文环境

学校支持作为一种积极有效的资源,具有一定的效能。学校支持系统包括学习、心理、物理环境以及相关服务的支持。① 在支持性的融合教育环境下,自闭症儿童能获得展现自我优势的机会,获得同伴接纳,如"我们学校的自闭症儿童人数其实算是比较多,学校也比较重视他们,会开展融合宣导活动。在集体互动中,学校会提供给他们展现的机会与平台,所以大多数普通学生对于他们的态度还是比较友好的"。

学校的物理环境创设有重要作用,需考虑到自闭症儿童的感官承受能力,比如声音、光线等。自闭症儿童适应环境的能力较弱,结构化的物理环境支持,有助于他们在秩序感中稳定情绪,避免外界刺激所带来的问题行为,进而遭到普通学生的冷眼与歧视,如"他会希望教室里的东西摆放得整齐有序,比如书包要相同方向地摆放,教室的门要关好等,

---

① 杨希洁:《随班就读学校残疾学生发展状况研究》,《中国特殊教育》2010年第7期。

否则会表现出情绪激动的一面。我会尽量在班级学习环境中设置文字、图形、特殊符号等视觉提示，帮助自闭症儿童提高对自身活动结果的预测性，加强行为的目的性和组织性"。

普通学校需依照"最适当安置"的理念践行阶梯式教育模式，尽可能为自闭症儿童安排合适的教学安置（普通班、资源班、特教班）和课程体系，提供人际交往支持，如"我校采取抽离式特教班形式，平时在普通班随班学习，每周会有7—8节课到特教班专门上社交沟通课、绘本阅读课等"。在融合教育的探索过程中，普通学校会逐渐构建出合适的融合课程模式，如"我们学校的融合模式是一年级整天待在特教班，二年级开始，下午全部的时间在普班。为了特教班的学生更好地融合，所有的术科课，像音乐课、美术课、体育课等都安排在下午或者上午第四节课"。在学业方面，科任教师对自闭症儿童的学业评价也不能直接和普通学生画等号，需考虑简化任务、提供个性化作业等方法，如"四年级的作业量很大，数学作业还是会按量完成，语文、英语作业会相应缩减，会根据情况及时调整"。总体而言，融合教育是一个动态发展的过程，教师需根据自闭症儿童个别化教育计划，进行定期调整，提高融合教育水平或选择其他的教育安置环境，满足自闭症儿童不同时期的教育需求，[1] 如"目前是有2个自闭症儿童部分学科到普班融合。我们会定期对自闭症儿童进行学习、社交、适应能力的评估，确定学生能否到普班上融合课程"。

普通学校的人文环境建设也至关重要，能为自闭症儿童融入校园提供心理环境。观念是行为的先导。普通学生对自闭症儿童的认知不足，容易导致污名、排斥与冲突。[2] 教师以通俗易懂的方式向其他学生宣导自闭症儿童所处的困境，有助于改变同伴观念，提升其与儿童交往的意愿，也能为儿童提供心理支持，降低同伴欺凌的发生率，如"融合宣导活动，第一步是帮助普通学生了解个体有差异、有不同；第二步是进一

---

[1] 孟庆燕、王和平、李雅蓉、安文军：《美国自闭症谱系障碍儿童教育安置及启示》，《绥化学院学报》2019年第4期。

[2] 冯雅静：《国外融合教育师资培训的部分经验和启示》，《中国特殊教育》2012年第12期。

步学习不同的障碍类型,以及如何和他们正确交往。在学校,班主任的班会课、心理老师的团康课、红领巾广播站的宣导、学校的文化创设,都有教导过普通学生如何和自闭症儿童进行相处。整个学校的氛围都是挺好的,不会有校园欺凌的现象"。

4. 推动家校共育,形成正确融合目标导向

在自闭症儿童的成长过程中,家长是其最早接触、最稳定和最有影响力的人。家长介入干预具有极大的潜力,能使自闭症儿童及其家庭获益,[①] 父母在孩子的教育康复中扮演着重要角色,能支持自闭症儿童在不同活动和情境中相关能力的发展,促进其认知和社交能力的进步。

家校合作是实施融合教育的关键因素之一。自闭症家长作为融合教育的合作者,应了解自己孩子的特殊需求和发展特征,积极学习自闭症干预相关知识,争取融合教育权益,为孩子提供人际交往支持。在融合教育过程中有自闭症家长会选择陪读,但在实践过程中,自闭症家长要避免包办心理,辅助过度,如"她被陪读家长保护得太好了,以至于不需要主动表达。奶奶应该减少在课堂中的干预,除了干预问题行为,其余尽量少插手"。家长应给孩子一定的自主空间去主动表达需求,引导孩子发展社交技能。其次要避免形同虚设,如"我觉得和她姥姥陪读有关系,在旁边玩手机,起不了任何作用"。陪读家长应适当引导孩子和同龄人开展社交活动,有效融入班集体。

自闭症儿童家长需持有正确的融合理念,形成对自闭症儿童发展的合理预期,如"家长的期待还是比较符合实际的,会根据学生的能力调整自己的期待,有的希望他们能做一个'好照顾者'就可以了;有的希望他们能够学习简单的知识,日常生活中够用就可以了;有的希望他们能够有一技之长,能够升入职业中学,学习技能"。但现实情况下,大部分家长对孩子还没有形成正确的认知,如"学业要求偏高,我觉得普通孩子都不可能全面发展,所以才觉得要求高"。因此,自闭症家长应做出相应的调整和支持,重点关注孩子核心能力的提高——社会性,关

---

① Nevill R. E., Lecavalier L., Stratis E. A., "Meta-analysis of Parent-mediated Interventions for Young Children with Autism Spectrum Disorder", *Autism*, Vol. 22, No. 2, 2016, p. 84.

注孩子在班级里与同伴的和谐相处、班级规则的适应、社会交往的提高,而不仅仅是强调学业成绩,[①] 如"融合不是学业上的融合,而要组织家校合作活动,如融合活动、家庭教育等,提高家长对自闭症孩子的干预意识。只有家校合作,把干预融入日常生活,才能取得持续效果,让孩子获得自身最大潜力的发展"。

社会大众对残疾和融合教育乃至于教育本质的理解会影响自闭症儿童的社会和同伴支持。普通父母对自闭症孩子心存芥蒂或歧视,这势必会影响普通学生的接纳态度,不利于自闭症儿童在学校的同伴关系发展,家庭教育有关键作用。自闭症家长群体应努力争取孩子的权益,让大众了解自闭症谱系障碍。此外,自闭症家长应尽可能为自闭症儿童社会交往、融合教育寻求支持,如"努力,一定要多服务,对学校或班级多做点什么事情,多出现在大众眼前,让大家了解"。当自闭症儿童在主流学校不再是非主流群体,社会大众意识到其特殊需求是人类多样性和发展进化的自然体现,为其提供平等机会和适宜环境,才能帮助他们价值和潜力的最大实现。

因此,融合教育不是消除自闭症谱系障碍孩子身上的个体差异而融入社会,而是争取社会多方力量,共同承认差异、包容差异,使自闭症儿童在最少受限的教育环境下获得个体的进步与发展,这是多方努力、共同受益的过程,如"现在特殊孩子只占了整个学校的2%—3%的比例,而我认为融合教育不是针对那2%—3%的孩子,它其实是100%。因为融合教育不仅仅是针对特殊孩子,也是普通孩子都需要的教育。在与特殊孩子接触的过程中,所有的孩子也认识到人的多样性,应该给予特别的孩子一些关爱、接纳、尊重、帮助等"。唯有如此,自闭症谱系障碍学生才能获得同伴接纳和支持,发展个体社交网络,提高社会性。

五 研究结论与反思

(一)结论

本研究发现自闭症儿童受内外部条件影响,在普通学校环境中,其

[①] 曾刚:《自闭症小学生随班就读融合结果的个案研究》,硕士学位论文,辽宁师范大学,2016年。

同伴关系整体呈现出同伴接纳水平差异大、同伴互动过程难以维持、友谊关系欠佳、存在校园欺凌的特点。随着融合教育的推进，普通学校开始配备专业化的资源教师，积极开展社交干预，自闭症儿童的同伴关系受到各教育主体的关注与重视，逐渐呈现出积极向好的一面。基于资源教师的视角，良好的自闭症儿童同伴关系需要在开放包容的校园生态环境中孕育和发展。真正的融合教育需要让自闭症儿童在有支持的环境中提高社会性，发展同伴关系网络，最终达到社会融合的目的。这需要教师、同伴、学校、家庭多方的干预和支持，共同营造多元友好的融合环境。

（二）反思

本研究的结果和意义存在一定的局限性。首先，本研究访谈的资源教师，主要来自广州、深圳、东莞、上海的普通小学，但目前国内的融合教育实践，地区发展差异大，各学校有着不同的融合文化、校园生态。其次，本研究探讨的对象个体差异大，其同伴关系特点和干预受多因素影响，难以得出普适性的结果，只能从微观角度探讨其现状。最后，本研究采用访谈法收集文本信息，研究方法较为单一化，难以获得全面的信息。在未来的研究中，研究者可扩大研究范围，采用量化和质性相结合的研究方法，分析普通学校自闭症儿童同伴关系现状，从理论层面完善我国普通学校自闭症儿童同伴关系发展的支持系统，开发本土化的自闭症儿童社交干预策略。

第四节　基于发展生态学的自闭症儿童同伴关系干预

一　引言

自闭症儿童在社会互动中需要不同程度的支持，入学适应问题较多，急需教师、学校以及家庭相互合作，及时提供恰当的支持。1979年布朗芬布伦纳在其所著的《人类发展生态学》一书中提出了生态系统理论。该理论认为真实自然的环境是影响儿童发展的主要源泉，人的发展离不开人与环境的相互作用。这个环境是各种层次、不同性质的环境相互交织在一起，构成了一个既具有中心，又向四处扩散的网络。① 他将生态系统分为宏观系统、中观系统、微观系统。儿童所要获取的支持来源于周身环境系统的方方面面。

影响自闭症儿童发展的环境有家庭、社区、学校以及外部社会环境，其中，对其影响最大的就是学校和家庭，学校的环境、教师、同伴，家庭中的父母、亲人都是影响儿童生活和学习的微观系统元素。② 学校和家庭的互动和交流也会影响儿童的生活适应。发展生态学理论为特殊教育以及为自闭症儿童提供有效支持创设了思考路径。基于发展生态系统理论，从学校环境入手，本研究以3名自闭症儿童为例展开行动研究，旨在通过行动研究探索帮助自闭症学生适应幼小衔接的有效策略，为其以后的学习和生活打下坚实基础。

二 研究方法

（一）被试

某学校3名自闭症随班就读学生，小圆、小树和小桔。

被试一：小圆，曾在残疾人康复中心的儿童康复部的集体教学环境接受教学，情绪平稳，具有较好的规则意识，有语言，音量小但发音比较清楚，主动性语言较少。小圆感知觉异常状况比较轻，除喜欢看电风扇外无其他刻板行为。小圆比较胆小，入学时有轻微的情绪问题。外婆负责接送他，外婆离开后他会哭，不愿意和老师、同学互动。

被试二：小树，小树平常由母亲陪伴往返于各个机构进行康复训练。五岁才开始有语言，语言受限，语音发音不清，能够仿说，主动性语言基本没有。小树的感知觉异常问题严重，听觉敏感所以会有捂耳朵以及无意识地发音等行为。前庭觉和本体觉均存在严重失调，非常好动，上课难以安坐。同时小树还存在触觉异常，喜欢用手指搓捻条状物，排队或者上课会离座寻找条状物进行自我刺激。小树规则意

---

① 薛烨、朱家雄等：《生态学视野下的学前教育》，华东师范大学出版社2007年版，第67—68页。

② 杨洁：《3—4岁幼儿入园生活适应的研究——基于人类发展生态学理论》，硕士学位论文，华中师范大学，2014年。

识非常差,对于老师的指令较多是充耳不闻的反应。因其沟通能力较弱,在陌生环境中无法表达需求时存在发脾气行为,特别是身上痒、热等身体不适的时刻。

被试三:小桔,曾在残疾人康复中心儿童康复部进行康复训练并曾在家附近的幼儿园就学。口语受限较多,语音发音不清晰,无主动性语言。小树感知觉异常较为严重,本体感觉迟钝,走路喜欢跳跃,身体触压觉迟钝,喜欢拥抱挤压。小桔的手指触觉迟钝,喜欢撕扯条状物,特别是自己身上的纤维物。小桔的主要照顾者是奶奶,奶奶负责接送和日常照顾。小桔存在严重的挑食行为,由于对气味敏感,对于学校的食物非常抗拒,只喜欢豆类,但对家中食物相对接受度更广,特别是妈妈做的食物。会在饥饿但无法表达饥饿需求时出现哭闹行为。

综上可以分析得出:首先3名学生在小学学习阶段存在学习适应不良的状况;其次因其本身社交和沟通障碍、感知觉异常等问题突出,常出现情绪问题。如何促进他们的学习适应?如何为他们适应新的学习系统提供有效的生态化的支持?本研究从同伴关系着手来解决问题。

(二)研究方法

本研究以某特殊教育学校的3名自闭症学生作为研究对象,采用行动研究的方法,研究者作为教师进入学生学校现场,循环开展"计划、实施、观察和反思"环节推进研究过程。研究者作为各科教师、学校层面资源、家校合作的协调联系者,整合各方信息和资源,对学生各方面能力进行评估,探索适合学生的支持性策略,为学生制订个别化教育计划,实施计划。然后收集结果并进行分析,总结有效策略,提出新的问题和解决方法,重新修订个别化教育计划。

(三)评估工具

《学习适应检核表》:本次研究使用检核表评估学生的适应能力,主要关注学习能力、同伴关系和生活自理三个维度,其中学习能力包括知觉动作、精细动作,认知和语言等项目,同伴关系包括人际互动、上课互动、诉求表达等项目,生活自理包括饮食、穿着、身体清洁、如厕和午休等项目。这些项目下设有不同子项目。每个子项目按照能力强弱计分。

三　研究过程

本次研究经过以下环节：评估→组织个别化教育计划会议→制订个别化教育计划→实施个别化教育计划→再评估→总结有效教学策略和反思教学过程→重新修订个别化教育计划。

（一）评估

开学前一周内联系学生家长和老师，进行访谈，了解学生发展状况，详细整理评估信息。班主任和各科老师共同完成检核表。

（二）组织个别化教育计划小组会议

由班主任作为本次会议组织者和主持人，参与人员包括：家长、老师、各学科老师以及学校行政人员。家长需要提供学生基本信息和家庭基本信息、医疗史、发展史以及学生的兴趣爱好、生活时间安排；老师需提供学生学前阶段的教学信息，包括个别化发展计划、在园时间安排、学生的上课表现等信息；各学科老师辅助班主任尽可能详细地收集信息；学校行政人员则做好为学生提供资源的准备。

根据学习适应量表的评估结果，结合学生的信息，个别化教育计划小组共同制订了个别化教育计划，拟定了3人在3个月内的个别化教育目标。为了使学生的教学情境更加自然，从生活到学习可以顺利转换，本次个别化教育目标将根据生态系统观点涵盖：学校支持目标、家庭支持目标、班级支持目标、个人发展目标。因为学生适应学校生活需要多方共同合作和支持，所以在个别化发展目标中需要作出发展和进步的除了学生本人，还应该将其周身生态系统纳入其中，起到支持的作用。

然后由个别化教育计划小组共同根据个别化教学目标清单制订个别化教学计划，通过讨论确定了以下内容：学校需要提供的物质支持和人力支持；家庭和学校需要在日常作息活动以及目标泛化的活动上达成一致；班级的日常作息和班级环境设计要点；学生个训课程和集体课程的教学目标和内容。

表6-2 生态系统视角下学生个别化教育计划环境设置与目标清单

	学校支持环境	家庭支持环境	班级支持环境	个人发展目标
小圆	支持家长在学校陪读	生活作息和学校同步；每周安排运动时间	对班级环境进行结构化设计，对时间表、功能分区、常规都进行视觉化	1. 情绪稳定 2. 主动和老师同学互动 3. 能适应学校的活动 4. 能参加集体活动
小树	每周安排4课时小组活动	生活作息和学校同步；饭后与家长共同参与餐具整理	对班级环境进行结构化设计，对时间表、功能分区、常规都进行视觉化	1. 情绪稳定，具备自我意识和学习意识 2. 参与人际互动 3. 能适应学校作息时间 4. 能适应学校的活动
小桔	每周为小树安排4课时互动个训课	生活作息和学校同步；每周安排运动	对班级环境进行结构化设计，对时间表、功能分区、常规都进行视觉化；安排一对一帮扶同伴	1. 情绪稳定 2. 参与人际互动 3. 能适应学校的活动 4. 能在学校午休

（三）实施个别化教育计划

本次个别化教育计划由学校、家庭、班级、各科教师共同执行。

首先，学校支持由学生处和教务处共同负责，就3名学生的状况分别提供以下教学行政支持：为小圆安排自闭症儿童的个训课，由专业的特教/心理老师进行一对一教学；允许小圆家长在个训课时间进行陪读，帮助学生与老师和同学建立关系。为小树和小桔安排个训课或小组课，主要内容包括感觉统合和社交训练，由老师进行一对一教学或小组教学。

其次，家庭配合由主要照顾人负责，包括尽可能保持家校同步的生活作息，特别是起床、三餐、午休的安排。同时在家安排运动时间。小树习惯在一对一教学下使用食物作为强化物激发学习动机，非常依赖食物强化，需要家长配合慢慢把食物转化为喜欢的游戏和活动进行强化。另在学校需要小树的家长及时告知在家如厕习惯，因为小树几乎不会表达如厕需求，家长应在在校活动中及时安排其如厕时间并能够展开自然情境下的如厕训练（使用学校站立式小便器并完成洗手），如厕视觉提示的安排也应保持家校一致。

然后，班级所提供的支持由班主任负责。就作息本位安排一日生活，小圆没有午睡习惯，班主任在午休时间安排他进行自己喜欢的美工活动；基于一日生活进行班级环境的创设——3个被试都需要大量的视觉支持。其中小圆的视觉支持体现在集体教学中的视觉提示，告知活动内容，适应教室环境和一日流程；而小树和小桔的视觉支持主要侧重表达性沟通功能，因为小树和小桔口语受限，需要用照片或图片辅助他和老师互动。

最后，就是由各科老师负责的课堂教学中的个别化教学，各科老师开展共同备课进行主题教学，同时需要结合个别化教学计划的目标和需求进行教学活动设计。课前安排可以满足学生感知觉需求的活动，如小圆需要在课堂中给予言语提示和社会性强化，小树和小桔需要安排摆位椅和重力毯，同时需要给予活动性强化物提升其参与学习活动的积极性。

四　结果分析

经过一个月个别化教育计划的实施，可以看到学生明显的进步。

班主任使用《学习适应课程评量表》对学生进行再次评估。结果如下：

小圆入学适应状况非常好，特别是上课常规、物品常规以及穿着等方面进步很大，表明他的学习常规和生活自理能力显著提高。这和小圆本身是一个腼腆、慢热的儿童有关，他本身对陌生环境需要一段时间磨合，一旦熟悉，他就会非常适应。

小树入学适应状况也有所改善，特别是上课常规和饮食。总的来说，小树可以在辅助和提示下适应学校生活；由于小树从来没有在集体环境中学习生活过，所以相对小圆来说适应得要慢一些。另外小树感统失调状况严重，学校虽然已经增加了四个课时的感觉统合课的时间，但对他来说还远远不够。

刚入学时，小圆会用语言"走开"抗拒老师的靠近，还会哭闹抗拒个训课。一个月后，小圆的情绪行为明显已经改善，也愿意单独与个训课老师一起上课，还会在上下学的时候主动和老师打招呼。小圆也已经顺利适应学校活动，上下学可以自己取放书包。但是小圆由于从小没有午睡习惯，所以在午睡时依旧不会入睡，不过基本可以安静地躺着休息。

小桔的适应状况也有了明显的改善，发脾气的行为明显减少，会主动用手势或者词语和老师表达自己的需求，表达的频率明显提高。他也能够比较好地适应学校的作息时间，午餐时可以在语言提示下自己取到餐盘，午休时可以在老师陪伴下安静入睡。但小树寻求手部触觉刺激的刻板行为还是存在，并且会在上下课时，自行离座去撕纸巾。小树入学时会自行离开教室去到操场等场所，一个月后这样的行为基本没有了。

五 讨论与建议

（一）对自闭症儿童发展同伴关系提供生态化的支持策略

相对于典型发展的儿童，自闭症儿童在应对周身环境生态系统转变中出现适应不良的概率更大。为了预防这种后果，帮助自闭症儿童更快适应小学入学，需要为其提供更具生态化的支持策略，既需要来自学校的资源支持，需要家庭和学校的配合，需要班级教室的环境创设，也需要各个老师之间相互配合设计自然、结构化的主题课程。在这样的生态维度下，根据学生的具体状况，识别其个性化的需求并采用个别化的生态化支持策略，是帮助学生顺利适应入学的关键环节。

（二）自闭症儿童发展同伴关系需要儿童周身生态系统层层合作

本研究遵循了生态系统的理论，注意从微观到宏观层面的相互渗透来处理各种问题，为儿童设计个别化教育计划。注重儿童微观系统、中观系统、宏观系统的有机统一，在被试的干预过程中充分对儿童所能获得的生态化支持进行解构和关注，促进其发展同伴关系、提升生活自理能力和学习能力。这3名自闭症学生能够顺利适应入学，和儿童周围环境系统的多元合作是分不开的。在对自闭症儿童进行干预时尤其需要更多的资源和支持。面对充满挑战的环境和同学，日常活动对他们来说充满着未知的恐惧和焦虑。实际上对于这部分儿童来说，学校最应当成为帮助他们进行同伴交往、体验人际互动的平台。儿童在这种充满理解、关怀和友爱的环境中，获得参与各种活动的机会，体验生活的多样性和美好，收获自己独特的理解和感受，以自己独到的方式观察和体验这个世界。所有支持的要义应当是允许儿童顺着他们的天性发展，在他们所能接受的范围内，提供促进其能力发展所需的各种资源。这种支持应是一种真正的以儿童为中心，尊重儿童、悦纳儿童的关怀和支撑。让儿童在温暖、安全、友爱的氛围中，自然地发展成他们每个人独一无二的最佳状态。对家长而言，积极向学校寻求合作，提供更多儿童的信息，才能让新学段的老师在最短的时间内明确评估儿童的能力和需求，制定切合实际的个别化发展目标。

（三）为自闭症儿童发展同伴关系提供不同层面的生态化支持干预

结合生态系统理论的内容，具体来说，帮助自闭症儿童适应学习环境的转变，可以从物理环境层面、文化体系和符号象征层面以及社交沟通与人际交往层面为其提供支持。[①] 在物理环境层面上，可以由成人或同伴帮助儿童探究其真实生活情境中的各种环境可供性。当环境不能满足儿童发展需要或者对儿童造成困扰时，就需要对儿童提供及时的支持，包括调整环境的结构、物品的位置、光线的明暗等等，确保儿童在一个令他们感到安定、舒适、充满安全感的环境中进行探索。

在文化体系和符号象征层面上，自闭症儿童有其独特的原生态智慧，既然很难改变自闭症儿童的特质，那么为了帮助他们更好地生活，支持者（包括教师、家长、同伴等）应当做出相应的改变，为他们提供其所能够理解和接受的可供性，以促进他们在真实生活环境中的成长和进步。

在社交沟通与人际交往层面，自闭症儿童存在质的缺陷。但是我们必须要注意，沟通和交往是双向的动力过程，既然自闭症儿童很难做出改变，那么就需要交往的另一方，即儿童真实生活情境中的支持者去了解儿童的障碍，理解儿童的行为，为他们提供人际关系上的支持，从而帮助他们发展同伴关系，进行社会融合。无论是家庭支持、学校支持还是社区支持，本质上都是一种关系的支持，更确切地说是一种人际关系支持。家长、教师、同伴等为儿童所创设的环境支持和社交互动，都是对其人际关系体验的拓展，有助于儿童适应学习环境的转变，顺利完成不同学习阶段的衔接。

---

① 吕梦：《生态化融合背景下自闭谱系障碍儿童人际支持干预研究》，博士学位论文，华东师范大学，2016年。

第七章 基于行为管理的同伴关系干预

第一节 应用行为分析

一 应用行为分析的含义

应用行为分析（Applied Behavior Analysis，ABA）是将"行为分析"科学中的原理运用到社会实践中的一门应用性科学。可以从应用、行为和分析三个角度理解。"应用"是指改变后的行为要具有社会意义；"行为"是指可以观察测量的外显活动或反应；"分析"是指分析行为问题产生的原因和评估干预方法的效果。因此，应用行为分析内涵可理解为人们在尝试理解、解释、描述和预测行为的基础上，运用行为改变的原理和方法进行干预，使其具有一定社会意义的过程。

20世纪五六十年代，ABA被称为"行为治疗"或"行为矫正"。早期，行为矫正被简单地运用到监狱和学校中，以使其中的人们服从于某个权威，这种做法引发了大量的讨论与争议。因此，行为学家逐渐放弃对"行为矫正"这个词的使用，而将他们当时的工作改为"应用行为分析"。这种改变，使得人们开始重新审视"问题行为"，并将新的理念与行为科学的原理结合在一起发展出一门新的科学。

自20世纪70年代起，ABA的理论与技术逐渐被应用于为自闭症儿童制订治疗计划，发展特定的技能目标，改变自闭症儿童的行为，以增加或提高患儿社会化的程度、语言交流技巧和总的社会适应能力。[1] 到

---

[1] 王婷、周爱琴、李明惠：《应用行为分析疗法结合家庭培训对孤独症谱系障碍患儿的疗效》，《中国妇幼保健》2021年第19期。

目前为止，以 ABA 的理论和技术为基础的，针对自闭症儿童的治疗项目，大多数是以洛瓦兹和拉斯维加斯、加利福尼亚大学进行的研究为基础。

二　应用行为分析的基本原理与常用策略

ABA 最基本的原理是 ABC 行为分析模式，强调行为改变的三个要素：前因、行为和结果。[①] 以下对这三要素进行简单介绍。

A 即前因，指行为发生前的情境，包括物理环境和他人行为等，它会刺激问题行为的发生。前因为行为的发生提供了机会。根据性质前因可分为区别性刺激和行为动因机制。区别性刺激指行为出现之前的任何因素或事件（如，特定的人、地方和事情），其意义在于：创造条件以便于引发特定的行为；预示行为将带来的特定结果，包括正面结果和负面结果；根据结果的性质，将预示该行为在将来发生的频率会增加或减少。行为动因机制指行为出现之前的客观条件或主观因素（如，饥饿或口渴等）与行为倾向，其意义在于暂时性地改变行为性练习的结果的价值和意义（如，使得强化物更加诱人），从而改变在此条件下该行为可能发生的概率。行为动因机制包括激发性动因机制和消除性动因机制两类。

B 即行为，是紧跟在前因之后的外显行为，可能是恰当的或不恰当的，也可能是正确的、趋于正确的或不正确的。一个可操作的行为界定必须是具体的（避免用模糊的概念）、可观察的（能为人眼所看见）、可测量的（频率、长度和程度等）。ABA 注重的是：人们的行为是可以改变的；对行为的改变具有社会意义；用社会意义标准对目标、干预程度和变化结果进行论证。

C 即结果，指行为发生后的情境，也包括物理环境和他人行为等，它对行为有强化作用。行为结果对该行为的再次发生会产生重要影响（增加、减少或维持）。影响行为结果的类型主要是正强化、负强化、正

[①] 刘惠军、李亚莉：《应用行为分析在自闭症儿童康复训练中的应用》，《中国特殊教育》2007 年第 3 期。

惩罚和负惩罚。总体来看，环境中的前因（A）为行为（B）的发生提供了机会，行为的结果（C）又会影响到行为今后的发生。

基于上述理论，发展出了许多具体的可用于改变行为的策略，常见的策略主要包括以下几种：

1. 塑造

塑造是指通过对连续趋近于目标行为的行为进行系统地、有区别地强化，并帮助个体学会新的目标行为的过程，这个过程是个体从不会到一步步学会某个新行为的过程。

2. 渐隐

渐隐法常常被人们用于帮助个体学会新的行为，它是指逐渐变化控制个体行为反应的刺激物，最后当这个刺激物处于自然刺激水平时，个体也能做出相同的反应。不同于塑造法，这一技术要通过变换引发个体行为的刺激物，使个体总能够成功地表现出所需要的行为。

3. 连锁

连锁是指通过训练行为链或者刺激—反应链的方式来建立目标行为的方法。这一行为养成技术用于复杂行为的训练，即所训练的行为并非只是由一个刺激—反应组成的简单行为，而是由多个刺激—反应组成特定行为系列，故称为行为链，或刺激—反应链。

4. 泛化

泛化是指在一个特定环境下学到的行为发生在其他时间、地点以及其他人面前或者以一种变化反应形式出现。泛化的形式和要求包括：反应的维持、刺激或环境的变化、反应的变化。[1]

5. 强化

强化是指当一个行为发生以后给予强化的刺激，所强化的行为将会再次出现（增加或保持该行为）。强化又分为正强化（获得愉悦刺激）和负强化（撤销厌恶刺激）。强化物可以定义为能够使所期待的行为发生的可能性增加的任何事物。当塑造个体积极行为时，干预者多采用连

---

[1] 王雪芹、郭延庆：《应用行为分析在孤独症早期干预中的应用》，《国际精神病学杂志》2006年第2期。

续性强化，也就是每次行为发生时都提供强化。当保持个体积极行为时，干预者多采用间歇式强化。

6. 惩罚

惩罚根据其性质又分为正惩罚和负惩罚，正惩罚是指当个体做出某种行为以后，若及时施加一个厌恶刺激（又称惩罚物），那么该行为今后在类似情境或刺激下的发生概率就会降低甚至受到抑制。负惩罚是指当个体做出以前曾被强化过的行为之后不再有强化物相伴时（撤销愉悦刺激），那么这一行为在今后发生的概率便会降低，负惩罚同时也被称为消退。

三　行为分析在自闭症干预中的早期应用

华生和斯金纳等学者的工作为应用行为分析的发展奠定了坚实基础，而洛瓦斯成功地将应用行为分析用于自闭症儿童的干预，使得应用行为分析的发展达到了鼎盛。

洛瓦斯最先将 ABA 应用于自闭症儿童的干预，代表性干预技术被称为分段回合教法或离散单元教法（Discrete Trial Teaching，DTT）。DTT 以 ABA 的基本原理为基础，主要包含了指令、反应、结果、辅助及辅助消退五个步骤。[①]

1. 指令

每一次训练都要从一个指令开始，目的是为行为发生提供机会。指令可以是语言的也可以是非语言的；可以是非常简单的也可以是非常复杂的。在学生学习的早期阶段，指令最好是从简单化开始，具体要求为：指令应简短明了，符合自闭症儿童的发展水平；确保指令的准确与前后一致；适度提高声音及降低语速。这里需要注意的是，指令不应该像问题，表示提问的语调仅在需要使用提问题的指令时才保留，例如："她在做什么？""它是什么形状？"等。

2. 反应

通过指令提示的学生行为称为反应。在定义目标行为时要注意：干

---

① Dib N., Sturmey P., Tiger J. H., "Reducing Student Stereotype by Improving Teachers' Implementation of Discrete-trial Teaching", *Journal of Applied Behavior Analysis*, Vol. 40, 2007.

预者要达成一致，要求学生在某个特定指令后的行为一致，这样可以帮助他们准确地理解要如何做才能得到强化物；在一个特定的干预程序里，只有在前一个行为已经掌握的前提下才可以进行下一个行为的干预。

3. 结果

根据学生不同的反应情况来提供不同的结果，自闭症儿童出现正确的反应则给予奖励，出现错误或无关行为则扣缴奖励，这样可以有效地增加自闭症儿童恰当的行为并减少不恰当的行为。另外在选择强化物时，要对每个自闭症儿童进行评估，选择对他们更具有奖励价值的强化物。

4. 辅助

辅助是一种外部的暗示，以强化目标行为干预成功。在自闭症儿童可能还不具备该行为的全部技能时运用，其目的是为了帮助自闭症儿童完成一个正确反应，强化或增加某些恰当行为；减少自闭症儿童的挫败感，增强他们的自信心。

辅助的类型包括全辅助、半辅助、示范、位置辅助、语言辅助、视觉辅助、非特异性辅助（如姿势、指向、眼神）、近因辅助、强化引起的辅助等。不管用于教导学生特定技能的辅助类型是什么，辅助必须在指令或刺激呈现后的同时或短时间内出现；如果在短时间内不出现，刺激和反应可能就不会及时地产生紧密联系。

5. 辅助消退

在对自闭症儿童提供辅助时，他们并不能独立自主地正确执行指令，完成行为目标，即，学生对指令所要求的反应没有得到强化，而对辅助的反应得到了强化。同时，学生可能变得依赖辅助才能做出正确反应，称为辅助依赖。

为了避免辅助依赖，教导者必须消退辅助，这个程序被称为辅助消退。具体的方法包括：通过减弱辅助的强度来消退，同时强化自闭症儿童对指令的反应；通过突然停止整个辅助来消退；建立一个辅助层次，如，对一个新任务的辅助层次从最大辅助到最小辅助递减，对儿童先前已经独立完成的任务，在之后的训练过程中连续出现两次错误反应时，从最小辅助逐渐更替到最大辅助。

第二节 正向行为支持

正向行为支持(Positive Behavior Support，PBS)，又称积极行为支持，它是在应用行为分析的基础上发展而来的一种行为干预方法。它是在功能性行为评估技术的基础上，采用强化方法发展个体积极行为，通过系统地改变影响行为问题发生的环境，从而达到长期、有效地预防或减少行为问题、增加适宜行为，提高个人及家庭生活质量的一套方法。[①] 经过二十多年的发展，正向行为支持已经得到大量实证研究的支持，并成为行为干预领域最重要的理论技术。

正向行为支持通过团队合作的方式来发展和执行方案，采用个别化、积极、多元的处理策略，训练正向积极的行为来取代问题行为，预防问题行为发生，并调整控制前事和处理后果来支持个体，增加处理的有效性。最后的目标不止在于减少问题行为，更重要的是个体适当行为的增加和生活状况的改善。

一 正向行为支持的缘起与发展

20世纪60年代之前属于传统行为处理模式，强调用厌恶疗法（例如电击、隔离等）消除行为问题。20世纪70年代采用应用行为分析来干预行为，也可以称为行为矫正技术，或行为改变技术。ABA最基本的理论原则是所有行为都是对外部刺激的习得性反应，因而，后果改变策略是主要的干预策略。其主要特点为干预行为问题之前，不经过评估，用同一种方法处理所有儿童的同一种行为问题，较为被动，行为改变后果持续时间较短，且均是在行为问题发生之后采取干预措施。

20世纪80年代之后非厌恶介入以及学者研究推动了功能性行为评估，并最终与正向行为支持共同写入1997年美国颁布的《身心障碍个体教育修正法案（IDEA）》。正向行为支持强调干预行为问题之前，要对行

---

① 刘昊：《正向行为支持法干预孤独症儿童问题行为的个案研究》，《中国特殊教育》2007年第3期。

为进行功能性评估（Functional Behavior Assessment，FBA）；强调对环境的调整和预防，体现出一种较为主动和人性化的干预特点；在干预效果上，不仅减少行为问题的发生，而且也增强适当行为，并使这种改变长期持续。2000年之后，正向行为支持得到快速发展，干预对象从特殊儿童拓展到普通儿童，干预情境从学校范围拓展到家庭和社区。

从历史发展中，我们可以看到，正向行为支持与传统干预方式的差异主要体现在：其一，行为问题的功能性评估受到重视；其二，干预情境由实验室、机构等情境转向自然情境；其三，干预人员由专家把持逐步转向自然支持人员，强调父母、教师等的平等参与；其四，干预策略从消除转变为教育，从关注改变结果到注重前事控制调节，重视替代行为的教育训练，从调整个体转变为调整环境；其五，干预过程由消极被动转向积极主动；其六，干预效果评估由单一走向多元化。

二　正向行为支持的核心特征

（一）着眼于持续、长久的生涯效果

生涯方面的改变是为了个体的家庭生活、工作、社会关系或者所遭遇的问题都能得到改善，而着眼于生涯改变的干预技术也就是能促使个体在这些领域得到改善的技术。正向行为支持强调的就是要帮助个体获得广泛性的具有生涯特点的改变，它不仅仅重视提高有障碍个体的生活质量，同时还着眼于为有障碍个体持续、长久的生涯效果提供支持。从其干预目标来看，减少问题行为的发生仅仅是其第二重要的目标，而其首要的干预目标则是促使个体获得持久的、稳定的、有意义的生活，并能适应社会文化的变化。

（二）强调生态效度和社会效度

以往的行为干预研究通常关注的是个体问题行为的改变，着重分析某个小环境中行为的变化、变化过程，通过前奏刺激进行干预、强化，比较关注内部效度。但正向行为支持不是一种在实验室内部处理问题行为的方法，而是一种在自然生活情景中改善个体整体生活质量的策略。除了分析问题行为发生的小环境中的因素和问题行为之间的关系外，这一干预技术还注重分析其他环境事件，如睡眠、食物、压力等更广泛的

环境因素，便于弄清楚这些环境因素是否与个体问题行为出现的可能性提高存在关系，即强调生态效度和社会效度。

（三）强调系统改变、多方成员合作

对于正向行为支持来说，行为改变不仅仅只是应用某种特殊的策略而产生的某种特殊变化。它认为，即使是最好的技术，如果应用在一个不合作或者缺乏组织的环境中，也会失败。因此，它非常强调通过系统改变来达到改善问题行为的目的，认为个体所处的环境中的不良因素对个体问题行为的出现负有责任，应该通过干预技术来减少或者调整这些不良因素，以降低问题行为出现的可能性，从而使个体与所处环境保持更适切的关系。总之，正向行为支持在行为实施过程中非常重视个体所处的多个环境，比如社区、学校、家庭、教室、教室外环境等，强调通过环境的调整达到改善行为的目的。这实际上也是正向行为支持生态观的一种反应。正向行为支持强调相关人员共同参与确定支持范围、方式和成功的标准，这表示相关人员的地位已经从接受专家指导的消极角色转变到一个共同参与的积极角色。他们在对有障碍的学生的行为问题上形成一个团队，为共同解决问题进行多向的交流，共同构建符合个人和团体的目标并落实执行，[1] 每个人在方案中都起着重要的作用。

（四）强调预防、重视前奏干预和教授个体适应行为

正向行为支持认为，对于问题行为进行积极干预最好的时机是在行为还未发生的时候，如果干预能够在问题行为未出现时进行，那么就可以预防其再次发生。因此，相比以往的行为干预技术，正向行为支持具有一个非常显著的特征，那就是对问题行为的预防，它更强调采取事前主动干预而非消极等待问题行为发生后才进行处理。[2]

（五）强调基于行为功能开展多要素干预

正向行为支持强调基于个体问题行为的功能开展干预，因此，在问题行为评估过程中，不仅要评估行为的严重性，同时还要对行为的目的

---

[1] Cynthia W., "Positive Behavior Support and Function Assessment", *Research Connections in Special Education*, No. 4, 1999, pp. 12 - 13.

[2] 罗婧：《正向行为支持的特点分析》，《中国特殊教育》2007年第3期。

第七章　基于行为管理的同伴关系干预

（即功能）进行评估。而行为功能评估则要求干预者通过访谈、行为检核表、直接的行为观察等方式收集与行为相关的各种资料，了解行为发生过程中各类直接、间接的因素，从而提出与问题行为功能相关的各种假设，并通过实验控制的方式对各种假设进行验证。在行为干预实践中，正向行为支持这一着眼于问题行为功能的干预技术不仅仅以减少个体的问题行为为干预目标，它更加重视发展与个体生理年龄、能力水平等相适应的、可以满足个体需求的新的良好行为。当个体习得这些良好行为之后，就可以通过这些新习得的行为去达到与问题行为相同的行为功能，这对于个体的发展而言更有意义。

正向行为支持与功能性行为评估密不可分，在执行正向行为支持干预之前进行功能性行为评估能够提高正向行为支持的有效性。功能性行为评估由应用行为分析发展而来，1997 年美国颁布的 IDEA 法案中明确要求需要证明行为与障碍之间有直接的、实质性的关联，即障碍会影响他们控制自身的行为，或阻挠他们对行为结果和影响的理解。所以要对学生所具有的问题行为实施功能性行为评估，这也大大促进了功能性行为评估的发展。功能性行为评估是经由有效的资料搜集与分析，探讨行为问题的相关变数，进而找出行为的意图与动机，发展出适当的介入方案来增进行为支持或介入的效果和效率。研究者在总结诸多功能性行为评估的定义后，认为功能性行为评估的定义包括以下几个特征：（1）它关注的重点不是问题行为本身，而是问题行为与个体和环境变量之间的因果（功能）关系；（2）不是单单采用测验法，还要用观察法、访谈法、实验法等方法搜集评估信息；（3）包含一组繁杂的程序；（4）最终的目标是，通过干预推动个体的行为朝着积极的方向改进。

功能性行为评估同时也是一种动态评估程序，是在评估问题行为环境后建立起来的正向行为干预策略。它通过使用系统的程序来辨别问题行为，包括：可靠地预测问题行为是否发生，在整个过程中观察并记录行为问题。① 如何通过调整环境来改变个体的行为模式，是功能性行为

---

① 朱琳：《问题行为干预中的正向行为支持》，《中国特殊教育》2005 年第 3 期。

评估所关注的首要问题。① 有学者将功能性行为评估的评估方式分为直接观察与间接评估两大类，直接观察包括行为前后事件观察记录和行为功能观察记录，间接评估包含使用行为问题功能访谈表和行为动机评量表来分析行为动机。总之，通过功能性行为评估对学生的问题行为进行分析，制定一系列干预问题行为的策略，这是使得正向行为支持干预能够正常运行的基础。

三 正向行为支持的实施

正向行为支持从广义上指的是适当地运用正向行为疗育的系统与策略，是一种基于证据评估的，支持适应性行为和应对行为所采取的一系列措施，目前已成为国内外身心障碍者情绪与行为处理的主要趋势。它结合了应用行为分析的有关知识和其他各领域学科，例如医学、心理学。② 正向行为支持认为问题行为是个体与环境相互作用的结果，行为有其功能，通过功能性行为评估的实施，强调个体在行为处理过程中的参与，采用团队合作的方式，来改善个体之间问题行为及提升个体生活品质，是目前被广泛使用的问题行为介入模式。③ 正向行为支持主张尊重、正常化、预防、教育和个别化处理原则，发展和执行"行为介入计划"，包括预防、教导、反应和其他四类处理策略，最终达到的目标不仅是减少行为问题，更重要的是促进其他问题的改善。正向行为支持的主要目标是帮助学生去除一些不相关的、无效的问题行为，提升自我管理能力。进而提升身心障碍者的生活质量、改善家长教养态度、增进特殊教育教师专业知能，创造身心障碍者、家长和教育工作者三赢的环境。

个别化教育计划中也包括规范情绪与行为问题学生所需的行为功能介入方案及行政支持，个案服务之伦理要以个人的福利为首要考虑、确保个案的自主性及隐私权、选择有实证支持的有效介入程序、介入策略

---

① 张琴、昝飞：《功能性行为评估——行为评估方法的新发展》，《中国特殊教育》2006年第11期。
② 钮文英：《身心障碍者的正向行为支持》，台北心理出版社2009年版，第101页。
③ 杨雅媛：《正向行为支持对自闭症学生问题行为之影响》，硕士学位论文，台北市立大学，2016年。

以最少侵入性为原则并必须持续监督及评估行为的变化。规范教育工作者要落实适性教育，倡导身心障碍学生应得到正向预防的支持，施行实证、正向有效的情绪行为问题处理之理念和方法。

近年来，以正向行为支持方案作为减少身心障碍儿童和青少年行为问题之研究，因其成效显著而受到关注，其中的干预对象也包括自闭症患者。自闭症儿童正向行为介入的目标是通过功能评估的实证方法来防止和减少行为问题的发生，并教导其正向行为的表现和达到维持的效果。对问题行为的评估具体操作如下。

1. 评估的目的

自闭症儿童的问题行为不会无缘无故地发生与持续，系统的行为干预首先要挖掘行为背后的具体原因和特定含义，而不是盲目地制止或消除。临床人员要尝试理解并接受儿童的一切行为，弄清儿童行为所要表达的需求及受环境中哪些因素的影响，然后才能探讨后续的行为干预策略或适当行为的养成方法。

2. 评估的策略

第一，通过访谈法，明确问题行为。临床人员要与自闭症儿童的家长、教师及其他人员进行全面的情况了解（如果条件允许也应包括儿童本人），明确问题行为的具体表现以及加以干预矫正的紧迫性要求。在该环节中，评估人员要通过访谈明晰三个问题：（1）对于自闭症儿童攻击行为具体表现的操作性界定；（2）家长、教师或自闭症儿童本人对于攻击行为的具体看法或感受；（3）自闭症儿童喜欢或讨厌的活动或物品（为之后的功能分析或干预强化物的选择做准备）。

第二，现场观察法，收集攻击行为的具体信息。通过深入自闭症儿童生活的情境（学校、家庭及社区）收集与攻击行为有关的完整信息，重点关注攻击行为发生的环境因素。如：前奏事件、行为表现和行为结果。

第三，量表评估法，确认行为功能。量表评估要进一步明确环境中究竟哪些因素直接维持儿童问题行为的存在，临床人员可利用专门量表来评估儿童的行为功能。

在收集到问题行为的相关信息后就要对问题行为的功能进行分析。

功能分析，也可被称为实验性功能分析，是一种通过控制与行为有关的前奏刺激和行为结果，对行为与环境之间的关系进行验证与排除的实验方法。基于之前行为间接和直接评估的结果，评估者可以对问题行为功能进行假设，然后运用功能分析法对行为的功能进行确定。

3. 问题行为的干预策略

以功能评估为基础的正向行为支持能够为临床人员在自闭症儿童早期干预工作开展过程当中提供较为全面的参考建议。它主要是采用教育的方法来对个体的生活环境进行系统重构，从而达到增进积极行为技能发展的目的，其干预理念与观点已得到专业工作者的广泛认同，具体观点如下：

（1）干预目标的制定要促进儿童生活质量的提高并体现出其终身发展的视角；（2）在干预策略实施之前首先要对儿童的周边环境进行精确的评估，尽可能对有些行为问题进行事先预防；（3）干预策略的选择要以客观数据为基础，同时，在干预工作的开展过程中要重视生态效度的维持，并提倡团队协作。

除了干预策略的选择要建立在对问题行为进行功能评估的基础上，正向行为支持与以往干预策略的不同之处主要还表现于：首先，强调以儿童生活质量提高作为行为干预的目标，而非其他；其次，强调行为干预的生态效度，而避免局限于狭小实验室范围内的行为介入；最后，正向行为支持强调多种方法的综合应用，而避免单一行为干预方法的局限性。总之，所有的行为问题都不是短期内造成的，攻击行为更是如此，要达到良好的预后效果，干预人员和家长在通力合作的基础上要做好长期的思想准备，关注儿童的实际感受和生活技能的提高，充分意识到法无定法，没有哪一种干预策略对所有的自闭症儿童都适用，关键是要合理分析，灵活调整并且付诸持之以恒的努力。

四 正向行为支持在不同层面中的应用

由于正向行为支持应用的有效性和便利的操作性，使用正向行为支持的人群不断扩大，使用者由干预者逐渐向干预团队过渡，对个人的干预、在家庭环境和学校环境中的正向行为支持逐渐成为趋势。

(一) 个人层面的正向行为支持

对于一些学生的问题行为来说,正向行为支持能够很好地对问题行为进行干预。教育者可以根据正向行为支持衍生出一个解决这些问题行为的程序,并且了解学生问题行为背后的原因,由此可为学生制订个别化教育计划。① 杜玉虎和刘春玲表示通过使用个人正向行为支持,可以使有一定程度问题行为的学生尽可能地保留在普校中随班就读,否则此类学生可能被送往更限制的环境,例如培智学校。② 个人层面的正向行为支持更加重视在个体上的干预与支持。江蔚华在对一名重度智力障碍学生的哭叫行为进行干预时采取了"前事控制""行为教导""后果控制"策略。如为被试建立一天作息时间表、将任务分解、在出现哭叫这个问题行为时给予惩罚以及教导用"静息"这个行为替代问题行为等。通过干预,发现被试的替代性行为显著增加,同时,伴随的问题行为也在减少,还发现通过一段时间的干预,被试还逐渐产生了一些良好的行为,并且得到了维持。③

(二) 家庭层面的正向行为支持

家庭中心的概念最初广泛应用于幼儿早期介入,近年来逐渐应用于特殊教育领域。1975 年美国颁布的《障碍儿童教育法案》中确立家长为教育的决策者;1986 年颁布的《99—457 公法》明确指出制订服务计划时应以家庭为中心;一直到 2004 年《108—446 公法》的修订再次强调家长参与的责任,视家长为合作伙伴。与传统的由专业干预人员进行干预不同,家庭层面的正向行为支持主张由家长在专业人员的指导下实施干预,更强调家长在家庭环境下进行。在家庭层面的正向行为支持干预中,专业人员与家长建立平等且尊重的合作关系,根据每个家庭的优势及需求,由家长担任主要决定者拟定学生的行为支持与介入目标。研究

---

① 李泽洋:《正向行为支持对孤独症学生问题行为的干预研究》,硕士学位论文,辽宁师范大学,2019 年。
② 杜玉虎、刘春玲:《运用积极行为支持改善随班就读儿童行为问题》,《中国特殊教育》2007 年第 1 期。
③ 江蔚华:《用正向行为支持计划处理重度智障学生行为问题的个案研究》,硕士学位论文,广州大学,2016 年。

发现，当父母在有效的学习正向行为支持的相关知识与实践技能之后，他们可能会主动地应用这些技能与知识，创造有利于孩子茁壮成长的环境，促进家庭的稳定。

家长通过参与孤独症学生问题行为的干预，可以更好地了解学生的具体情况，专业人员也可以提供相关的资源给家长，和家长一起为学生找出有意义的行为目标以及有效的处理策略，如此也方便家长将学习的技能类化到家庭中。需要注意的是，通过不同的以家庭为中心的干预个案中普遍得出，以家庭为中心的干预模式主要针对家庭中所出现的问题行为。采用该模式对学校或其他场所中出现的问题行为进行干预，其效果没有对家庭中出现的问题行为的干预显著。

（三）学校层面的正向行为支持

在美国，学校层面的正向行为支持正以惊人的速度发展。截至2016年6月，美国已经有约2.2万所学校实施了学校层面的正向行为支持。越来越多的研究从关注个体的正向行为支持转移到关注更大群体学生正向行为支持和干预上来。学校层面的正向行为支持强调使用实证性的行为支持对教室、学校、社区等大环境进行观察和分析。在我国台湾，为应对传统问题行为处理方式的限制以及保障学生的人身安全，教育部明文规定禁止教师体罚，更于2007年起在校园中推动正向管教概念，此概念也称为正向行为支持。使用应用行为分析、功能性行为评估和正向行为支持在学校中来处理身心障碍学生，如自闭症和智力障碍等学生的问题行为。一系列数据显示能够显著改善其问题行为。

在学校层面的正向行为支持首先需要组建正向行为支持领导小组，还要获得全校教师的支持与认可，最后要建立学校范围内的问题行为筛查系统。连续性的、全校性正向行为支持系统模式，将学生的问题行为分成"预防""危机化处理"和"个别化处理"三个阶段。因此学校层面的正向行为支持采用三级支持系统：一级干预是针对所有学生的，旨在营造良好的学校氛围，促进学生的整体发展，是学校层面正向行为支持的基础。二级干预是面向全校中10%—15%的学生，通过筛查发现表现出一定问题行为倾向的学生。二级干预的核心意义在于及时发现学生还不严重的问题行为，并及时做出反应，避免其演变为严重的行为问题。

三级干预面向全校中5%的学生，是指对一级干预和二级干预不够敏感，仍然出现问题行为的学生，通过功能性行为评估和正向行为支持干预方案对其进行干预。根据学校层面的三级支持模式可以看出，有效的学校层面的正向行为支持将提升学校整体的氛围，学校中所有的教师都承认并赞赏正向适当的行为，且不会将问题行为视为一个不可改变的心理问题。

第三节 关键反应训练

关键反应训练（Pivotal Response Treatment，PRT）是从应用行为分析疗法（ABA）的回合式教学法（DTT）中延伸而来的。它源自 Koegel 等研究者在加州大学圣芭芭拉分校研究提出的自然语言范式（Natural Language Paradigm，NLP），该范式的主要目的在于提升自闭症儿童的语言能力，Koegel 把干预目标从语言领域扩展到沟通、社交和行为兴趣等关键领域，形成了 PRT 教学体系，并得到了科学论证，被美国科学界与政府有关部门评为自闭症干预中最具有科学实证的一种方法。[1] 它以儿童为主导，以游戏为基础、关键行为为目标，瞄准自闭症儿童的核心障碍，强调通过自然情境以及提高动机来帮助自闭症儿童习得关键性技能，进行多重线索的分辨，并融入对自然事件的反馈，引导儿童以主动方式提升自我能力，进而促进泛化，以应对真实的生活环境。[2]

一 关键反应训练法的产生

回合式教学法或离散单元教法是传统行为干预模式中最常用的方法，在自闭症干预领域做出了突出的贡献。但是，随着临床干预实践的发展，采用回合式教学也逐渐暴露出了不少问题：训练出来的儿童往往很机械，缺乏主动性；技能的保持也较差，很容易忘记已学会的技能；泛化较差，

---

[1] Simpson R. L. , "Evidence-based Practices and Students With Autism Spectrum Disorders", *Focus on Autism and other Developmental Disabilities*, Vol. 20, No. 3, 2005, pp. 140–149.

[2] Koegel L. K. , "Teaching Children with Autism to Use A Self-initiated Strategy to Learn Expressive Vocabulary", 1994.

所学技能不能很好地运用于日常生活情境中；对辅助的依赖性较强，训练出来的儿童往往需要在辅助或线索提示下才有正确反应；训练模式单调枯燥，容易使儿童产生厌烦与抵触情绪，甚至出现逃避行为。此外，在回合式教学训练过程中还需要消耗大量的人力、物力、财力和时间。

针对回合式教学呈现出的学习者主动性低，干预成本高和可推广性有限等问题，诸多学者展开了更深层次的探究，试图在应用行为分析理论的基础之上，开发新的干预程序，以改善自闭症儿童的学习动机。有研究者通过对前人言语干预研究的总结，提出了自然语言范式。该模式以应用行为分析理论为基础，同时结合了生态学理念，用于训练自闭症儿童语言能力，取得了较为显著的效果。自然语言范式主要包含以下几个要素：增强动机，直接强化，任务和刺激材料的频繁变化，加强口头交流的尝试，列举多个示例进行教学，在自然情境中教学。自然语言范式所包含的要素，基本涵盖了后来提出的 PRT 的操作程序。

自然语言范式基于自然情境、强调激发动机的干预方法，与当时盛行的程序化、结构化的回合式教学形成了鲜明对比，引起了学界的广泛讨论。随后，为了让自闭症患儿能最大限度地参与社会生活，在自然语言范式的基础之上，将研究的范围逐步扩展到沟通、社交和行为兴趣等关键领域，形成了 PRT 教学体系。

PRT 强调在自然情景中针对自闭症儿童的关键领域进行训练，通过关键领域能力的提升，促进其他领域的整体发展。关键领域是影响其他领域发展与各项功能发挥作用的核心，而非一个个具体行为。PRT 技术以关键领域为目标进行训练，关键领域的改变将导致更大集合体的改变，那些没有被定为目标的领域，也会随之发生较大改变。也就是说，关键领域的变化能够将这些积极影响扩散到其他领域，并形成一个有效途径，很好地解决自闭症儿童行为改善的泛化问题。PRT 产生之初，确定的关键领域分别是"多线索反应"与"动机"，具体训练原则如下。

1. 多线索反应

多线索反应原则针对自闭症患者知觉与注意过度选择，缺乏对事物的整体性认识而局限于事物个别属性的特点，强调在日常学习与生活中，要善用实际事物,呈现事物的不同特征,提供多种刺激进行辨别,增强自闭症儿童对事物的整体性认识。

2. 激发动机

PRT强调要激发学生的学习动机,使学生积极主动地参与到学习活动之中,主要有以下几点要求。(1)自主选择:给学生更多的选择机会,根据学生的自主选择,因势利导进行教学。简单地说,如果自闭症儿童对教学期间使用的教学材料选择的机会,他会表现得更好。许多研究发现,自主选择对于提高学生许多领域的表现很重要,包括(但不限于)第一个单词的习得、语言结构的获得、与玩具的接触,以及用词准确度和发音清晰度。自主选择也有助于减少具有挑战性的行为,例如重复性行为和破坏性行为。(2)直接强化:通过不断强化来增强学生的行为动机,提升学生的学习兴趣。(3)穿插教学任务:使新知识与已经学习过的知识交替出现,既符合小步子、多循环的教学原则,也能在一定程度上减少学生学习的挫败感,激发学生的学习动机。(4)强化尝试行为:及时抓住学生主动尝试的契机,鼓励学生的主动尝试行为,引导学生在不断尝试中前进。(5)任务多样化:任务多样化时,干预效果会更好。也就是说,当目标任务出现的频率较低时,孩子们学习得更快,表现得更好。(6)提供自然奖励:将奖励与儿童的反应更直接地关联在一起会带来更大的学习进步。提供自然奖励,也就不需要使用特殊物品或活动作为奖励,以及实施奖励管理。通过关注自闭症儿童的选择,以一种自然的方式提供他们最喜欢的项目或活动作为奖励,会让儿童变成更积极的、富有热情的学习者。

二 关键反应训练法的发展

PRT产生之后,经过长期的研究与发展,干预模式逐渐成熟,拓展和确定了关键领域,形成了较为完善的训练原则,更加注重自然、整体、和谐的教育与康复理念。

1. 关键领域继续拓展

随着PRT实践研究的不断深入,对关键领域的界定也在不断拓展。相关的PRT实践研究表明,这些关键领域分别是动机、多线索反应、儿童交往的自我发起以及自我管理。其中多线索反应是指个体能够对同一事物的不同属性产生反应，掌握事物的不同特征；自我发起是指个体开始主动使用口语或非口语的方式，尝试开展社会互动的行为；自我管理是个体控制自我的一种程序，个体能够自主调控、计划、监控自我发展。1991年，有学者开始研究并证实自我管理对自闭症儿童成长的重要作用。他们通过对现有的研究文献进行分析，在其最新著作中增添了自我管理与同理心两个关键领域。同理心有利于改善社会交往，因而也被认为是自闭症儿童发展的关键领域。

2. 参与对象及适用环境不断扩充

PRT的显著特征之一就是多方参与训练。PRT主张在自然生活情境中进行干预，自闭症儿童的密切接触者均可以参与到干预过程中。Rueesll等学者通过对家长培训的研究进行梳理，指出父母对儿童沟通能力发展具有重要作用，并说明了父母参与PRT培训的重要性。[①] 同伴对自闭症儿童的成长与社会性发展具有不可替代的作用，训练同伴为自闭症儿童提供社会技能干预是一种较为高效的方法。已有研究结果显示，通过对同伴简短的培训，再由同伴为自闭症儿童提供PRT训练，儿童的沟通技能明显提升。也有一些医生应用PRT对自闭症儿童进行定期干预，同时指导并监督家长应用PRT，结果显示患儿的沟通能力明显提高。通过培训PRT干预团队的方式，将PRT推广到社区，形成基于社区的支持模式，同时也拓展了PRT的参与对象。PRT的实践研究表明，家长、同伴、医生、社会工作者等儿童日常生活接触较多的人参与自闭症儿童干预，均取得了良好的效果。在自然环境中，自闭症儿童可以获得与同伴进行互动的机会。利用同伴互动结合PRT的引导，可以让自闭症儿童在普通班级和社区中，进行有效的学习并类化社会互动的能力。

三　关键反应训练应用

对自闭症儿童的干预，既要有理论基础，更要提供可操作性的方

---

① Russell L., Wendy M., Mandy R., et al., "Training Parents to Implement Communication Interventions for Children With Autism Spectrum Disorders (ASD): A Systematic Review", *Evidence-Based Communication Assessment and Intervention*, No. 3, 2009, pp. 174–190.

法事实。经过几十年的科学研究和临床操作发现，训练人员（专业人员和家长）要取得良好效果，必须首先掌握以下几个方面的基本操作技巧。

1. 用简短清晰的指令或问题为儿童的语言等技能的发展提供条件

一般来说，自闭症儿童对于来自大人冗长模糊的要求往往不容易理解。所以，训练人员的指令应该简短清晰，才会有较好的效果。在发出指令时，训练人员还应该根据情况适当地调节自己的声音。当训练人员在与儿童交往时，如提问题、发指令等，他们首先要确定儿童是否在注意着自己，例如儿童的眼睛是看向训练人员的，而不是看自己的手指。然后，训练人员可以使用简短清晰的指令，帮助儿童产生正确的反应。

2. 穿插训练新旧技能

训练人员要在干预中为自闭症儿童创造成功的机会，在教育过程中必须穿插训练新旧技能，使孩子的学习动力和自信心得以保持和提高。换言之，教育者要让儿童先有机会使用已有的知识和技能，在此之后慢慢引入新的知识和技能。这样能使儿童体验到成功的感觉，从而避免因为贪多求胜导致儿童学习动力消减。研究表明，将先前掌握的或维持的任务与目标任务或习得性任务穿插在一起，可以加快学习速度，减少破坏性行为，改善自闭症儿童情感体验。

3. 培养对外界事物与人的多方面注意力

自闭症儿童通常过度地注意外界事物或人的一个方面而忽视其他方面，而这种选择性注意，使他们常常对外界事物和人的多样性不能给予关注与适应。例如，一个自闭症儿童可能会按照大人指令去拿一个杯子。但当大人把大杯和小杯以及白杯和白碗放在一起，要儿童去拿"白的小杯子"时，儿童往往会不知所措，甚至会因为被搞糊涂而大发脾气。这就要求训练者在训练儿童时要注意给予有关事物多种形式的指令。例如，家长可以在日常生活中用尽可能多的形容词来要求儿童注意事物的多种形式，并对此有所反应。这种教育的机会在生活中可以说是比比皆是。如果训练者能训练儿童去注意事物的多种形式，儿童就能够对事物的多样性有恰当的反应。相应地，他们对社会环境和周围的人们也会有更多的注意和关心。

4. 分享控制权

PRT 既强调儿童有选择活动内容和奖励项目的机会，也强调训练者必须进行一定的控制，从而对儿童进行必要的引导。在实际工作中往往可以看到两种不尽如人意的情况。一种情况是有些训练人员为儿童安排好一切，儿童只能听从指令。另一种情况是有些训练人员什么都由着儿童。分享控制权就是要防止这两种极端。训练人员一方面要知道，自闭症儿童与人们一样，在做自己喜欢的事情时就特别有动力，例如儿童说："玩积木。"训练人员应该把积木给儿童玩，甚至加入儿童一起玩积木或谈论与此有关的话题。这样，儿童不仅在玩耍中学习，而且还渐渐明白他们使用语言的重要性，从而增加了在今后使用语言的动力。但另一方面，自闭症儿童往往会做带有自我刺激性的重复动作和刻板行为。在这些情况下，训练人员就不能由着儿童，而应实行必要的控制，如把儿童的注意力和兴趣转移到有意义的活动上。

5. 运用有条件奖励的方法

有条件奖励方法施行的目的是为了让儿童明白，他们必须要用自己的努力及进步来换取大人的奖励和表扬。PRT 要求训练人员在运用该方法时要注意及时奖励儿童所表现出来的技能和为此所做的努力，同时不能有意无意地奖励不适当的行为。如果训练人员能够系统地、一致地运用有条件奖励的方法，久而久之儿童就有可能形成良好的行为习惯。根据 ABA 的原则，训练人员应适时逐渐、系统地递减奖励的频率和数量，使儿童不必在每一行为完成后都期待大人的奖励。

6. 充分运用自然的奖励物

运用自然的奖励物就是使儿童的行为在行为本身的自然结果中得到奖励。以自闭症儿童在生活中学说常用语言为例，在想打开门而自己又开不了门的情况下，他如能说"开门"就有人帮助他把门打开。这便是自然奖励实际应用的例子，因为自闭症儿童的行为和行为结果之间存在着逻辑的联系。他如果说了"开门"后只得到大人的口头表扬，这样的行为和行为结果之间并不存在着逻辑的联系。这是人为的奖励。如果儿童的行为技能经常得到自然的奖励物，儿童就比较容易适应将来的自然环境。当然，在有些训练项目中，特别是在训练的初级阶段，训练人员用人为的奖励物品如食物等来提高儿童参与训练的兴趣是有其必要性的。但要注意的是，如果训练人员不能经常用自然奖励的方法而只会用语言或食物等去奖励目标行为，长此以往会影响儿童的语言和行为的持续发展。

7. 奖励儿童的合理努力

合理的努力是指儿童必须注意到家长的要求，儿童的努力必须与所要求的技能相联系，以及这种努力必须是在一定的时间内做出的。根据 PRT 的要求，既要奖励儿童达标的技能和行为，又要奖励儿童的努力，以提高儿童的学习动力。例如在语言教育中，只要儿童开口，即便发音错了也应予以奖励，然后逐步引导其正确发音。

在训练的初期，儿童的表现往往不能达到教师或家长所期望的指标。即使儿童已经有了一定的进步，他们的技能也难免有这样或那样的缺陷。为了帮助儿童保持学习的兴趣，训练人员要注意不断地奖励儿童的合理努力，并通过渐进的方式达到目标。如果训练人员要等到儿童做出比较完美的技能才给予奖励，就会无意中打击了儿童学习的兴趣和动力。

第八章 基于社交技能的同伴关系干预

第一节 提升共同注意能力

一 共同注意含义

共同注意是幼儿早期社会认知发展中的一种协调性注意能力，是指个体借助手指指向、眼神等与他人共同关注二者之外的某一物体或者事件。[①] 根据认知过程中意识加工特点的不同，共同注意可以分为主动性共同注意和响应性共同注意。[②] 主动性共同注意是指幼儿主动引发他人对其感兴趣的物体或人的注意，包括眼神注视、眼神交替、手指指示和主动展示等行为，其中，对他人操作物体时的眼神接触或眼神在物体与他人间地来回交替是低层次主动性共同注意，以分享为目标的手指指示和主动展示是高层次主动性共同注意。主动性共同注意强调幼儿主动意愿的表达，是将他人的注意引导至幼儿自己目前所注意事物的能力，所以又可以称为表达性共同注意。响应性共同注意是指幼儿对他人发起的眼神注视或手指指示做出回应，以分享对物品或事件的兴趣，包括眼神追视、跟随指示等行为，其中，对指向近处物体的眼神追视或跟随指示是低层次的响应性共同注意，对指向远处物体的眼神追视或跟随指示是高层次的响应性共同注意。响应性共同注意需要对他人发起的行为做出

[①] 张盈利、张学民、马玉：《自闭症儿童共同注意干预的现状与展望》，《中国特殊教育》2012年第4期。

[②] 李静郎、孙玉梅：《自闭症儿童共同注意早期干预研究综述》，《中国特殊教育》2017年第6期。

理解和回应，是跟随他人目前所注意事物的能力，因此又可以称为理解性共同注意。

共同注意的能力能够使儿童注意和回应他人的提议，最终成为复杂的社会交流系统里的一分子。另外，人们认识到当儿童为各种日常活动的目的和功能讨论时，例如在社会互动中表达需求、分享观点和经验、表达情绪、吸引他人等方面，表现出了很好的沟通能力。随着交流能力的提高，儿童能更好地参与共同注意，并在社会互动中获得情感上的满足，这是儿童与同伴或照料者发展人际关系的基础。临床经验和研究都表明随着人际交流能力的提高，行为问题会逐渐减少甚至消失。简而言之，如果儿童用社会可接受的言语的或非言语的方式来选择、抗议、获得注意，那他就不太需要用社会不接受的方式表达强烈的情绪或对人施加控制。多项研究显示，共同注意与幼儿的语言、游戏和模仿等能力之间存在相关性。然而，与普通儿童相比，自闭症儿童在共同注意方面显示出特有的障碍。① 共同注意障碍影响着自闭症儿童的语言、游戏和社会等方面的发展②；另一方面，在发展顺序上，共同注意比象征性游戏、心理理论、言语沟通和自我管理能力等更早出现；随着自闭症诊断年龄的提早，提高自闭症儿童共同注意技能是其早期干预的一种有效途径。因此，共同注意成为自闭症儿童早期干预的重点技能之一。

共同注意相关能力的发展具有可持续性，因为很多在共同注意方面高级能力的形成都是建立在早期发展之上的。例如，在社会化阶段中，用交流注视来共享注意、情感和动机的非言语表达为语言阶段多种能力地形成提供了基础，像是使用语言去表达一系列动机和情感，以及对他人情绪表达的恰当回应等。同样，在语言阶段的能力也为社会化阶段多种能力的形成提供基础，包括根据同伴的语意、视角和情绪情感状态筛选恰当话题的能力、在社会交往中提供重要的背景信息、在社会情境下理解语言和共情的能力。

---

① 昝飞、马红英：《自闭症儿童的干预内容与方法》，《中国临床康复》2005 年第 4 期。
② 王永固、王恩苹、贾磊、柴浩：《孤独症幼儿共同注意的发展模式与早期干预》，《中国特殊教育》2016 年第 6 期。

二 共同注意干预常用策略

共同注意是基于两点式的来回互动转向教会儿童与他人分享对物品和有趣事件的注意,基本技能要求是儿童可以在他人和物品间来回转移视线。而自闭症儿童社交倾向不强,缺乏与人分享、参与社交的动力,并且他们很难学会轻松地、经常性地在人与物之间转移视线。因此自闭症儿童往往不想与重要的人分享自己对事物的想法和情绪,导致他们错过了这些加强语言社交和认知发展的学习机会,也就无法感受由社交互动带来的兴奋、赞美和自豪的感觉。我们的目标是通过运用关键的共同注意行为——给予、展示和指向,教会儿童如何与他人一起注视物品或玩具,并分享对这些事物的兴趣。这就需要尊重儿童为活动的主体,尽量与儿童的视线保持在同一水平上,与儿童平行地互动。由此避免让儿童产生距离感,又能有效地将互动中的同伴放在儿童注意力的中心。

共同注意是社会交往中的重要能力,正常儿童于出生后4—6个月显现出该能力,而自闭症儿童则存在不同程度的异常。[1] 研究发现,1周岁时自闭症儿童比正常儿童更少采用指点的方式将物品展示给他人、看向他人,以及根据物体名称进行定位。[2] 为此我们需要对自闭症儿童的共同注意进行干预,常用策略如下。

1. 参与社会互动

(1) 对互动请求做出回应。儿童对自己熟悉的人的互动请求做出回应。请求或者回应可以是言语的或者非言语的。儿童的回应必须是立即地和持续地(注意力仍然保持在互动话题上)。儿童的回应并不需要证明儿童对言语信号的理解能力。

(2) 发起互动请求。儿童通过言语的或非言语的手段发起互动请求。行为本身必须趋近他人(移向他人或调整自己位置贴近他人),有身体接触(通过姿势或动作触摸他人),或者注视他人。行为必须由儿

---

[1] 朱凤雷、陈凯云、成三梅等:《共同注意在孤独症谱系障碍幼儿早期识别中的应用》,《中国儿童保健杂志》2018年第10期。

[2] 昝飞、马红英:《自闭症儿童的干预内容与方法》,《中国临床康复》2005年第4期。

童发起而不是仅仅对他人的请求所做出的回应。

（3）参与简短的互动过程。儿童至少在两个连续的注意转换中对熟悉的人发起互动请求或者对对方的互动请求做出回应。

（4）参与扩展性的互动过程。儿童至少在四个连续的自己与他人的注意转换中发起对他人的互动请求或者对对方的互动请求做出回应。转换包括从儿童开始和从同伴开始，应至少有一种转换是由儿童发起的。

（5）互动中表达成功和自信的情感。儿童在社会互动中表达情感，如成功感（"我做到了！看我做得多好！""哇，我完成了"）和自信心（"我相信自己能做好"）。

（6）分享意图以增进社会互动。儿童运用口头语言（讲话，手势，或图片）表达以下意图：通过问候表示注意到某人进入或离开当下环境，或标志互动的起始或结束；通过呼叫得到他人注意（如：挥手喊名字说"你好"或"再见"）；通过寻求安慰来脱离压力，沮丧或害怕的情绪，获得舒适感；控制互动保持轮流进行；通过征求意见来获得他人对于某行为的许可；通过夸赞他人来表示对他人的成功或成就的尊重；对同伴积极或消极的经历表示同理心；通过与某人分享秘密表示信赖。

2. 分享注意

（1）看向某人。儿童直接自发性地（没有提醒）注视其他人的脸。该行为出现时可能不伴有交流信号，也可能会促进交流。

（2）视线在人与物体之间移动。儿童至少有三次将视线在人和物体之间自发地（没有提醒）来回转移或轮换。视线必须直接指向他人的脸。视线转移可能不伴有手势或发音等交流信号，也可能会促进交流。转移必须自然、迅速。视线转移可能是三点间或四点间的。三点间的视线转移可能是"人—物—人"的视线转移或者"物—人—物"的视线转移。四点间的视线转移形式可能是"物—第一个人—另一个人—物"。

（3）监测他人注意焦点。儿童在进行的活动中自发追随他人的注意焦点。表现为追随他人手势、关注他人正在关注的物体或谈论他人正在做的事情。

（4）注意获取先于注意表达。儿童在表达交往意愿前先通过非言语的（如轻拍肩膀或胳膊）或言语的（如叫他人名字，写他人名字，举起图片）方式获取他人注意（如要求，评价）。

（5）理解注意焦点变化中的非言语线索。儿童的注意焦点能根据同伴身体方向或眼睛注视方向的改变做出正确的调整。儿童需要具备同伴退出活动或注意力转向新焦点的意识。这些意识和能力包括儿童的注意力根据同伴注意焦点的转向而转变，对同伴身体方向的变化做出回应，或对同伴身体及注意力转向做出评价。

（6）根据所见所闻调整语言表达。儿童需要具备一种意识，就是他人需要通过感知（看、听）具体事件去了解它的发生过程，儿童在进行语言表达时需要连同事件背景一起告诉没有感知到此事件的人（事件发生时不在场）。儿童需要向不在场的同伴提供至少两个信息，即"人物"以及"发生了什么"，从而使同伴能理解事件的参照和依据。例如，儿童从学校回家说："皮特夫人给我们读了一本书，叫大萝卜。"

（7）与同伴分享内心想法和规划。儿童通过与同伴分享内在想法和计划展示出元认知能力（思考和谈论想法与计划的能力）。例如，当谈论到建一座房子的时候，儿童在开始前用语言向同伴叙述步骤，如门将朝哪儿，哪里将会是厨房等等。

（8）分享意图以增进共同注意。儿童运用口头语言（讲话，手势，或图片）表达以下意图：通过评价获得他人对于当下、过去和未来事件的注意；通过询问获得当下、过去和未来事件的信息，回答"是什么""做什么""谁""在哪里""有没有问题"等问题；表达情感和观点、预期和规划结果。

3. 分享情绪

（1）通过面部表情或声音分享消极情绪。儿童表现出各种消极情绪（清晰地用口头或面部表情表达忧伤或沮丧，可以同时伴有手势或身体姿势的变化），并通过注视、接近（爬向）、手势指向（举起胳膊让抱起来）、触摸（拉扯裤腿儿）等与他人分享。

（2）通过面部表情或声音分享积极情绪。儿童表现出各种积极情绪（清晰地用面部表情表达高兴或兴奋，同时可能伴随/不伴随声音，如笑、尖叫等），并通过在表现出情绪之前、过程中或之后即刻注视他人面孔来分享。

（3）与同伴情绪表达的变化协调一致。儿童通过镜像情绪基调来适应同伴情绪表达的变化（如：用微笑和大笑来回应同伴的积极表达；用皱眉和停止移动来回应消极的表达）。

（4）理解并使用各类符号表达情绪。儿童理解并能使用符号（如：语言，手势或图片）来表达至少一种积极情绪（如高兴，有趣，傻乐）和至少一种消极情绪（如大怒，生气，悲伤）。

（5）理解并运用早期情绪词汇。儿童运用出现在语言发展阶段早期的口头语言（讲话，手势或图片）表达至少两种积极情绪（高兴，有趣，傻乐，认同）和至少两种消极情绪（疯狂，生气，悲伤，生病，疲惫）。

（6）理解并运用高级情绪词汇。儿童能运用高级词汇表达至少两种积极情绪（满意的，有希望的，兴奋的，骄傲的，高兴的，感兴趣的）和至少两种消极情绪（沮丧的，害怕的，担心的，无聊的，恐惧的，尴尬的，有罪的，嫉妒的）。

（7）理解情绪表达中的非言语线索。儿童能用手势、面部表情以及语调（韵律）对同伴的情绪变化做出正确回应。例如，当同伴神情严厉，举起手来阻止儿童的行为时，儿童知道向后退去。

（8）推测和描述自己和他人情绪的可能成因。儿童推测积极情绪（如：儿童推测说朋友很高兴，是因为收到了她想要的生日礼物）和消极情绪（如：儿童推测老师郁闷，是因为有两个学生同时问问题）的可能成因。

4. 分享意图以调节他人行为

（1）寻求想要的食物或者物品。儿童直接使用口头或非口头的信号（如：朝向某物，撞击或看向不能够到的物体）以使他人给予想要的食物或物品。

（2）寻求帮助或使用其他调节动作。儿童直接使用口头或非口头的信号使他人在自己不能完成的动作或行为上（如：打开容器，开启玩具）提供帮助、辅助或使用其他调节动作（拍拍椅子让同伴坐下）。

（3）抗拒或拒绝不想要的食物或物品。儿童直接使用口头或非口头的信号（如：推开）以使他人拿走不想要的食物或物品。

（4）抗拒不想进行的动作或活动。儿童直接使用口头或非口头的信号（如：推开，边哭边看）使他人停止不想进行的动作或从不想进行的活动中退出。

5. 修复交流障碍

（1）运用与环境相适应的交流频次。儿童根据环境选择交流的频次（在一对一的互动中至少每分钟一次；在较小组别的互动中至少每三分钟一次；在较大组别的互动中至少每5—10分钟一次）。有些情况下适合采用较低的交流频次，如与不熟悉的同伴、同龄人互动，成人主导的互动，以及提供较少互动机会的活动中。

（2）重复或调整交流信号以修复障碍。当出现交流障碍的时候（如：儿童不理解或没有达到渴望的目标），儿童重复使用部分或所有交流信号以修复障碍。或者通过以下方式之一调整交流信号以修复障碍：①转向不同的交流手段（如：不同的手势，不同的单词或不同的手势与单词结合）；②改变交流信号的结构（如：提高声音，手势与单词结合，增加不同单词）；③对另一个交流对象重复相同的动作。

（3）察觉到交流中的障碍并要求进一步说明。儿童能够察觉互动过程出现障碍，并要求进一步说明。当他人不能正确回应时，儿童能够阐明自己的意图（如，提出要求后别人给了一根香蕉，说"想吃苹果"）或明确暗示未听见或未理解相关信息（如，说"你刚才说什么？"或"你的意思是？"）。

（4）根据同伴话题的改变调整语言和行为。当同伴话题改变（变换对话的主题，缩短活动时间，想继续活动）时，儿童能适度调整自己语言和行为。例如，当同伴明显希望转移话题时，儿童能通过简短的总结来终止上一个对话。

（5）根据同伴的情绪反应调整语言和行为。当同伴做出情绪反应时（如：对对话饶有兴趣；对话题感到厌倦；对某些行为感到生气），儿童能根据同伴不同的情绪反应对自己的语言和行为做出相应地调整。例如，当同伴表示出兴奋的神情和莫大的兴趣时，儿童应介绍关于这次旅行的更多细节。

6. 分享经验以促进社会互动

（1）发起互动并与朋友分享经验。儿童能向朋友发起互动并分享经验，这个朋友应该与其年龄相仿，而不应是老师或教育者的角色。

（2）调整注意，情绪及意图以促进经验分享。儿童通过调整注意、情绪以及非言语和言语符号来分享经验。包括非当下时间和地点的事件的经验分享（如，儿童在学校向同伴介绍新的玩偶；在家里谈论学校的趣事）。

（3）说话者与听众角色相互作用以促进经验分享。儿童既作为说话者，也作为听众，来提供或询问所需信息，以促进经验分享。儿童能够聚焦经验分享的某个话题。

（4）发起系列对话主题。儿童发起至少多个不同类型的对话主题（学校主题，如课业，课间休息，吃饭；放学后，如运动，电影，电子游戏；家里，如假期，宠物或兄妹；学校科目，如天文学或科学）。

（5）发起并维持同伴感兴趣的话题。儿童发起并维持与同伴兴趣相关的话题。例如，儿童问同伴最喜欢的电影，并维持关于这部电影的谈论，尽管他并未看过这部电影。

（6）询问或提供信息以维持互动。儿童通过询问或提供与话题相关的信息维持互动。儿童能够表现出对所谈论话题的兴趣、兴奋或同感（如，同伴说："看猫和老鼠！"儿童回应说："好看！"）。儿童不仅做出评价，还应提出问题（如，同伴说："我养了一只狗。"儿童问："叫什么名字？"或者"在哪里？"）。

（7）根据同伴对话题的了解提供所需信息。儿童对不熟悉的同伴会提供更多的信息，而对相对熟悉的同伴则相反。儿童能根据需要选择词汇，衡量应提供的信息量，以保证提供的信息不会太多或太少。

（8）根据同伴需要决定对话的长度和内容。儿童能根据特定同伴先前的知识和经验决定所提供背景信息（如：谁在那，发生了什么，在哪里发生的）的详细程度。儿童能够根据同伴对信息的了解程度和兴趣，调控需要提供的信息量。

（9）更喜欢加入同伴一起活动。在非结构化的时间段里，儿童加入同伴一起活动,而不独自待着。儿童每次与成人或同伴一起活动的时间应在半小时以上。

(10) 与分享兴趣的同伴建立友谊。儿童与多个拥有共同兴趣的同伴一起参与到非学术化的活动(如电子游戏,阅读,艺术)或非学术化的环境(如运动场,球场)中,并与同伴建立友谊。

第二节　提高象征能力

一　符号使用的含义

关于符号使用,是指儿童如何交流,即儿童的交流方式。交流方式可能是前象征性的,例如用动作或借助物体表示,也可能是象征性的,包括手势、图片交流系统、口语。研究者在系统考察人类社交与沟通的演化起源后认为,了解人类的沟通不能从语言开始,而应该从人类自然的手势开始。这些手势既简单又自然,能作为强而有力且是人类独有的沟通方式。[①] 虽然对于儿童来说最终目标是发展和使用某种主要方式进行高效率地交流,然而多种模式的交流也是很重要的。也就是说,儿童掌握多种交流方式是非常有利的。如果一种方法不能生效(如言语),儿童可以换用另一种方法(如图片、手势)。实际上,高水平的交流能力即是指儿童沟通方式的灵活性。

同样,与符号使用相关能力的发展也具有可持续性。在社会化和语言阶段,象征能力可以通过记录儿童交流时使用的前象征符号(如:手势、发声)和象征性手段(如:口语、手语、图片系统)来进行评估。当儿童发展到更加复杂的阶段,评估儿童当前使用和理解语法结构和句法的能力;表明常规方式的非言语信息(如:眼神、面部表情、语调)的重要性;坚持使用对话这一常规社会惯例来发起互动、轮换。游戏中的象征能力以及游戏的类型和复杂性,都是评估符号使用的重要方面。

---

① 徐慧艳、陈巍、单春雷:《自闭症儿童手势的心理学研究进展》,《中国临床心理学杂志》2014 年第 5 期。

二 使用符号的象征能力干预的常用策略

1. 通过模仿动作或声音进行学习以及行为控制

儿童可以迅速地自发表现出来熟悉的动作或声音（如鼓掌，模仿动物声音）。

（1）通过重复自己的动作或声音实现依次轮流。通过重复自己的动作或声音实现依次轮流（如：儿童滚球，同伴将球滚回，然后儿童再将球滚回同伴）。在活动过程中儿童至少使用两种不同的行为（如：两个不同的动作，两种不同的声音，或一个动作一种声音）。同伴需要与儿童在动作或行为上轮流转换，但儿童在轮流中的表现不需要和同伴相同。

（2）运用自我控制和自我对话指导行为。儿童将语言作为情绪控制的工具，能控制自己的行为以及适应日常安排的变更。例如，另一个儿童在嘲弄他，他说："我会不理她，自己走开。"

2. 在活动中理解非言语线索

（1）理解话题轮换和变更时的非语言线索。话题轮换或同伴退出活动时，儿童能察觉到暗示并做出正确回应（如：暂停，看向同伴或转移视线，提高或降低语调）。

（2）理解谈话中幽默和修辞的非语言线索。儿童能在一定程度上理解同伴的面部表情和识别同伴表达幽默、使用俗语、确定谈话关键词时的语调（韵律），以及识别重要的环境线索（环境、谈话者观点），从而理解谈话中各种修辞的意思。

（3）理解嘲弄、讽刺和欺骗中的非语言线索。儿童通过理解环境线索、手势线索、面部表情和语调（韵律）来识别嘲弄、讽刺和欺骗情境下所使用的言语。

（4）跟随手势而非指示线索。在至少两种不同的手势而非指示线索下，儿童能在熟悉的活动中遵照简单的指示（如同伴说："过来。"同时向儿童伸开双臂；同伴说："把它拿给我。"同时在物体附近打开双手掌心向上）。

（5）在熟悉和不熟悉的活动中追随环境和手势线索。在至少两种不同的环境线索下，儿童能在熟悉和不熟悉的活动中遵照简单的指示（如同伴说:"洗手。"当儿童站在水池前的时候,把手伸到水龙头下面;同伴说:"收拾干净。"当活动结束的时候,儿童拿出一个装玩具的袋子,把玩具装到袋子里)。

(6) 追随他人目光并对视觉线索(照片或图画)做出反应。通过直接注视他人指向的物体来遵从别人的指令(如伸长食指触摸一个物体或一幅图画)。在不同的视觉线索下,儿童能够遵照简单的指示(如同伴说:"拿球。"同时展示球的图画;同伴说:"我们做老鹰捉小鸡的游戏。"同时向儿童展示玩游戏的照片,儿童伸出手并围成圈准备做游戏)。

(7) 对面部表情和语调线索做出反应。在不同的面部表情和语调线索下,儿童遵照简单的指示(如同伴说:"我想捉到你!"同时伴有愉快的表情和升高的语调,儿童笑着跑开,然后停下试探同伴反应;同伴说:"不,别摸!"同时伴有愤怒的表情和严厉的语调,儿童把物体放下并跑开)。

(8) 能够在熟悉的常规活动中预料别人的行动。儿童能够在至少两种熟悉的常规活动中通过事前的心理准备、调整身体位置、询问预期行为预料别人的下一步动作(如在一个熟悉的挠痒游戏中,成人挠儿童痒痒后停止,儿童可能会有以下行为:①等待并调整身体,准备再次被挠;②推成人的手,要求多挠挠;③视线关注在成人接近他的手和脸上;④在挠痒停顿的时候咯咯地笑或微笑,这些都反映了儿童的预测能力)。

3. 在游戏或生活中习惯性地运用熟悉的物体

(1) 使用不同的动作探索物体。儿童能对物体使用不同的探测性动作(检测物体物理性质的动作),如抓住,滚动,挤压,丢掉,猛击,摩擦,旋转,做滑稽嘴脸,摇晃身体等。

(2) 在游戏中使用熟悉的物体进行创造。游戏中儿童要运用不同物体,将其组合创造成不同的产品(如堆积木,拼图,将汽车连在一起制作火车,穿珠子)。在创造过程中儿童应将把积木拆散,把物体拿在一起进行拼接,或把物体装进一个容器作为常规活动,避免出现数数等刻板或重复性的动作。

（3）习惯性地对自己和他人使用熟悉的物体。儿童习惯性地对自己使用熟悉的物体（如用瓶子或杯子喝水，用勺子吃或搅拌，用水瓶或杯子倒，戴上帽子，穿上鞋子，用毛巾洗脸，梳头，刷牙，把电话拿到耳边）。儿童需要正确地使用物体（如拿勺柄，用牙刷做出刷的动作而并不是咬牙刷）；儿童习惯性地对他人使用熟悉的物体（如为娃娃盖上毯子，将球滚向他人）。同样地，儿童需要正确地使用物体。活动过程中，只有在他人示范后，儿童再做出一次相同动作的情况下，才能信任儿童使用同一个物体进行模仿动作。

4. 习惯性地参加表演和娱乐活动

（1）表演中运用有逻辑的系列动作展现熟悉与不熟悉的场景。儿童能够按照逻辑，组织其熟悉事件中的系列动作以完成场景的呈现（如：准备食物，上菜，吃饭；拿毛绒动物玩具准备上床睡觉；把玩偶放到玩具公交车中，载它们去学校），或是组织呈现自己不经常经历但与事件相关的动作或行为（如：去参加小朋友聚会，去看医生，去理发）。

（2）能够运用微型物品或抽象物品作为道具。儿童使用微型物品（如：小的玩偶形象或交通工具）或抽象的替代品（如：把木棍当作剑，石块当作电话）完成想象性的活动。

（3）与其他儿童一起参与共同活动并能遵守集体活动规则。儿童能与其他同伴一起参与共同的活动，并关注共同的活动目标。例如，儿童帮忙用石块搭建东西，玩捉迷藏，或轮流推、拉、驾驶货车。儿童与同伴一起，在遵守规则的前提下参与集体娱乐活动。例如，儿童参与足球游戏，遵守基本的规则等待轮流，踢球，跑位，回撤，在游戏场地中尽力接球并击向另一组球员。

（4）表演中承担角色并与同伴合作。表演中，儿童能通过运用不同的嗓音或展现非言语的动作来演绎相应角色。（如：儿童假装自己是理发师，为布娃娃剪发；儿童假装自己是小鸟，能够飞翔）。儿童通过承担故事角色或通过非语言动作表现角色来与同伴合作，共同参与表演。例如，一个儿童扮演医生，另一个儿童扮演病人，他们共同演绎一个看病的场景；或者一个儿童扮演海盗，另一个儿童扮演船长，他们共同演绎一个故事。

5. 运用手势及非言语方式表达意图

（1）趋近他人。儿童运用趋近他人（移向他人或调整自己位置贴近他人）的动作作为交流的信号（期望得到同伴特殊的回应）。

（2）将手势与眼神协调一致。儿童运用不同的手势，并配合眼神与之协调一致。可以结合手势看向人的脸或者视线来回转移以分享意图。

（3）运用面部表情及简单的动作。儿童直接对他人运用面部表情（如：微笑，皱眉）来表达高兴与苦恼。儿童运用不同的简单动作作为交流的信号（如：拿他人的手放在物体上以寻求帮助，拉扯他人的裤腿，将人引到门口来请求外出，将身体移回以表示抗拒）。

（4）运用常见的近距离和远距离接触手势。儿童运用常见的不同的近距离接触手势（如：用手触摸他人、物体或图画）或远距离接触手势（如：点头、摇头）表达意图，这些手势具有相似的行为意图，且为人们广泛熟知。

（5）运用动作再现或象征性的远距离手势。儿童能运用常见的动作再现的手势或象征性的远距离交流的手势。其中，动作再现的手势指对后来事件中使用动作的再现或重复（如：用手做出挠痒痒动作来请求挠痒痒游戏的继续）。象征性的手势是指指示性的或代表一个词语的手势动作（如：把双手翻过来同时向前伸出表示"打开"）。

（6）运用一系列手势和非言语方式。儿童使用两种或更多的手势与非言语方式作为交流的信号以实现意图（如：用手把人推到壁橱边，然后指向够不到的物体；拍打以获得他人的注意，然后指向需要的物体）。

6. 在不同环境中运用适切的手势和非语言行为

（1）使用恰当的面部表情和手势。儿童根据同伴和所处环境的变化恰当地使用面部表情（如：不受约束，不夸张）；儿童使用恰当的手势获取注意（如：轻拍某人肩膀），说明意图（如：指向或举手），分享情感。应该根据同伴和所处环境运用恰当的手势，并尊重同伴的个人空间和隐私。

（2）使用恰当的音量和语调。儿童根据谈话对象和环境性质（如：操场上可大声，教室里需轻声）调整音量（响度）和语调（音高，音质，速度，重音，流畅度）。

第八章 基于社交技能的同伴关系干预

（3）恰当地调整身体姿势和社交距离。儿童基于同伴和环境的需要恰当地调整身体姿势（如：上课时身体向前，对话时面向同伴）和保持社交距离（如：身体与他人保持合适的距离），并尊重同伴的个人空间和隐私。

7. 运用词语组合表达意义

（1）运用仿说短语作为符号。儿童使用不同的仿说短语作为符号。词语可以是儿童说出来的，也可以通过图画表达。通常这样定义：①一种接近于常见词语的一贯的声音模式或手势；②运用在非常具体的环境中并指向特定的物体、动作或属性的一种语言形式（如，掉东西时会说"啊哦"，"嗯？"是想进一步询问）。

（2）运用早期阶段的相关词汇。儿童使用不同的日常词语作为交流的信号。日常词语又称为儿童可以掌握的原始词语或早期词汇。儿童通过口语单词、手势或图片形式，自发性地表达以下早期阶段相关意义。

①存在的事物：注意到事物的存在或将注意力指向该事物（如，这个，那个，她的，那是什么）。

②不存在或消失的事物：注意到事物并没有如预期那样在那里，或者本来在那里，但后来消失了（如，没有，走了，都消失了，再见）。

③重现的事物：要求用一个事物代替缺少的事物，或者注意到消失的事物又重新出现了（如，更多，再一次，另一个）。

④拒绝的事物：拒绝提供的事物（如，不要，再见，停下）。

（3）运用物品、身体部位和人的名字。儿童能自发地运用语言，手势，或图片表达以下事物的名字：

①事物：用不同的词命名的作为动作接受者的物品或事件（如，牛奶，果汁，水，饼干，杯子，瓶子，球，车，帽子，鞋子）。

②身体部位：用不同的词命名的身体各部位（如，眼睛，鼻子，手，肚子）。

③人：用不同的词命名的作为动作发出者的人或动物（如，妈妈，爸爸）。

（4）运用高级相关词语表达以下高级相关意义。

①个人—社会：如用不同的词来问候或答谢某人（如，你好，再见，谢谢）。

②动作：用不同的词描述一般或特定的动作（如，做，想，给，看，见，推，喝，扔，亲，吃，走，睡，笑）。

③用不同的词来描述事物的状态、性质、关系，包括：

·属性（描述事物特点或事物之间的不同，如热，大，臭，脏）

·所有权（注意到某人拥有某物，如我的，妈妈的）

·位置（注意到方向或两个物品的空间关系，如上，下，里，外，脱离）

·去除（否认某物的存在，如，没有，不包括）

④提问：用不同的词对事物的名字或位置进行提问（如，什么，哪里）。

（5）运用词组。儿童能自发地使用不同词组。

①修饰＋事物。

·重现＋事物（更多饼干）

·属性＋事物（大鞋子，脏尿布，一个宝宝，可爱的猫咪）

·所有者＋所有物（妈妈的鞋子，爸爸的头发，我的杯子）

·指明＋事物（这个杯子，那个球）

·位置＋事物（在桌子上，在盒子里）

②否认＋事物。

·不存在（没有果汁了，水喝没了）

·消失（泡泡消失了，牛奶喝光了）

·拒绝（不要太晚）

·否认（没有宝宝，没有鞋子）

③人＋动作＋事物。

·动作＋事物（吃饼干，扔球，喝果汁，看那里，捉住我，移动桌子）

·人＋动作（妈妈走了，宝宝睡觉，爸爸扔球，狗狗坐立）

·人＋事物（爸爸饼干，妈妈饼干，狗狗球，玩偶椅子）

·人＋动作＋事物（爸爸扔球，爸爸推车，妈妈亲宝宝，妈妈取杯子）

8. 理解并运用生成性语言表达意义

（1）理解并运用系列高级相关词汇。

①疑问词（如：什么，哪里，谁，什么时间，为什么）。

②时间关系（如：现在，稍后，之前，之后，立即）。

③物理关系（如：颜色，形状，硬/软，大/小，高/矮）。

④数量关系（如：表示多少的数字，很少，一些，许多，更多/更少）。

⑤位置术语（如：里面，上面，下面，附近，后面，背后，前面，在……之上，在……之下，左边，右边）。

⑥亲属术语（如：妈妈，爸爸，姐妹，兄弟，祖母）。

⑦因果关系（如：因为，所以，如果，或者）。

⑧主格代词（如：我/你，他/她，它，我们/他们）。

⑨其他代词（如：我/你，他/她，你的/我的，一些，任何，没有，这个/那个）。

⑩冠词（如：这个，一个）。

⑪否定（如：不要，不会，不能，不是）。

（2）理解并运用动词短语。

①主要动词（如：开，跑，成为，思考）。

②时态标志（如：正在散步，经常狂吠，遗落了，将要，可能）。

③助动词（如：有，做，是）。

④情态动词（如：想要，将要，可能，能够）。

9. 理解一些熟悉的词语

（1）对自己的名字有所回应。在儿童被叫到名字以后，转身或看向某人来对他的名字做出回应。

（2）在熟悉的社会游戏中对一些词语有所回应。在熟悉的社会游戏中，儿童对不同的词语做出回应。（日常洗澡在做寻找身体部位游戏的过程中，当照顾者问："你的鼻子在哪里？"或"你的肚子在哪里？"时，儿童会指向正确的身体部位；在游戏中，当同伴说"我们都跌倒"的时候，儿童第一个跌倒。）

（3）对熟悉的人、身体部位及物体名称有所回应。儿童通过触摸、展示或明显地转移视线等方式以确认人、身体部位或物体的位置，能对不同的人或物体的名字遵从简单的指令（如同伴问："你妈妈在哪里？"儿童伸手朝向妈妈；同伴说："你的脚在哪里？"儿童触摸他的脚；同伴说"把你的杯子拿过来。"同时提供一些物体让其从中选择，儿童把杯子拿起来）。同伴或他人应该在不使用手势和环境线索的情况下给予指令。

（4）对熟悉的常规活动中经常使用的词语有所回应。儿童正确地对简单的指令做出回应（如在快要放学的时候，老师说："该回家了，快穿上衣服。"儿童穿过房间把衣服拿过来；晚饭后，同伴告诉儿童："该洗澡了。"儿童跑向楼上的浴室；照顾者说："我们去兜风吧！"儿童跑到门口，坐下穿鞋子）。同伴或他人应该在不使用手势线索的情况下给予指令。

（5）没有环境线索提示下理解相关词语。

①动作（如，同伴说"给我""扔"或者"推球"）。

②修饰词。

·属性（如，同伴说"给我大/小杯子"）

·所有权（如，同伴说"妈妈的/爸爸的头发在哪?"）

·位置（如，同伴将杯子放在桌面问，"杯子在桌子上面吗?"）

·去除（如，同伴拿着空的牛奶盒问，"没有牛奶了吗?"）

③疑问词（如，同伴拿着一张球的图片，问，"这是什么?"；球在高架子上时，同伴问，"球在哪里?"）。

（6）没有环境线索提示下理解相关意义。

①修饰+事物（如，同伴说"再跳一次""给我大码的鞋子""给我妈妈的鞋子/爸爸的帽子""把球放在桌子上/盒子里"）。

②否认+事物（如，同伴说"不要毯子"，儿童就把毯子拿走；同伴拿着衬衫和鞋子，说"不选鞋子"，儿童就选择衬衫）。

③人+动作+事物（如，同伴在多种物体呈现时说"扔球"；在多种饮料和食物选择中说"喝果汁"；走进房间时说"开灯"；当穿太多时，说"脱下衬衫"）。

④人+动作（如，同伴说"小宝说再见，我们要走了"，儿童能够离开；同伴说"宝宝睡觉了"，儿童能摆出布娃娃睡觉的姿势；同伴说"狗狗在骑车"，儿童能将玩偶狗摆在车上）。

⑤人+事物（如，同伴说"妈妈喝水"，儿童能将水给妈妈；同伴说"狗狗玩球"，儿童能把球扔给狗；同伴说"布娃娃坐椅子"，儿童能

把布娃娃放在椅子上）。

⑥人+动作+事物（如，同伴在众多选择中，说"小林扔球"；同伴说"亲亲妈妈"；同伴在众多动物形象和交通工具选择中说"狗狗推车"）。

10. 遵守对话的规则

（1）遵守发起对话和轮流的规则。儿童发起对话，并跟随对话进展，等待轮流，在这一过程中，不能主导轮换，也不能打断别人。

（2）遵守对话中转移话题的规则。当话题有所转变时，儿童应清楚上一个话题是如何联系到下一个话题的（如：这使我想到……）或告知同伴要切换话题了（如：我们谈点其他的吧）。

（3）遵守对话中终止话题的规则。儿童知道一场对话什么时候即将结束，并对谈话内容给予恰当总结提示或寒暄（如：我得走了）。

第三节 提升情绪调节能力

一 情绪调节含义

情绪调节是指个体运用一定的策略和机制，进行个体管理和改变自己或他人情绪的过程。自闭症儿童情绪问题是造成其社会交流障碍的重要原因，自闭症儿童在情绪识别、情绪理解、情绪表达和情绪调节等方面存在障碍，主要表现为：缺乏整体加工面部表情的能力和识别复杂情绪的能力；难以理解他人的心理，不能设身处地式模仿、想象他人的意图；不与他人分享自己的快乐和悲伤，不懂得用语言表达自己的情感；难以控制自己的情绪，常常反应过度或反应迟钝。情绪调节是支持儿童学习的必不可少的，最基本的能力。因此有必要提高自闭症儿童的情绪识别、理解、表达与调节等能力，这将有助于他们建立正常的社会交往关系，从而更好地融入主流社会。①

儿童要想处于最佳状态，必须拥有情绪调节的能力和技巧：

---

① 宿淑华、胡慧贤、赵富才：《基于ICT的自闭症谱系障碍儿童情绪干预研究综述》，《中国特殊教育》2019年第4期。

1. 当面对有压力的、过度刺激的、情绪不适的环境时，能寻求帮助或对他人的好意和帮助做出反馈。

2. 当面对潜在压力时，仍有条不紊。

3. 通过双向调节或自我管理策略从严重情绪失控时的"疯狂边缘"和"自我隔离"情绪时的"封闭无视"中恢复。

提高情绪调节能力与帮助儿童维持最佳唤醒状态密切相关，调节良好的情绪状态至少不会使儿童因为社会限制或身体不适而处于过高或过低的情绪唤醒水平，不至于在两个极端状态中频繁转换。那些有过极端情绪的儿童，尤其是时常处于过高唤醒水平的儿童，经常被无法抵抗的情绪反应所支配，例如焦虑、恐惧、悲痛等消极情绪或兴高采烈、眼花缭乱时失调的积极情绪。这些儿童可能会尝试通过退缩、封闭来处理混乱、过度的刺激，特别是当环境刺激的性质（例如噪声的响度、视觉信息的强度、与不良情绪经历有关的活动或地点）、社会交往要求等违背期望就会导致情绪失调。与此相反，始终处于低唤醒状态的儿童经常很难注意环境的突出特征以及难以在社会互动、教育性活动上维持注意。这些儿童常表现出被动、脱节、漫不经心。因此，情绪调节的最终目标是支持儿童适应和处理不可避免的、个别的日常挑战，使他们能以一种良好的情绪状态来进行有益的学习和交流，具体表现在：在某活动或情境中，能够注意最高相关度的信息；保持与他人的交流；能够加工处理言语和非言语信息；使用需具备较高能力的交流，包括使用语言；在相互交流中回应他人；能够积极地参与日常活动。

二 情绪调节常用策略

情绪情感调节方面的目标定位于双向调节和自我调节能力以及从极端异常调节状态中恢复能力的发展。这些目标的达成需要促进人际交流能力的发展，通过使用特定的社会支持，如调整人际互动、整合教学支持、设计活动和环境等来支持情绪情感的调节。确定特定儿童的个别化目标时，必须从发展的视角来看待情绪情感调节的能力。对自闭症儿童而言，通过行为策略或者高水平的认知—语言方式，如语言策略和元认知策略，都可以促进情绪情感的调节。处于社会化阶段前象征的自闭症

第八章 基于社交技能的同伴关系干预 ◆◇◆

儿童，第一步需要发展的是自我调节能力，以改善如咬手指或物体、眼神转移、参与重复的运动活动等行为。随着儿童日益成熟，进入到语言和对话阶段时，语言和认知及问题解决的技能就会得到发展，这些能力都是情绪情感调节功能所具备的。在社会化阶段儿童自身能力不足会限制其情绪情感调节能力的发展（如：前象征儿童不能使用语言或者其他的符号策略）。在语言或者对话阶段的自闭症儿童的情绪情感调节策略包括早期行为发展策略、高水平语言和元认知策略。例如，高水平发展的儿童会通过重复行为来寻求抚慰，如摇晃椅子、不断看接下来的活动图表，以此来降低对不可预测的日程表的焦虑。适切的唤醒水平和环境将有助于儿童应用这些特定类型的策略或策略的组合，更有利于既定环境下的个体。

通过记录情绪情感调节中需要支持和干涉的主要因素、儿童需要支持时的特定信号，来评估儿童在跨情境中保持良好调节状态和水平的能力。从有组织性或良好调节状态到异常调节状态这一范围中，不同的情绪情感调节策略可以通过不同活动或不同唤醒水平的观察和记录得以体现。同时也促进了支持儿童的相互或自我调节策略的特定目标和计划的成形。在实施支持情绪情感调节的策略的同时也应对该计划的效果进行记录，并且在必要时做出相应调整。

当儿童处在较高或者较低唤醒水平时，同伴们需要识别出相应的信号，提供双向调节支持，通过回应以促进儿童注意力的集中、参与，从而对他们的学习以及信息处理提供帮助。发起双向调节策略的能力也可以基于儿童的发展和需要进行培养。对社会化阶段儿童而言，要教会他们在社会可接受范围内用非语言的方式来表达需要或反抗（如：使用早期发展的手势去请求、反抗或拒绝），而在语言阶段和对话阶段的儿童来说，就要用言语方式来表达（如：使用特定的词汇表达情绪或表示拒绝）。这些能力都会有效地排除由于异常情绪调节而产生的问题行为。

除了双向调节能力，情绪调节的目标还定位于自闭症儿童的自我调节。自我调节包括自发性的和自我指导的。在社会化阶段，自我调节可以让儿童保持与环境的需求相一致的最佳唤醒状态，以便做出适应性的行为反应。① 自我调节策略包括帮助儿童探索或者使用行为策略来保持有组织的状态，使其更积极地学习。例如，当儿童处于较高唤醒水平的时候，自我安抚的自我调节策略包括集中于舒缓的活动（如：听音乐、拿着最喜欢的玩具），或者对于高水平的儿童而言，则需要在活动中休息一会儿。自我调节策略还包括在感知运动活动方面的发起和参与，当儿童处于较低唤醒水平并且在活动和互动中表现不理想时，可以适当增加体育活动。在语言阶段，基于语言的策略预防了儿童由于多方面原因导致的消极反应，如由于活动的不可预测性、活动的步骤或持续时间、活动间的过渡以及流程上的不可预测的变化导致的不安情绪。因此，基于语言的策略可以促进儿童自我调节能力的发展。帮助儿童发展时间概念的意识以及理解过去和将来的事件。当处于对话阶段儿童的面临潜在的异常调节氛围，想寻求帮助或休息时，则可以使用相关的元认知策略。

尽管同伴会实施一些预防性的情绪情感调节策略支持自闭症儿童，大多数儿童还是经历了极端异常调节状态。异常调节的体验包括过多的感觉输入、规则的突变、活动难度及持续时间不恰当的任务需求、未经组织的社会和语言输入。因此，从异常调节状态（如：儿童有一些破坏性或伤害性行为）的恢复计划衍生出的策略包括对儿童进行体育支持和良好情绪情感调节等多种方法。这些支持儿童从极端异常调节状态恢复的反应策略包括允许儿童从活动中转移到安静的空间独处，允许儿童参与舒缓的活动、改变环境（如：去感觉统合室或出去走一会儿）。

情绪情感调节的支持计划还包括调整和改变环境和活动，以及人际支持，即用一些前瞻性和可预测的策略来支持情绪情感的调节（如：把静态活动调整为运动活动、降低感觉输入水平、简化语言）。社会支持的使用，例如调整人际互动方式、非言语交流系统以及视觉支持都起着重要的作用。因此在干预过程中，我们会将注意力转移到社会支持这一领域，具体如下。

---

① 杨广学：《自闭症干预的 SCERTS 模式》，《中国特殊教育》2007 年第 5 期。

(一) 双向调节

1. 表达各种情绪

(1) 表达快乐、伤心、愤怒、恐惧。在适当的环境中，儿童通过面部表情和发音（如微笑、大笑）等表达快乐；通过皱眉头、噘嘴、哭等表达伤心；通过如抱怨、焦躁、哭表达愤怒；通过睁大眼睛，紧张地耷拉眼皮等表达恐惧。

(2) 描述他人的情绪状态。儿童通过评论来关注和描述他人的情绪状态（如"某某很伤心""某某生气了"）。

(3) 在熟悉的活动中根据同伴反应调节情绪。儿童在熟悉的活动中根据同伴言语或非言语的反应，来调节自己的情绪。（如，当一个扇风的玩具靠近儿童时，同伴告知"没关系，它不会伤害你"时，能从害怕的情绪转化为放松的情绪）。

(4) 在熟悉活动中根据同伴反应改变情绪表达。儿童能根据同伴言语或非言语的反应改变自己的情绪表达（如：同伴给出当下情景不适宜大笑的非言语反应，儿童能停止大笑）。

(5) 对情绪反馈做出回应。儿童基于同伴的反应调节自身的情绪表达。不同的社交情境对情绪呈现适当性的要求不同，儿童也能因此做出不同的回应。例如，儿童开始时语气含怒，但当老师说："告诉我你怎么了。"他说："我很生气，应该轮到我荡秋千了。"

(6) 运用早期情绪词汇和高级情绪词汇描述他人情绪状态。儿童能通过至少两种积极的（如，"妈妈感觉很好""弟弟玩得很开心"）和两种消极的（如，"弟弟很难过""爸爸疯了"）早期情绪词汇注意到并描述他人的情绪状态；儿童能通过至少两种积极的和两种消极的高级情绪词汇（如，当看到同学对谈判结果不满意时，说"小明很沮丧"）注意到并描述他人的情绪状态。

2. 对同伴提供的帮助有所回应

(1) 在同伴安慰的情况下保持平静。在同伴言语或非言语地对儿童进行安慰的情况下，儿童很快平静下来。当儿童遭受严重的失调或感到恐惧时除外。

(2) 在同伴提醒的情况下保持参与。儿童在同伴提醒和集体激励的情况下积极参与社会常规性游戏和动作游戏。

（3）对同伴情绪表达的变化和同伴提供的选择做出回应。儿童通过调整自己的行为对同伴情绪表达的变化做出回应（如：停顿、注视同伴面孔、丢掉玩具、移过来或移走物品）；儿童至少两次在同伴提供选择的情况下直接使用口头或非口头的信号做出回应。

（4）在熟悉的活动中根据同伴的反应调整控制策略。在熟悉的活动中，儿童根据同伴的反应调整控制策略（如，行为或言语策略）。例如，同伴向儿童呈现"生气"的卡片，或直接说："生气了。"儿童通过生气地大声讲话来回应该卡片。

（5）对同伴提供的信息或策略做出回应。儿童对成人或同伴教授过、练习过或讨论过的信息或策略做出回应。儿童运用这些信息调节唤醒水平。例如，儿童可能会根据老师之前的建议，要求同学停止取笑或干扰他，选择去另一块区域做别的活动，或者儿童会根据教师提供的有关处理意外情况的策略，降低自身唤醒水平。

3. 寻求同伴的帮助以调节状态

（1）分享消极情绪以寻求宽慰。儿童表现出各种消极情绪（清晰地用口头或面部表情表达忧伤或沮丧，可以同时伴有手势或身体姿势的变化），并通过注视、接近（爬向）、手势指向（举起胳膊让抱起来）、触摸（拉扯裤腿儿）等方式以寻求宽慰。

（2）分享积极情绪以寻求互动。儿童表现出各种积极情绪（清晰地用面部表情表达高兴或兴奋，同时可能伴随/不伴随有声音，如笑、尖叫等），并通过在表现出情绪之前、过程中或之后即刻注视他人面孔来寻求互动。

（3）在受挫的时候寻求帮助。在受挫的时候，儿童直接使用口头或非口头的信号使他人在具有挑战性或超越自己能力水平的活动上提供帮助。

（4）在苦恼的时候表示抗议。儿童至少两次直接使用口头或非口头的信号（如：推开，发音，边哭边看）以使他人拿走不想要的食物或物品，停止不想进行的动作以及从不想进行的活动中退出。

（5）寻求帮助以化解冲突和解决问题。遇到困难时，儿童能寻求帮助化解冲突或解决问题。例如,儿童看到另一个儿童在嘲弄别人,于是向老师寻求帮助以阻止其行为,或者儿童预料到自己可能会错过公交,于是问妈妈应该怎么办。

(6) 运用言语策略要求休息。当活动任务太难,压力过大,无趣,持续时间过久,或非己所欲时,儿童能使用言语(如:语言,手势,或图片)要求进行休息(如:儿童说"需要休息"或者"请暂停一下",或者交换"停止"的手势图片)。

(7) 运用言语策略控制活动或知觉输入。儿童能运用言语(如:语言,手势,或图片)来要求控制活动进展或感知觉输入,这对于自身状态觉知有调控作用(如:当玩电脑可以作为一项静心的活动时,儿童要求"玩电脑";或者当儿童需要从久坐的活动中清醒并休息一下的时候,会说"出去走走")。

(8) 运用言语策略进行社交控制。儿童能运用言语(如:语言,手势,或图片)在合适的情境下发起社交控制。例如,儿童在某种环境中运用"人+动作"的单词组合来引导他人的动作行为(如:"妈妈说再见""宝宝去睡觉""爸爸扔球""快去做")。

4. 对行为的反馈做出回应

(1) 基于同伴的反应调节控制策略。儿童基于同伴的反应调节控制策略。不同的社交情境对控制策略使用的适当性的要求不同,儿童也能因此做出不同的回应。例如,儿童试图冲撞同伴,但在同伴阻止其行为并询问"你需要什么"之后,儿童说:"我想要抱抱。"

(2) 与同伴合作与商议解决问题。当面临问题需要解决时,儿童能将语言作为工具,与同伴商议并解决此问题。例如,在一个集体拼图游戏中,儿童要求同伴与其交换一块拼图,从而各自都能完成各自的那一幅,或者儿童在一个模拟餐厅游戏中,与同伴商议游戏规则(如:决定谁扮演服务员,谁扮演顾客,与同伴合作制定游戏规则)。

(3) 协商中接受同伴意见达成一致。儿童在与同伴协商过程中,能够接受同伴的建议,进而双方达成一致。例如,出去玩之前,儿童对同学说:"我想出去打篮球。"但朋友说:"这次应该轮到我来选择了,我想玩四方阵。"儿童回答说:"好吧,先玩四方阵,然后我们再去打篮球。"

5. 通过同伴的支持在极度的失调状态中恢复

极度的失调是儿童不能参与活动或学习，可能会经历情绪紧张的一种状态。从定义上讲，极度失调的状态必须预先排除儿童和他人一起努力参与活动的能力。极度的失调不是短暂的、偶然发生的，它可能会在一定的时期内持续或者循环。极度失调的行为表现可能包括：①表现紧张，看似极度沮丧伤心；②对活动或他人失去注意；③紧张及破坏性的发音（哭、尖叫、呜咽）或非言语的行为（踢打，攻击自己或他人，拍击，撕咬）；④狂乱的动作活动；⑤在很长一段时间内停止或不参与活动等等。极度的失调可能与很高（极度的苦恼或兴奋）或很低的（极度的被动，不参与的状态）唤醒水平有关，二者都预先排除了儿童和他人一起努力参与活动的能力。

（1）对同伴使用行为策略和言语策略做出回应。儿童对同伴使用简单的运动动作或感官运动策略帮助其从极度失调的状态中恢复的行为做出回应；儿童对同伴使用言语策略（如：安抚的嗓声，重复的熟悉耳语，慢数）帮助其从极度失调的状态中恢复的行为做出回应。

（2）对同伴通过使其退出活动以恢复状态的努力做出回应。在儿童达到极度失调状态的情况下，同伴努力使儿童恢复（重新回到良好的调节状态），通过使其退出刺激过度或不想参与的活动来改变儿童的注意焦点，儿童对此做出回应。

（3）对同伴使其重新参与互动或活动的努力做出回应。儿童对同伴使其从极度失调的状态中恢复（重新回到良好的调节状态）的努力做出回应。

（4）通过同伴的支持减少从极度失调状态恢复的时间以及降低情绪失调的程度。当得到同伴支持的时候，儿童从极度的失调中恢复（重新回到可以学习或参与活动的状态）所需的时间逐渐减少；当得到同伴支持的时候，儿童在失调中情绪反应的紧张程度和唤醒水平逐渐降低以及能量状态的变化逐渐缓和。

（二）自我调节

1. 确认学习和互动的可能性

（1）注意环境中的人和事物。儿童通过靠近、注视或视觉跟踪来留意环境中的人。儿童还通过看、伸手去拿或通过控制肢体进行积极探测等方式感知环境中的物体。

（2）对各种感觉和社会经验感兴趣且寻求并体验各种感觉经验。在单独游戏或社会互动中，儿童通过积极探测熟悉的环境来表现对各种感觉和社会经验的兴趣（看、触摸、品尝、嗅、移动等）。儿童寻求并体验至少五种不同的感觉经验（看、听、摩擦、发音、嗅、攀爬、跳、摇摆）。

（3）运用不同的情绪表达对感觉和社会体验做出回应。儿童运用不同的情绪表达对不同的感觉和社会体验做出回应（如在有趣的活动中表达快乐和兴奋，在紧张的不愉快的活动中表达苦恼，在不熟悉和可怕的活动中表达恐惧或警惕）。

（4）展现出抑制动作或行为的能力。在儿童知道行为不恰当的情况下，显示出抑制动作或行为的能力（这需要在没有同伴提示的情况下完成）。例如，一个儿童想要抓取另一个儿童手中的玩具时，及时缩回了他的手，等待轮流。

（5）在要求合理的工作中能够坚持。当要求合理时，儿童能坚持完成工作。合理的要求是指任务的发展适当性以及儿童本身处在最佳唤醒状态。儿童不需要成功地完成任务但需显示出努力完成任务的意向。

（6）在相应的情境中能够正确地表达情绪。儿童能对环境中不同的社会经验和感觉进行恰当地情绪表达（如：积极的，中立的，消极的）。例如，当与同学玩有趣的社会性游戏时，儿童能适时地微笑和大笑。

2. 运用行为策略调节唤醒水平

行为策略即简单的运动动作和感官运动策略，在行为策略中，儿童的唤醒水平通过注意水平，机敏性，活动水平，情绪和参与度来体现。

（1）运用行为策略在单独活动中调节唤醒水平。儿童运用行为策略在单独活动中提高唤醒水平（当处于低唤醒状态时）和降低唤醒水平（当处于高唤醒状态时）。在单独活动中可以应用的行为策略可能包括：吮吸拇指或奶嘴，摇摆身体，摩擦柔软的毛毯，藏在一大堆毯子下，发出重复的声音，拍手，磨牙，踮起脚尖走路，跳跃，旋转，放唱片，听音乐等。高唤醒状态可能是由过多的感官刺激，过度兴奋或苦恼的事件造成的。低唤醒状态可能是由疲乏、厌倦或缺乏组织刺激所致，这可能导致儿童注意力不集中或对外界刺激没有反应。

（2）运用行为策略在社会互动中调节唤醒水平。儿童运用行为策略在社会互动中提高和降低唤醒水平。在社会互动中可以应用的行为策略可能包括：吮吸拇指或奶嘴，摇摆身体，摩擦柔软的毛毯，将目光从人身上避开，离开他人个人独处，跳跃，拍手，发出重复的声音，咀嚼，踮起脚尖走路，亲近他人做社会性游戏、旋转或放唱片等。

（3）运用行为策略以成功参与扩展性活动。儿童能够成功参与扩展性活动并在需要时运用行为策略调节唤醒水平（发出声音或咬柔软的玩具、食物或橡胶，紧握物体或紧压球类物品，跳跃，在椅子上摇摆，心不在焉地摆弄玩具）。

（4）运用同伴示范的行为策略调节唤醒水平。儿童在同伴示范后即刻或在后来的某个时间模仿性地运用行为策略（如握手、跳等）调节唤醒水平。

（5）运用行为策略在活动转换中调节唤醒水平。儿童运用行为策略在活动转换中调节唤醒水平和情绪反应强度。例如，儿童可能会在活动转换中运用惯常的感知运动动作（如紧握双手，深呼吸）或特殊的动作（如跳，弯曲手指）来帮助自己获得或维持稳定的状态。

3. 运用言语策略调节唤醒水平

（1）运用言语策略在单独活动中调节唤醒水平。儿童运用言语策略在单独活动中提高唤醒水平和降低唤醒水平。在单独活动中可以应用的言语策略可能包括儿童的重复性语言，如摔倒后说"我没事"；单独活动中说"真有趣"；或者害怕时说"不要担心"。这些表现能在没有同伴提醒的情况下，评估儿童的情绪状态。

（2）运用言语策略在社会互动中调节唤醒水平。在社会互动中儿童能识别自身的情绪状态或运用延迟性的语言模仿来提高自身组织及注意能力。

（3）运用言语策略以成功参与扩展性活动。儿童能够成功参与扩展性活动并在需要时运用言语策略调节唤醒水平。例如，儿童可能通过识别情绪或重复指令（如："瞄准""建塔""再有三次，就结束"）来帮助维持注意力。

（4）运用同伴示范的言语策略调节唤醒水平。儿童在同伴示范后即刻或在后来的某个时间模仿性地运用言语策略调节唤醒水平（如：儿童使用语言来处理压力事件，如"妈妈高兴"；或"先完成工作，再去吃点心"）。

（5）运用言语策略在活动转换中调节唤醒水平。儿童运用言语策略在活动转换中调节唤醒水平和情绪反应强度。例如，在活动转换过程中儿童唱着熟悉的歌曲，重复同伴说的话："先上科学课，然后出去玩。"或者在等待从教室到校车走散的同学时说："我们再等等，很快就能走了。"

4. 在新的变化的环境中调节情绪

（1）参与到新的变化的环境中。儿童愿意参与到新的变化的环境中。参与必须包括积极参与和接触，而不是简单的在不参与的情况下忍受或被动地注意。新的环境是指活动或活动的特征对儿童来讲是不熟悉的（如：儿童没有参与过的活动；一个陌生人参与到了熟悉的活动当中）。变化的环境是在关键特征（如感官刺激，活动水平，活动序列，任务难度）上有变量的或存在出人意料的特征（不可预测的事件如日常活动地点和序列的变化，活动提前终止等）的环境。

（2）运用言语策略在新的变化的环境中调节唤醒水平。儿童运用言语策略（延迟性模仿，情绪词汇，与活动相关的语言）在新的（不熟悉的）变化的（有出人意料特征的）环境中调节唤醒水平和情绪反应强度。例如，儿童可能会反复地讲："好开心在动物园看到河马了！"这有助于维持注意，并使他第一次进入动物园时就兴致勃勃。

（3）运用行为策略在新的变化的环境中调节唤醒水平。儿童运用行为策略在新的（不熟悉的）变化的（有出人意料特征的）环境中调节唤醒水平和情绪反应强度。这些行为策略可能包括惯常的感知运动动作，如儿童轻拍脚趾或咀嚼口香糖。而这些策略一旦可以帮助儿童获得或维持更加稳定的状态，也会演变得具有特殊性，如踮脚走路，摇摆、晃动身体。

5. 自己从极度的失调状态中恢复

（1）从刺激过大或不渴望进行的活动中退出。儿童在达到极度失调状态时，让自己从刺激过大或不渴望的活动中退出。

（2）运用行为策略和言语策略从极度失调状态中恢复。儿童运用行为策略（简单的运动动作和感官运动策略）从极度的失调中恢复（重新回到理想的唤醒水平）；儿童运用言语策略（语言或其他符号，如手势，图片）从极度的失调状态中恢复（重新回到理想的唤醒水平）。

（3）减少从极度的失调中恢复的时间或降低失调状态的程度。儿童从极度的失调状态中恢复的时间逐渐减少；儿童在失调中情绪反应的紧张程度和唤醒水平逐渐降低，以及能量状态的变化逐渐缓和。

（4）从极度的失调中恢复后重新参与互动和活动。从极度的失调状态中恢复后，儿童能够将自己带回或重新参与到社会互动或活动中。

6. 运用元认知策略在熟悉的活动中调节唤醒水平

（1）运用元认知策略规划和完成活动。元认知策略是指能理解并组织和调节注意及唤醒水平的认知过程，从而有效指导行为。儿童能够运用元认知策略辅助其集中注意，完成预期任务。例如，儿童通过列清单记住家庭作业，或者列一个计划来帮助规划和组织任务。

（2）运用元认知策略在活动转换中调节唤醒水平。儿童运用元认知策略在活动转换中调节唤醒水平和情绪反应强度。例如，从教室到餐厅的场景转换过程中，儿童突然想到可以数一数大厅墙上有多少的油画来维持良好状态，于是将这一计划告知老师然后施行。同样的，儿童能意识到转换过程中的未知感会让她烦躁不安，于是她向同伴询问有关活动变换的重要信息（如：去哪里，什么时间，需要多久），然后在真正转换时对自己重复这些信息，儿童也的确这么做了。

（3）运用情绪记忆辅助情绪调节。儿童能回顾与特定事件或人物相关的先前情绪经历，当再一次遇到相同或相似的情境时，能运用这些策略来调节情绪。例如，儿童先前对消防演习警报声的有过糟糕的体验，当再听到消防演习的警报声时，会使用消音耳机来躲避刺耳的声音；或者儿童能够避免以前嘲讽过他的儿童再一次嘲讽他。

（4）识别并回顾相关策略促进调节。儿童具备回顾有效自我调节策略的能力。例如,当问到儿童如果他压力过大或感到孤单应该怎么做时,儿童说他可以听安静的音乐,玩跳床,或阅读最爱的图书。

第四节 提升理解能力

一 模仿示范法

(一)模仿示范的含义

模仿是有意识地仿效别人的行为。示范是指以真人形式或者录像形式呈现榜样的例子,以此来改变个体的当前行为或者学习新的行为的方法。示范法在2009年被美国国家自闭症中心报告为一种有效的以实证为基础的干预方法[1]。自闭症的主要症状表现为:视而不见,听而不闻;兴趣狭窄,行为怪异、刻板、机械;口语和内部语言缺乏,没有与人交流的意识。而模仿是发展这些方面的重要元素。所以模仿技能的开发,在训练治疗中是不可缺少的环节,这就要求训练者在训练中规范、统一操作指令[2]。其中,同伴示范可以很好地让自闭症儿童进行模仿。

(二)模仿示范法的常用策略

1. 在示范后立即诱导的情况下模仿、在示范后立即自发模仿或在示范后的某个时间自发模仿熟悉的动作或语言

在同伴指示后(如:做这个,说这个),儿童立即精确或非常接近地模仿熟悉的动作或语言;在同伴示范后,儿童立即自发精确或非常接近地模仿熟悉的动作或语言(没有指示);在同伴示范后的某个时间,儿童自发精确或非常接近地模仿熟悉的动作或语言(没有指示)。以上每种情境儿童都应模仿至少两种不同的行为。

2. 在示范后立即自发模仿不熟悉的动作或语言,或是在模仿的基础上增加一个不同的动作

在同伴示范后,儿童立即自发精确或非常接近地模仿不熟悉的动作

---

[1] 吴静:《录像示范法应用于自闭症儿童社会互动行为的干预有效性研究》,硕士学位论文,华东师范大学,2014年。
[2] 赵卫芳:《浅谈打开孤独症视听觉通道的法宝——模仿》,《读写算》(教育教学研究)2010年第1期。

或语言（没有指示），儿童至少模仿两种不同的行为。不熟悉的动作或语言通常是儿童不易自发呈现的。或是在同伴示范后，儿童立即自发精确或非常接近地模仿熟悉的动作或语言（没有指示），而且能增加一个不同的行为（如，模仿拍手并增加向上伸手的动作）。

3. 在不同的情境下自发地模仿不同的动作

同伴在不同的情境下示范后，儿童能自发观察连续的动作，在某个时间精确或非常接近地模仿各类动作或语言（没有指示）。

4. 运用同伴示范行为指导社交行为

儿童通过观察同伴所使用的行为来呈现行为。儿童在社交情境下运用这些示范行为指导自身行为。例如，儿童观察到课堂上同龄人通过举手这一行为得到老师的注意，她也会坐在座位上举起手等待老师的提问。

5. 运用成人示范的内化规则指导行为

儿童动作表现与成人示范的符合社会文化规范的规则相一致。例如，儿童举手来请求许可；被人递给物品时说"谢谢"；麻烦某人说"打扰了"或"很抱歉"。

二 社会故事法

（一）绘本

"绘本"一词源于日文，顾名思义就是"绘出来的书"，"绘本"在欧美国家主要称为"Picture Book"，指的是通过绘画这一技法表现的方式，配以文字描述等构成的特殊的文学读本类型。严格意义上讲，是绘画与文字相结合的综合艺术。[①] 一般说来，它具有传播艺术作品的形式，并具有一定的叙事功能。图片及与其相关的文字必须紧密地联系在一起，才能呈现整个故事的梗概。绘本是以图画为主，强调将图画对故事、题材的表现力与表达的文学性、艺术性相统一的图书形式。画与字的结合，尤其要注意画与字的内在联系，特别要注意画的独特性和连续性，使之有别于其他的"故事书"。绘本的图像不只起到叙事的作用，而且可以作为独立的画作存在。

---

① 陈晖：《论绘本的性质与特征》，《海南师范学院学报》（社会科学版）2006年第1期。

第八章　基于社交技能的同伴关系干预

对于自闭症儿童而言，绘本是其获得社会经验和技能不可缺少的工具之一。已有研究表明，绘本是最适合自闭症儿童语言训练的有效资源，符合自闭症儿童的特点，绘本中画面与故事巧妙结合，其生活化、鲜明直观的元素能够有效吸引自闭症儿童的注意力，丰富自闭症儿童的社会经验，为自闭症儿童适应社会生活奠定良好的基础。① 另外，绘本阅读作为特殊教育途径之一，对特殊儿童提高学习技能有促进作用。情绪主题类绘本也可以有效改善高功能自闭症儿童的情绪归因能力，一定程度上有助于自闭症儿童情绪调控能力的发展。② 可见，绘本阅读是提高自闭症儿童认知能力、语言交流能力和情绪情感管理能力的良好途径，对自闭症儿童身心发展有积极、长远的影响。③

绘本的题材涵盖所有事物，鲜明的角色吸引着儿童主动阅读，将绘本作为教育活动的媒介来传授丰富的知识，可以避免布道带来的学习压力。绘本最大的优势之一就是其中色彩鲜艳且有趣的插图，这些绘本通过帮助儿童记忆和了解绘本故事内容，来帮助那些短期或者长期记忆能力差的儿童准确地记住所要掌握的学习内容。对于有发展障碍的儿童，尤其是自闭症儿童来说，绘本结合了他们的生活体验、有利于改善其语言交流能力、人际关系，具体如下。

1. 与生活经验密切相关

自闭症的学生需要具体和有趣而又生活性地进行学习，而绘本则是用简单、具体的动画图像和文字来表现日常生活中复杂的东西和形象，可以使儿童能够产生独特的心理感受，儿童也可以从中接收到学习信息，了解其真义。教师可以选择与人类生活紧密相关的绘本，把故事和自闭症儿童的实际经历联系起来，把生活中的事件作为讨论的题材。教师应该创造相似的环境，让学生扮演其中的角色，这样学生就可以把图画书

---

① 杨婉玲：《有效开展绘本教学，提高自闭症儿童语言沟通能力》，《现代特殊教育》2016年第1期。
② 连福鑫、郭昱：《情绪主题绘本教学改善高功能自闭症儿童情绪归因能力的个案研究》，《中国特殊教育》2019年第1期。
③ 梁九清、张萌、刘思雨等：《主角大小和主线索颜色对3—6岁自闭症儿童绘本阅读视觉偏好的影响》，《中国特殊教育》2021年第4期。

的故事叠加到类似的经历和环境中。这意味着学生们自己掌握了受教内容的要点,教师必须将这个故事进一步引导到社交技能的教学中,以教授实际解决社交问题的方法。重复性和交互式阅读交流对提高自闭症儿童口语表达有明显效果。绘本是一个非常好的工具,自闭症儿童经验不足,认知有限。为了培养和提高他们的语言表达技巧,教师可以向儿童介绍绘本的故事以及情节,故事的形式和内容可以激发儿童对不同的场景和情况的深刻认识和想象,不仅能够帮助他们正确理解绘本内容,甚至可以给予他们指导,也同样可以增加儿童对绘本的学习兴趣,获得丰富的思想和情感经历。读绘本,反复地提问,把自己的想法传达给儿童,这样就可以促进互动交流和表达,丰富儿童的思维和语言。倾听他人的交流或者直接倾听一些充满情趣的话语,既能够帮助和培养儿童对于语言的感知,也能够帮助他们培养自身日常沟通的技巧。图画书的内容能够启发和激活人们的对话,儿童接触绘本最重要的一件事就是在这种交流中进行心灵互动。英国哲学家培根说:"读书可以陶冶个性,每一种心理缺陷,都可以通过聪明的阅读来弥补。"对于自闭症儿童而言,绘本阅读为他们积累语言创造了条件。巧妙运用绘本生动、有趣、有吸引力的语言,能够培养自闭症儿童对语言的感觉,促进他们的语言仿说和认知。[1]

2. 促进人际关系

自闭症儿童很难清楚地表达他们自己的感觉和感受,有时候他们需要通过使用角色扮演的方式来演绎绘本中的故事情节,以激起他们高度的自主学习兴趣。学会在绘本中融入一些故事,整合认知,反复思考,通过对绘本角色进行演绎来改善态度,情绪和思维方式,拓展其人际交往关系,以及培养和提高自己作为一个个体融入整个社会生活环境的意识和能力。绘本中鲜明的形象和角色已经发展成为儿童的一种重要的学习资源。通过书中的人物和故事情节,我们就可以引导儿童正确地思考新时期的人际交往策略,并根据不同的社交情景做出适当的回应,同时

---

[1] 郎秀丽:《绘本在自闭症儿童康复教学中的应用与思考——以山东省少年儿童图书馆为例》,《山东图书馆学刊》2018年第5期。

第八章 基于社交技能的同伴关系干预

学会与他人分享和促进社会化。

自闭症儿童学习欲望较低，吸收能力也各不相同。因此，让儿童在放松的情况下学习，能够为其营造一种放松的氛围，也有助于无意识地学习，从而唤醒内在学习的可能性。绘本也能帮助自闭症儿童改善其症状，用讲故事的手法创造学习情境，避免了制度化的布道。绘本通过一幅幅图画向学生讲述一个个故事，包含着非常丰富的人物视觉资料。内容的包罗万象，色彩的多样化变化，人物形象和造型的塑造形成，情境氛围的传达，生动的版面和巧妙的印刷，以及为儿童创造出的艺术性的视觉效果，无不吸引着儿童的注意力和眼球。[1] 同时，绘本的人物和故事内容多样化，也能够充分满足从儿童逐渐发展到青少年时期的不同阶段学生的好奇心和幻想。自闭症学生在传统的学校课程中少有学习动力，因而教师若能够根据学习内容设计出简单的动作，他们就能运用各种感官刺激脑神经，提高认知能力和动作之间的协调，从而在行为、情绪和生理上得到改善。所以，上绘本课时，教师可先讲课，然后引导学生跟着学。让自闭症学生的大脑首先接收到相关的视觉信息的刺激，同时通过听觉来接收相应声音，继而引导他们从口中发出类似的声音，这样他们自身所产生的声音和信息就有可能接着传送至听觉和视觉通道，形成多感官刺激脑神经的回路。通过重复同样的信息所带来的刺激和不同感官间地转换，潜移默化地加强了他们多感官信息的联系、整合，从而提高学习的效果。透过以上功能，绘本被证明是自闭症儿童学习社交技能的重要媒介，为儿童提供了一个友好的舞台，让他们可以讨论自己的情绪和想法。通过绘本的教学，教师可专门为有学习障碍或行为失调的自闭症学生提供技巧示范及指引，绘本亦可为他们带来正面的社交及情绪效应。

由于认知发展的限制，相较于文字符号，自闭症儿童更容易理解图片和图像，这是由自闭症儿童的认知特点和模式决定的，这也是特殊教育类的教材设计时加入大量插画的原因。康长运是绘本阅读的专门研究者，他在著作中曾经提出这样的观点，儿童在阅读绘本的过程

---

[1] 马晓晨：《自闭症儿童绘本教学的有效策略》，《现代特殊教育》2018年第13期。

中能移情于故事中的人物角色，从而更好地体验故事人物的喜怒哀乐，而这一过程能丰富儿童的情感世界，让儿童有一种愉悦的身心体验，促进儿童社会化情感的发展。[①] 绘本图文结合，主题明确，用连续的图片就可以将故事的脉络、结构，以及绘本的主题完整清晰地表达出来，浅显易懂、活泼生动，是情绪教育首选的材料。班杜拉的社会学习理论认为行为的习得可以通过两种方式来实现，第一种是直接经验获得的，也就是"直接经验学习"；第二种是观察示范者的行为所习得的，也就是"间接经验学习"。自闭症儿童可以间接借助绘本进行榜样学习，通过情绪主题绘本的阅读、分享以及改编，让儿童逐渐学会情绪识别、情绪理解、情绪表达以及情绪调节，儿童移情于绘本中的人物，与文章的主人公共同经历情绪的高低起伏，将主人公作为情绪学习的对象，学习主人公的应对方式，最终提高自闭症儿童的情绪能力，完成情绪教育。

（二）社会故事

1. 社会故事的含义

自闭症具有视觉学习优势，以"视觉支持"策略为主的自闭症干预方法得到了广泛的应用。社会故事是视觉支持策略干预方法中的典型代表。社会故事具有多种表征形式，社会故事绘本是其中之一。社会故事干预法诞生之初，故事的呈现内容仅仅是文本，随着社会故事干预法应用的不断深入，在实际干预过程中社会故事具有多种呈现形式，如歌唱故事、多媒体动画故事、文字与图片相结合等形式。社会故事绘本是指在文字加图片呈现的基础上，突出社交线索，对画面内容进行精心设计，使其与文字呈现相同的故事内容。用画面来解释整个文字信息，方便社会故事的实施与推广。

社会故事教学是美国学者在20世纪90年代提出的一种适用于自闭症儿童或其他发展障碍儿童学习社会互动技巧的教学方法。它是指父母或教师针对自闭症儿童的学习需求，将其感到困难的社会情境撰写成故

---

① 康长运：《图画故事书与学前儿童的发展》，《北京师范大学学报》（人文社会科学版）2002年第4期。

第八章　基于社交技能的同伴关系干预

事，描述特定情境中的社会线索以及环境要求的适当反应，暗示、提醒和引导他们产生符合社会情境的行为、社交技能和语言等，帮助他们在自然情境中做出正确的反应及适应生活。① 该教学法使用简洁且个别化的社会性故事，描绘社会情境下特定的反应线索，用以教导自闭症儿童认识某社会情境中相关的人物、事情、地点、时间以及如何做出合适的反应。编写社会故事时，必须考虑到儿童的特点，② 大量使用视觉性材料。社会故事教学就是以社会故事为核心的一种教学方法。教学主要有三个部分：（1）利用编写的社会故事，一对一教导学生阅读社会故事，理解社会信息及适当互动行为；（2）让学生每次上课时，阅读相关的社会故事，以熟悉社会信息以及适当互动行为；（3）回顾录影，修正学生不当的社会互动行为。

社会故事不同于一般的绘本故事，社会故事的编写基于对个案的行为观察记录，之后会考量个案当前迫切需要具备的技能以及亟须改善的不恰当行为，综合考查某一行为对个案的影响，将能够产生较大影响的行为作为优先干预目标，确定干预目标后，依照社会故事的编写法则进行创作。社会故事从自闭症儿童的角度出发，以更易于自闭症理解的社会交往过程叙述故事，这样，既便于儿童理解也更有利于行为的泛化。研究者还建议社交故事中的主人公以第一人称的形式出现，这样可以使社会故事更加生动形象，更有利于增强儿童的代入感，尽量减少故事中抽象成分的存在。综上所述，社会故事并不是单独存在的一种干预策略，社会故事将社会情境作为实施背景，所以在操作过程中，由于社会信息的加入，会涉及口头提示、角色扮演及同伴指导等其他策略来辅助社交故事的实施。社会故事以 W 治理理论和感情认知障碍为理论基础，是认知取向的干预方法。认知取向的干预认为社会信息的加工和理解是社会行为的基础和中介，主张通过增强自闭症儿童的社会认知能力来改善自闭症儿童的社会行为表现。所以认知取向的干预方法很重视儿童对社会

---

① 王永固、张庆、黄智慧、许丹：《社会故事法在孤独症儿童社交障碍干预中的应用》，《中国特殊教育》2015 年第 4 期。
② 龙艳林、连福鑫：《运用社会故事法对自闭症儿童刻板行为干预个案研究》，《绥化学院学报》2018 年第 7 期。

关系和社会交往的认识理解能力的培养。在社会故事的实施过程中，主要围绕"描述、解释、训练"三个关键词来进行。其中，描述指的是个案可以说出在当前社会情景中应该做什么；解释指的是个案可以说出为什么这种行为在当前社会情境中出现是不恰当的；最后的训练指的是研究者应用编写好的社交故事对个案进行干预，最后使其能够习得目标行为。那么，社会故事在编写过程中主要围绕哪些原则进行呢？文献指出，社会故事主要包含两类句子，分别是描述句与指导句，描述句包括但不限于为陈述句、观点句以及肯定句；指导句包括但不限于指导句、合作句与观点句。一篇合格的社会故事不需要包含以上所有句型，只要能够从儿童的角度出发将故事陈述清楚，言之有理即可。

2. 社会故事的编写

（1）社会故事的句型结构。社会故事透过撰写固定的句型以及控制句型间的比例，帮助自闭症儿童将注意力聚焦在社会故事传达的特定信息上，借由有规律的格式，降低交换社会信息时的复杂程度，提高对多边的社会信息的理解程度，进而诱发出合适的行为。社会故事的句型包括七种：描述句、观点句、指导句、肯定句、填空句、控制句和合作句。前四种句型是最基本的句型，控制句与合作句是后来新增的两种附加句型。以下将对句型及句型比例进行一一介绍。

①描述句。以真实的、不涉及个人观点或假设的方式描述与某个特殊的社会情境相关的信息，并说明发生的事件及原因，通常包括人物、事件、时间、地点、物件、原因等线索。例如，下课时，许多小朋友都会到操场上玩；每天早上妈妈都会叫我起床。

②观点句。描述他人的内心状态，说明个人对事情的内在认识、想法、感觉、信念、意见、动机、生理状况或健康状态等。例如，有些小朋友相信有圣诞老人；小红认为小明是有礼貌的学生。

③指导句。提示儿童在社会情境中他人期望的行为，可作为个案的行为指引，其撰写时通常采用肯定、正向的语句，通常以"我会试着……""我想……""我可以……"为开头。指导句不宜用斩钉截铁的方式撰写，如"我必须……"，避免自闭症儿童产生僵化的思维或行为。

④肯定句。强调周遭环境状况的意义，陈述通用的或是一个文化里

的普遍价值观，而非个人或小团体的文化价值观或意见。例如，大部分人在吃东西前都会洗手。

⑤填空句。社会故事除了写出完整的句子外，也可以用填空题的方式，让部分句子空白，请学生自己填上答案，如此可以了解学生是否理解社会故事的内容。例如，当我生气的时候，我可以……

⑥控制句。提供策略让自闭症儿童在适当的时间和地点回想社会故事的内容，并运用其帮助儿童决定面对某一情境时的新反应，它通常由学生自己撰写，并能反映出自闭症儿童的独特兴趣。例如，自闭症儿童面对新的环境可能会紧张、不适应，他可以告诉自己"我觉得紧张、不安的时候，我会想象自己是一只大恐龙。"

⑦合作句。解释说明他人将如何帮助自闭症儿童学习获得新技能或行为，除了可以为学生提供稳定的支持力量外，也可以帮助该学生理解他身边的相关参与者所扮演的角色。例如，在我学习使用厕所时，我的妈妈、爸爸、老师会帮助我，利用合作句型可以凸显自闭症儿童的父母、教师及同伴在帮助自闭症儿童时所扮演的角色。

研究者曾强调社会故事是为学生解释其身处环境中所发生的事情，而非教导学生的行为。[1] 因此，社会故事的句型比例很重要。Gray 指出描述句、观点句、肯定句、填空句与控制句、合作句、指导句等句型的比值必须大于或等于 2，这样的比例才能确保社会故事是强调叙述一个事件、概念或技巧而非指导或控制个人。[2] 编写相应社会故事的句型比例公式如下：

$$\frac{描述句+观点句+肯定句+填空句}{控制句+合作句+指导句} \geq 2$$

（2）社会故事的编写步骤。社会故事是过程也是产品，社会故事的编写过程就是再次理解社会互动中快速交换的信息，并以自闭症儿童的

---

[1] Ivey M. L., Juane Heflin L., Alberto P., "The Use of Social Stories to Promote Independent Behaviors in Novel Events for Children With PDD – NOS", *Focus on Autism and Other Developmental Disabilities*, Vol. 19, No. 3., 2004, pp. 164 – 176.

[2] Gray C., *The New Social Story Book*: 10th Anniversary Edition, Arllington, TX: Future Horizons, 2010, p. xxxi.

观点重新诠释。于是，撰写步骤共分为三项。

①确定目标行为。社会故事的重要目标是分享正确的社会信息及社会理解。编写社会故事首先要确定社会故事主题（或目标行为），这个主题通常是导致某一问题行为的社会情境，或者是对于自闭症儿童而言的全新的社会情境。在撰写中要以对自闭症儿童有意义的方式来说明相关的社会信息，而不是仅列出目标行为清单，教导学生服从。

②搜集相关资料。为了使编写的社会故事符合学生学习需求，教学者应搜集包括社会故事主题与社会故事焦点等方面的重要资料。因为社会故事要透过学生的观点来撰写，所以，在搜集资料时，教学者可与相关人员，如教师、父母等进行沟通，寻找可能改变情境或例行事件的情况，以了解学生对不同社会情境所持的观点。

③撰写社会故事。鉴于学生在认知能力、语言能力和理解能力上的个别差异，编写社会故事时需要注意学生的语言理解能力，运用学生能理解的文字与句子编写社会故事。这样，学生才能从社会故事中学习与理解社会线索，建构解读社会信息的能力素养，以便充分发挥社会故事的效用。

（3）社会故事的编写原则。本书整理综合了国内外涉及社会故事编写原则及注意事项的文献，发现社会故事在编写过程中基本遵循以下原则。

①社会故事的结构包括标题、引言、正文和结论四个部分；②社会故事的内容包含人物、事件、时间、情境、怎么办、原因等因素；③社会故事以第一人称来撰写；④叙述方式具体明确，避免使用模糊的字句和抽象的文字描述；⑤使用个案能理解的语言和词语来编写社会故事，社会故事的长度适合个案的阅读能力，且字体大小适合个案阅读；⑥遵守社会故事句型的比例原则。

（4）社会故事教学的实施方法与通则。实施社会故事教学有许多方式，至于选用哪一种方式，则应依据学生的能力决定。有学者根据学生

第八章 基于社交技能的同伴关系干预

能力与社会故事呈现方式的不同,提出三种社会故事的教学方法。[①] 首先,当学生可以独立阅读时,让学生独立阅读。其次,也可以通过录音机、录影带或电脑作为呈现媒介让儿童自行阅读,当然以何种方式呈现应该根据学生的喜好和能力决定,在阅读社会故事时也应考虑到社会故事内容发生的情境。最后,社会故事原本是为高功能自闭症儿童设计的,若是要用在低功能自闭症儿童的教学上,父母或教师可通过图片或多媒体协助儿童了解社会故事的内容,再让儿童在真实情境中演练该社会技巧,直到儿童掌握该社会技巧为止。无论使用何种教学方式,重要的是在教学后评估学生对社会故事理解的程度。有学者建议在阅读社会故事后,提供阅读理解测验或问题,或者进行角色扮演活动,检核学生是否了解故事,[②] 当学生学会社会故事之后,他人可延宕阅读社会故事的时间,或逐渐减少社会故事中句子的数量,以逐步退出社会故事的辅助功能,最后评估学生在社会故事介入后的进步情形。

在实施社会故事教学时,仍有几项原则需要特别注意:①一次只介绍一个故事;②选择轻松舒适的环境阅读社会故事;③社会故事不宜作为惩罚,避免过多复习、强调而造成学生的排斥;④确定学生能理解社会故事所传达的社会信息;⑤以正向积极的态度引导学生;⑥根据学生学习状况做修改、删减或增加故事内容,一次最好只改变一个变项。

要提高自闭症儿童同伴交往能力、解决其对社会情境的解读和行为执行问题,采用社会故事法进行干预是适切的。社会故事法既关注了交往行为的改变,也提高了自闭症儿童对社会线索的反应及理解能力,是从源头上帮助自闭症康复的方法之一。

[①] Gray C. A., Garand J. D., "Social Stories: Improving Responses of Students with Autism with Accurate Social Information", *Focus on Autistic Behavior*, Vol. 8, No. 1, 1993, pp. 1 – 10.

[②] Gray C. A., Garand J. D., "Social Stories: Improving Responses of Students with Autism with Accurate Social Information", *Focus on Autistic Behavior*, Vol. 8, No. 1, 1993, pp. 1 – 10.

第九章　基于社会支持的同伴关系干预

第一节　社会支持

　　社会支持在自闭症儿童家庭、生活、学习发展方面为其提供实践性的支持基础。儿童的学习大部分是在日常活动和经历的社会情境中展开的，因此社会支持需要借助活动和同伴展开。社会支持涉及四个方面：人际支持、教学支持、家庭支持和专家级服务提供者的支持，具体如下：

　　1. 人际支持：他人在语言使用、情绪表达、互动方式上进行适当调整，以有效地帮助自闭症儿童进行语言加工、参与社会互动、获取情感满足，保持良好的调节水平。人际支持还包括同龄同伴的支持，当同龄同伴积极回应儿童，能为其树立语言、社交、游戏方面的榜样，并引导良好关系和友谊向前发展时，自闭症儿童就会产生积极的体验。

　　2. 教学支持：包括环境支持，活动标准和设置的建立或修改，儿童人际交流能力和情绪调节能力的培养，在教育和日常生活中提供视觉性支持，教育课程的调整和修改等有利于儿童学习的支持措施。

　　3. 家庭支持：包括家庭环境中教育性的支持，例如提供有用的信息和资源，或通过直接指导来提升儿童的人际交流、情绪调节、日常生活技能，并向儿童提供学习上的支持。

　　4. 专业人员和其他服务人员的支持：包括提供正式以及非正式的帮助来提高儿童的教育和治疗水平，同时为其提供情感支持。无论何时，都应按需、及时处理自闭症儿童的问题，并注意防范精神倦怠。

　　大部分自闭症照料者很少经过正规的儿童发展培训。虽然日常生活

第九章 基于社会支持的同伴关系干预

和家庭事件会为儿童提供社会体验、发展的机会，但是对大多数儿童来说，最重要的人际交流和社会情感经历都发生在与同伴建立基础关系的互动中。通过学习同伴关系中人际交流的基本要素，儿童能够获得更加复杂的社会情绪和交流能力，最终在学习和实践的过程中使用这些能力并与同伴建立安全和诚信的关系。然而，尽管同伴付出很多爱和努力，自闭症儿童在社会情感和人际交流发展方面仍面临巨大挑战。因此，同伴在最大可能地提高儿童活动参与度并提供策略支持儿童发展时，很有可能经受挫折和困惑。为了减轻同伴所面临的这些挑战所带来的压力，需要为家庭提供一些支持性的教育策略，并分享一些资源信息，信息主要涉及儿童因其在人际交流和情绪情感调节方面的局限而导致的问题。

对儿童提供支持旨在尽可能地让儿童有成功交流的体验以及与多个同伴完成社会参与的情绪情感满足。其中最重要的一点就是人际支持。儿童在人际交流和情绪情感调节方面的能力与频繁体验成功和感受互动的愉悦的能力是直接相关的。成功互动的体验反过来又为发展良好的情感关系提供基础。人际改变和经验分享是通过言语和非言语的信号为媒介进行的情绪情感交流的一种状态。同伴对儿童情绪情感的敏感性的培养以及对儿童情感发展的辅助，需要做到以下几个方面：

对儿童的情绪情感状态表示欣赏；尝试激发儿童进一步的社会和情感参与；尝试在儿童情绪失调和情感唤醒的体验中进行情绪情感调节。

人际支持需求的解决有多种不同的方式。同伴与儿童交流时的互动方式以及语言的使用都会作为评估指标来判定对双方交往互动起促进还是抑制作用。评估包括但又不局限于其情绪情感的表达、语言的复杂性和方式、言语的信息量和速率、言语的音调和旋律、身体接触。例如，面对反应过度的儿童，用心良苦的同伴会使用较大的声音或者夸张的面部表情来表达喜悦，而其他同伴可能会使用复杂的语言，进而导致儿童的困惑或是听而不闻。对反应不足的儿童来说，太多指令性和控制性的互动方式（如：过多物理提示或纠正）将会导致其更加消极的回应方式或交流方式。反过来，对反应过度的儿童使用具有较高指导性的互动时，儿童通常会试图反抗或逃避。对于有较多情绪情感调节和社会参与的内在需求的儿童，同伴通过语言或其他方式提供较低的一致性、结构化支持和期望时，又往往难以发挥支持作用。相反，一个支持性的同伴会使用简化的语言和略微夸张的语调来调节儿童的注意力和语言处理。

基于对同伴跨情境中人际支持的评估以及儿童对不同支持方式的反应，可以肯定教育的目标包括确保在不同情境下对儿童实施最佳的交流和互动方式。最佳的方式就是提供充足的结构化支持来吸引儿童的注意力，促进其理解情境、调节情绪情感从而生成积极的情绪体验，也包括培养儿童的自发性、灵活性以及发起交流、问题解决和自主决定的能力。其中最应该重视的因素是帮助儿童建立发起交流和自主决定的能力，被动遵从的模式会导致儿童的不良、失控行为。

为了使人际支持更加有效，必须要促进不同同伴间的合作，促进理想互动方式的发展，支持儿童的独立性和自我认知的发展。虽然同伴间存在差异是很正常的，尤其是对一些少年同伴来说，但是过多的异质性会给儿童最初学习社会参与和社会期望带来一些困惑。其次，儿童与其他同伴（包括兄弟姐妹）的互动也会受到评估，为的是设计和实施学习体验，以帮助自闭症儿童从比较理想的语言、社会和玩具模型中受益。发展自闭症儿童成功的社会交往体验，增加其社会动机，激励儿童像其他儿童一样去发展、建立积极的人际关系。

第二节　同伴支持

一　同伴介入法

同伴介入法，也译作同伴媒介策略，是指由研究者培训有社交能力的普通儿童，通过指导他们与自闭症儿童建立恰当的社交模式，强化自闭症儿童合适的社交行为以提升儿童的社交技能。同伴介入法最初应用于社交退缩儿童的干预中，后来逐步用于自闭症儿童的干预，为自闭症儿童提供正常发展的同伴与其在社交游戏/活动中进行互动。

对自闭症儿童社交能力进行干预的方法可按研究的取向分为：技能取向（以行为主义为理论基础，强调使用沟通技能、社交技能、情绪技能提升自闭症儿童的社交能力）和认知取向（以认知心理学为理论基础，强调儿童的社会认知，认为可以通过提高自闭症儿童的社会认知能

第九章 基于社会支持的同伴关系干预

力改善社交)。同伴介入法即属于技能取向的干预方法,侧重于社交技能和沟通技能的培养,强调利用多种同伴介入形式,增强自闭症儿童合适的社交行为以提高社交技能。

在同伴介入法中,首要问题便是同伴的确定,并非每位学生都可以作为示范模仿的对象,许多学者针对同伴的选择方式提出了不同的原则。教师在确定同伴时可从以下四个条件着手:较高的学校出勤率;持续表现出恰当的社交技巧;遵循教师指令;能集中注意力至少10分钟。有学者认为选择同伴的标准有以下四项:自愿成为同伴指导的一分子;良好的学校出席记录;课堂上能遵循老师的要求;在大部分社交情境中有合理的社交互动。[1] 钮文英指出,同伴最好能在意愿、能力和态度上胜任同伴介入教学学生的工作,并获得家长的同意。[2] 综上所述,同伴的选择最好是志愿者,且各方面能力较好,专注力、执行力较强,有耐心。

再者,要关注同伴介入法的方式。目前,同伴介入法已发展出多种方式,如整合性游戏团体、同伴引发训练等,不仅使同伴介入法的使用范围更广,也使得该方法更科学、更具操作性。本书将对这些方式进行探讨,以选择较为合适的方案作为干预介入。对已有关于自闭症的同伴介入法干预社交技能的研究进行整理,将同伴介入法的所有方式分为三个向度。

第一个向度即为情境安排策略,安排环境和事件促进同伴互动。包括三种方式:(1)同伴小老师和同伴教导(Peer Buddy and Peer Tutoring)。关注的是一个正常发展的同伴与一个自闭症儿童结成对子,而非与一群儿童。同伴小老师即为安排一名小老师与一名自闭症儿童结为一对,一起玩和交流。同伴教导由导师—学习者组成一对,通过自然地互动促进社会行为的偶然习得。(2)团体取向改变(Group-Oriented Contingency)。为了获得强化,要求整个班的学生参与一个特定行为,促进必然结果或者未经训练的、支持性的行为出现以对儿童的表现产生影响。

---

[1] Scott J., Clark C., & Brady M., *Social Skills and Social Competence: Students with Autism*, San Diego: Singular Publishing Group, Inc., 1999, pp. 247–270.

[2] 钮文英:《拥抱个别差异的新典范:融合教育》,台北心理出版社2008年版,第272页。

它的一个优势是教师能够更有效地管理这个大团体。(3)整合性游戏团体（Integrated Play Groups）。在使用该方法时，由成人提供结构化的环境，指导自闭症儿童与较称职的社交同伴之间的参与。① 该方法的一个重要方面在于提供一个支持性的环境去优化互动，而不是让成人直接指导。其他重要成分包括：一个自然整合的场所、精心设计的大小适宜的空间、能促进互动的游戏材料。第二个向度是教导一般同伴如何与自闭症儿童互动之技能并加以强化以提升与自闭症儿童互动的教学策略，包括三种方式：(1)同伴网络（Peer Networks）。同伴网络即基于同伴对障碍儿童的了解及兴趣的增强将促进互动的增加的假设，通过促使普通同伴对自闭症儿童的接纳，来对障碍个体提供支持。(2)核心反应训练（Pivotal Response Training）。该方法期待通过提供整合目标儿童在自然或较少控制的环境中偏好的多元模式，增加自闭症儿童的社会性行为。涉及运用角色扮演法去教会同伴怎样强化目标儿童的社会行为，包含：注意、提供选择、示范恰当的行为、增加尝试、鼓励交谈、轮流、提供游戏活动的描述、教导对多重线索的反应等。(3)同伴引发训练（Peer Initiation Training）。也译作同伴启始训练、同伴主动训练，该方式训练普通同伴主动和自闭症儿童互动，需要教师培训同伴如何唤起和保持自闭症儿童所需的互动技能。教会同伴进行主动互动的目的在于自闭症儿童能够因为适当的回应得到强化从而参与更多的互动。训练内容包括分享提议和要求、获得目标儿童注意的策略、恰当地赞美等等。第三个向度是教导自闭症儿童如何与同伴互动的技巧，有两种方式：目标儿童主动地训练和同时训练目标儿童与同伴。

然而，同伴介入法的实施会受到多方面因素的影响。综合以往研究发现影响同伴介入法教学成效的因素有：同伴的个人特质，包括他们的年龄和社会互动能力；自闭症儿童的特质，包括自我刺激行为、社交及沟通技巧等；同伴及自闭症儿童对教师提示的依赖程度；在融合课堂自

---

① Wolfberg, P. J., & Schuler, A. L., "Integrated Play Groups: A Model for Promoting the Social and Cognitive Dimensions of Play in Children with Autism", *Journal of Autism and Developmental Disorders*, Vol. 23, 1993, pp. 467–489.

然发生分心的表现。所以,同伴介入法教学的成功,需要注意上述因素的影响,在介入设计中要充分考虑这些因素。

二 社会支持常用策略

1. 同伴为儿童参与交流互动搭建平台

(1) 模仿儿童。同伴模仿儿童的言语或非言语行为,并在适当的情况下,再次轮流。例如,当儿童对物体采取行动或发声的时候,同伴靠近或模仿其行为并停顿,等待儿童的进一步反应。

(2) 在交流前确保儿童的注意。在与儿童交流之前,同伴用言语或非言语的方式确保儿童的注意。例如,同伴在向儿童发出交流信号前叫儿童的名字或触摸儿童。

(3) 跟随儿童的注意焦点。同伴通过注视或谈论儿童正在参与的事情来跟随儿童的注意焦点。例如,儿童在家玩时看向窗外,同伴通过看向并指着窗外路过的汽车来加入儿童。

(4) 与儿童的情绪协调一致。同伴通过察觉儿童的情绪表达,相应地调整他的人际交往风格(如:同伴用微笑和大笑来回应儿童的积极情绪;用伤心的语句来回应儿童苦恼的表达)。

(5) 和儿童分享情绪、内在状态和心理打算。同伴通过谈论他的感受、想法、计划,与儿童分享他的情绪,内在状态和心理打算。

(6) 在交流中立足于儿童的发展水平并调整其语言输入的复杂性。同伴使自己立足于儿童的水平,在与儿童交流的时候鼓励面对面地互动或身体亲近。与儿童讲话的时候,同伴调整语言输入的复杂性以适应儿童的发展水平。例如,如果儿童还不理解词语,同伴就在与儿童讲话时使用大部分的单个词语或简单短语。如果儿童确实理解了词语,同伴在与儿童讲话时就尽量使用2—3个字的短语或者将较长的句子进行简化(如,同伴满足儿童需求,将"该坐下吃晚饭了",改为"坐下"和"吃晚饭")。

2. 同伴组织活动以促进儿童积极参与

(1) 为活动限定明确的开始和结尾。同伴组织活动,可以使用自然的或计划的程序为儿童明确限定活动的开始和结尾。例如,一个旋转活动可以这样开始，说"各就各位，预备，开始"；并以说或表示"停止"为结束。或者活动的开始以拿出玩具为标志，活动的结束以说或表示"完了"为标志。诸如视觉时间表的支持也可以用于此目的。

（2）等待并鼓励儿童发起活动。同伴充满期待地看着儿童以鼓励其使用非言语或言语信号发起活动。例如，在一个为其提供了发起活动机会的活动（做出选择，做有趣的社会游戏并清晰地轮流转换）或创造了交流需要的活动（渴望的物体在视线范围内，但够不着）中，允许儿童有足够的时间通过亲近（移向或远离某人），身体接触（用手势或动作触摸某人）或注视等向同伴发出交流信号。同伴只在儿童明显不会发起活动或者儿童需要额外的支持时采取介入。同伴不询问太多的问题或不给予太多的要求，不管发起活动的方式是非言语的还是言语的，都应该得到鼓励，但鼓励应当用于增加儿童对于符号策略或复杂意义的使用概率。

（3）创造轮流的机会，留给儿童施展的空间。同伴为儿童创造轮流的机会，并在轮流中留给儿童施展的空间组织活动。儿童的轮流提示必须是口头的。例如，当一项活动发起时，同伴示范说："谁想来推？"让儿童说："我想！"；同伴和儿童一起唱歌，停顿等待儿童填补歌词中的短语；一起阅读时放慢速度等待儿童跟上来。

（4）提供重复学习的机会。同伴坚持地和有预见性地在儿童的整个日程和环境中重复活动的方方面面（在点心时间和午饭时间循环提供做出选择的机会）或坚持重复相似的活动，为儿童提供可预见的学习机会。相似的活动可能也包括基于规则的小组娱乐活动，班级工作，同伴游戏等等。有预见性地重复是相对采用太多新奇活动的模式而言的。

（5）提供多样的学习机会。在不断重复和符合预期的环境中，同伴改变活动的某个方面，就为儿童提供了新颖的学习机会。例如，如果儿童一旦熟悉了日程表中的"圆圈时间"，同伴可以改变日程安排，但需要为儿童提供可以替代该活动的其他机会。

（6）允许儿童发起和终止活动。当发起或终止活动的时候，同伴和儿童一起分享控制权。例如，儿童可以非言语（如完成后走开，推开材料）或言语地（说或表示"完了"）表明自己已经完成了活动。如果儿童能够参与或接近完成一个必须做的活动（如穿衣、洗脸），同伴可以言语告知儿童结束活动（可以提示儿童结束的步骤），甚至在活动还没能立即终止的情况下也可以这样做。不管儿童发起或终止活动的方式是非言语性的还是言语性的，都应该得到鼓励。但鼓励应当用于增加儿童对于符号策略或复杂意义的使用概率。

3. 同伴调整目标、活动和学习环境

（1）调整人际复杂程度以支持组织和互动。同伴提供一个较小的群体背景，一对一地支持，以增加儿童组织活动与成功互动的频次。或如果需要，同伴在提供较高或较低的社会复杂性背景的时候进行适当地判断。

（2）调整任务难度以促使儿童成功完成。如果需要，同伴调整任务难度来促使儿童成功完成，帮助儿童维持理想的唤醒水平。例如，当儿童狂躁不安的时候，同伴在活动中减少或简化活动步骤。

（3）调整学习环境的知觉属性。如果需要，同伴调整学习环境的知觉属性来帮助儿童维持理想的唤醒水平。例如，同伴调整照明和噪声控制儿童唤醒水平及视觉干扰。

（4）布置学习环境以帮助儿童集中或维持注意以促进儿童互动。如果需要，同伴调整学习环境的布置来帮助儿童集中注意（例如，在小群体活动中，同伴可以使用椅子组成半圆形或小毛毯标记儿童坐的地方，或可以使用物理障碍划定边界）或维持注意（例如，在日常生活中，同伴组织在儿童视野之外或儿童够不着的材料来促使其请求互动，而不是为其提供特定活动的所有材料）。

（5）设计并调整活动以适合儿童的发展。同伴设计符合儿童水平的活动。例如，带着对儿童交流、注意和积极参与的合理的期望设计活动，同时考虑其语言、动作和注意力水平的要求。

（6）为活动注入趣味性的材料和话题。同伴为活动注入有趣的引发儿童动机的材料和话题。例如，根据儿童的偏好和学习能力选择材料和话题（如：故事中最喜欢的人物、粗大动作训练）。同伴认识到那些忽略儿童的兴趣，由成人选择并强加在儿童身上的活动的动机与投其所好地培养儿童的内在交流动机存在较大差异。

（7）提供促进发起和扩展性互动的活动。同伴提供儿童有机会发起交流和参与扩展性互动的活动。例如，同伴提供儿童喜欢的玩具和儿童需要他人帮助的活动（气泡，发条玩具，紧盖着盖子的油漆瓶）；同伴放置一些儿童喜好的、想要但又够不着的物体（在高的架子上或需要帮助打开的密封透明的容器内放置刺激性玩具或物品）；同伴在活动中增加重复轮流或新的步骤来维持和扩展互动。

（8）适当增加要求或提高期望水平。当儿童表现出成功完成某事或处于较为理想的唤醒水平下时，同伴可以增加要求或提高期望，以促进儿童积极参与、交流或问题解决能力的发展。这可能适用于"破坏性活动"或进行更为复杂的交流或问题解决的状况，如果需要，可对其进行示范和提示。

4. 同伴示范适当的行为

（1）示范适当的非言语交流和情绪表达。同伴提供清晰、适当的非言语交流（手势）和情绪表达（微笑或大笑以表达高兴）的示范。

（2）示范系列交流功能。同伴通过言语或非言语的方式示范系列交流功能，如下：

①行为调节：例如，同伴做出一个口语示范，说"我想继续打球"来要求继续打篮球；同伴示范推开的手势，同时说"我已经完成了"，来表示抗议或拒绝；或者同伴示范伸手并说"请把饼干拿给我"来要求想要的东西。

②社会互动：例如，同伴示范挥手并说"小米，你好""小米，再见"以在到达或分别时打招呼；同伴示范说"我能出去吗？"来请求许可。

③共同注意：例如，同伴在谈话中谈论自己以前看过的一部电影来示范评价；通过询问儿童是否看过这部电影示范询问信息；或说"外边天色变暗了，可能要下雨了，我去拿伞"示范对结果的预测。

（3）示范适当的游戏。同伴根据儿童的发展水平示范适当的游戏，并提供各种感知运动、象征和建设性游戏的经验。例如，同伴通过准备一整套的游戏材料示范简单的想象游戏，如替儿童喂娃娃，以促进其转换到象征游戏的早期阶段。定期提供儿童进行感知运动探索和建设性游戏（玩积木或拼图）的机会。

（4）示范适当的表演游戏和娱乐活动。同伴根据儿童的发展水平示范适当的表演游戏和娱乐活动，并提供相应的经验。例如，在有系列玩具材料时，同伴示范表演游戏的玩法，如假装兽医为一个受伤的动物消毒包扎。应定期提供儿童表演游戏和娱乐活动的机会。

（5）当儿童出现不适当的行为时，示范适当的行为。当儿童出现不适当的行为，但所处的调节状态足以使其从示范中受益时，同伴示范适当的行为。例如，如果儿童尖叫着拒绝所提供的食物的时候，同伴示范一个推拒的手势并说"不"；当儿童强烈地努力要退出活动的时候，同伴示范使用图片、符号或词语表示"不做了"。同样地，对于通过咬自己衣服或咬他人来努力调节唤醒水平的儿童，为其提供可以进行适当咀嚼或咬的活动（准备一个杯子或玩具）。

（6）示范"儿童视角"的语言并运用自我对话。在考虑儿童意图和发展水平的情况下，同伴从儿童的角度示范语言。例如，如果儿童想够到够不着的球，同伴提供符合儿童意图和发展水平的示范，如"我现在想打球了"；如果儿童生气地对同伴说话，同伴应示范说"生气了"；如果儿童工作时心不在焉，同伴应示范"我们赶紧完成工作，就有时间去公园了"。

5. 尊重儿童的自主性并提供积极性支持

（1）在运动活动与静坐活动之间进行转换。同伴在儿童有机会参与组织的运动活动与期望儿童静坐的活动之间进行转换。并在尊重儿童的唤醒水平的情况下选择运动活动的频率与类型。

（2）在互动或者活动中提供必要的休息机会。当儿童的行为表明需要休息（如：表明唤醒状态、注意集中、活动水平和情绪状态的变化）或儿童已经长时间地保持参与活动的时候，同伴要允许提供或安排其在互动或活动中休息。休息可能需要暂时退出或停止正在进行的活动，在休息期间不能对儿童有参与活动的具体要求。休息也可能意味着需要重新指导激发儿童的动机并组织活动。儿童可以在活动当前位置休息，也可以变换位置休息。休息完毕，当儿童达到了充分参与正在进行的活动的适当的唤醒水平和情绪状态时，同伴要促使其重新参与互动或者活动。

（3）提供时间让儿童按照自己的速度解决问题或者完成活动。在大部分活动中，同伴给予儿童充分的时间以促使其积极地按照自己的速度解决问题或完成活动。例如只要儿童在活动中不需要额外支持，且有进步，同伴就应停止催促儿童或停止提供提示。

（4）需要时提供指导和反馈以促进儿童成功地参与活动。如果需要，同伴为活动的成功提供支持、指导和反馈，以使儿童维持最佳的唤醒水平并享受成功地互动。例如，同伴可以提供社会性表扬或使用适当的指导策略（额外的线索或提示），而不是过多地提示或指导儿童。

（5）对儿童行为问题做出辨认、解释和回应。同伴对行为问题做出辨认、解释和回应以达到交流目的。例如，如果儿童用推或撞击表示抗拒，同伴了解了儿童的意图，可以为儿童示范一个更能被社会接受的方式（如果适当）；同样地，如果儿童发出很大的声音以努力盖过混乱的环境声音，同伴了解后可以鼓励其使用其他的调节策略。

（6）适当回应儿童的暗示以促进其交流能力的发展。同伴适当回应儿童的言语或非言语的信号。如果这种信号表达不恰当或异常，同伴就需要在肯定儿童互动意愿的同时，为其示范更恰当的方式。例如，下雪时，儿童兴奋地说："好大的雨！"同伴应该说："是的，雪下得很大。"

（7）尊重儿童合理的反对或拒绝请求。在适当的情况下，同伴尊重儿童发出的反对、放弃或拒绝信号。例如，很明显儿童不想接受所提供的事物或参与活动的时候，同伴就不再坚持对儿童提出要求（如：参与的活动不重要时；当其他的食物或玩具可供选择时）。

6. 同伴提供发展性支持

（1）鼓励模仿。同伴通过跟随儿童的注意焦点、等待、轮流转换和示范供儿童模仿的行为等方式鼓励儿童自发地进行模仿以促进其能力的发展。行为的示范可能包括言语或非言语动作。

（2）提供指导以促进与同龄人的成功互动。同伴通过吸引同龄人到儿童身边，通过帮助儿童对同龄人的互动请求做出回应，向同龄人发起互动请求，促进与同龄人的成功互动等方式鼓励儿童与同龄人互动。同伴可以使用言语或非言语的方式鼓励其互动。

（3）尝试用言语或非言语的方式修复障碍。同伴通过明确信号的含义，尝试用言语或非言语的方式修复交流障碍（同伴不能理解儿童的信号或儿童不能理解同伴的信号）。例如，同伴可以重复言语、非言语的信号或通过增加词语或手势调整信号。

（4）提供指导以帮助表达情绪和理解情绪背后原因。如果需要，同伴在活动中应提供支持、指导和反馈，以帮助儿童正确表达情绪以及理解他人情绪背后的原因。例如，如果儿童在一个拥挤的大厅中看起来非常害怕，同伴注意到这一点，儿童可以告诉同伴他很害怕，人群和嘈杂的环境让他难以承受。

（5）提供指导以解释他人的感受和观点。活动中同伴可以提供支持、指导和反馈，来帮助儿童解释他人的感受和观点。例如，一名学生因为输掉棋盘游戏感到十分沮丧，同伴可以对儿童说明这个学生的情绪状态并解释原因。

7. 同伴将视觉的和有组织的支持相结合

视觉支持即运用视觉帮助呈现信息，包括个人的或系列物体（照片，图形，图画符号等）增进儿童的积极参与和理解。组织支持即组织材料，物理空间或标记时间概念等帮助儿童进行组织的材料。

（1）通过提供支持确定任务的每个步骤。同伴使用视觉的和有组织的支持来确定活动中某个任务的目标和步骤。例如，同伴提及活动内的图画序列以确定活动步骤（在一个寻物游戏中，同伴提供儿童要找寻的所有物品的视觉地图；在一项艺术活动中，同伴提供一个三步骤的视觉提示——包括图片符号剪纸，粘纸，给纸涂色）。视觉支持的复杂性与儿童的发展水平相适应。

（2）通过提供支持限定活动步骤和完成时间。同伴运用视觉的和有组织的支持为完成活动确定步骤和时间。例如，视觉计时器为剩下的时间提供视觉描述，可以展现活动的剩余步骤。

（3）运用视觉支持促进活动之间的顺利过渡。同伴运用视觉支持以促进活动之间的顺利过渡，使儿童保持良好的调节状态。例如，同伴运用"现在—未来"的视觉序列或图片序列，表明下一步会发生什么。同样地，同伴可以使用时间表来强调过渡。

（4）通过提供支持组织利用一天中的片段时间。同伴运用视觉的和有组织的支持在一天当中组织利用时间。例如，儿童使用图画或物品序列来了解即将进行的活动，相比直接地进入活动，就有了更多的时间来了解活动的完成步骤。

（5）在群体活动中运用视觉支持以增强注意。同伴运用视觉的和有组织的支持以增进儿童在群体活动中对活动和同龄人的注意。例如，同伴使用照片或图画符号来暗示儿童把注意力放在活动中或把和同伴交换图片作为活动的一部分等。

（6）在群体活动中运用视觉支持促进儿童积极参与。同伴运用视觉支持来促进儿童发起和积极参与群体活动。例如，同伴运用视觉支持（如，轮流卡片）以在活动中为儿童提供选择（包括歌曲、材料、游戏或转换手势等）。

8. 同伴通过拓展性沟通支持促进儿童发展

（1）同伴通过拓展性沟通支持增强儿童沟通和表达性语言。同伴提供支持并鼓励儿童使用拓展性沟通支持（非言语交流，如：手势，符号，物品，图画，照片，图画符号，文字）以增进儿童运用一种或多种非言语形式进行交流的能力。

（2）同伴通过拓展性沟通支持鼓励儿童进行互动。同伴运用适当地亲近（接近儿童）并诱发非言语行为（面部表情，手势，语调等）以鼓励互动。例如，同伴不是在较远的距离尝试鼓励儿童（如：在房间对面叫儿童），而是接近儿童并运用清晰的手势、物体或面部表情鼓励儿童；相似地，在看图画书的时候，同伴可以面对面地促进儿童视线转移并分享注意；参与对话时，同伴使用手势或面部表情配合情绪的口语表达，减少交流障碍。

（3）同伴通过拓展性沟通支持增进儿童对语言和行为的理解。同伴通过拓展性沟通支持增进儿童的语言和行为理解能力。与儿童讲话的时候，同伴使用清晰适当的非言语线索以帮助儿童对信息的理解，而不是将词语作为唯一的交流方式单独使用。例如，在点心时间，儿童正在吃点心时，同伴可以用"人＋动作＋物品"组合的序列图片符号来表示"小米正在吃饼干"。

（4）同伴通过拓展性沟通支持增进儿童的情绪表达与理解以及情绪

调节。同伴提供并鼓励儿童使用拓展性沟通支持以增进其情绪表达及通过单词组合方式提升理解他人情绪的能力，同时增进其调节唤醒水平的能力，通过非言语手段表达双向调节的方式，如请求组织活动，在活动中休息，或在活动过程中需要帮助等。

9. 同伴为调节儿童的唤醒状态提供支持

（1）搜集儿童失调信息并提供支持。同伴搜集儿童的失调信息。例如，当儿童的行为表现出无法学习或参与活动，可能是因为其唤醒水平过高（包括过度苦恼或过度兴奋）或唤醒水平过低（包括不感兴趣或疲乏）。此时需要同伴提供支持，同伴应根据儿童的唤醒水平提供适当帮助并努力促进儿童调节自身唤醒水平。这种帮助可以是示范恰当的行为、言语或元认知的策略，指导儿童如何在情绪失调时进行自我对话，或与儿童一起商议决定恰当的调节方式。

（2）提供言语或非言语选择。同伴根据儿童的唤醒状态，为其提供言语或非言语选择。例如，如果儿童处于高唤醒水平，应该提供非言语选择；但当儿童处于良好状态，应提供言语选择。选择可以包括吃什么，穿什么，参与什么活动，在活动中使用什么目标等等。

（3）根据儿童的唤醒水平调整语言输入的特性。与儿童讲话的时候，同伴调整语言输入的特性以支持儿童的唤醒水平，调整可能包括语言的内容，复杂性或语调。例如，当儿童处于高唤醒状态时，同伴使用流畅的音调，较平缓的语调和简化的语言；反之，则使用更加夸张的音调和音量。

（4）组织并支持儿童的行为、言语和元认知策略以调节唤醒水平。同伴组织并支持儿童使用行为、言语以及元认知的策略来调节其唤醒水平。例如，儿童尝试着跳或移动并将其作为一种激发自身唤醒水平的策略，同伴就调整互动方式以支持或协助这个策略；儿童一直持续地谈论环境中的噪声，同伴要帮助其识别噪声的信息；儿童询问如何处理开学第一周的焦虑情绪，同伴就应与之谈论可以应对的策略。

（5）提供信息以帮助儿童维持稳定状态或积极预防失调状况。同伴应帮助儿童维持稳定状态或积极预防失调状况，而不仅仅是在发生失调状况后再处理。例如：①同伴可以预演一个将要到来的烦恼事件，并示范相应的自我对话和自我监控方法（如：当火警报警器响起时，我可以捂上耳朵，声音就不会那么大）；②同伴在示范合作时，肯定儿童在互动中的观点并为其展现朋友间理想的相处模式（如：朋友之间出现分歧时，应该相互让步。每个朋友既要乐于分享自己的观点，又能适时改变，以使每个人都开心）。

第三节　学校支持

一　活动支持

（一）运动

研究发现，运动障碍通常是异常发育的第一个迹象。自闭症儿童伴有基本运动技能发育迟缓的症状，且随着年龄的增长，延迟可能更明显。随机对照试验表明，对运动技能领域进行早期干预可以显著改善社交沟通以及自闭症其他症状。例如，运动干预对提高自闭症认知能力、改善社会交往、促进动作发展等都能起到较好的效果。此外，有学者选取特教学校的20名自闭症儿童，将其分为对照组和实验组，分别进行韵律操练习干预和常规康复练习。研究发现，韵律操练习干预能够显著改善自闭症儿童姿势控制能力，特别是其前庭功能和本体感觉。在视觉方面，韵律操练习干预也起到了一定程度的改善作用。可见，运动是改善个体身心机能与大脑结构的良好方式。运动训练实施形式灵活多样，能对多方面素质进行训练，改善自闭症多种症状，中高强度运动效果更好，团体活动更能促进自闭症儿童互动社交，因此运动训练成为重要的自闭症干预方式。

1. 自闭症运动功能障碍及其表现特征

在个体发展的早期，动作发展是判断个体脑部发育是否正常的重要指标。运动功能的发展与儿童的语言、认知和社会发展能力有关，可以作为新生儿发育精神病理学的指标。自闭症幼儿在明显的社交障碍得到诊断之前就已经出现运动障碍，运动障碍的早期出现会对社会认知和交流发展产生消极影响。自闭症幼儿的运动功能不足、粗大和精细动作缺陷普遍存在，包括运动控制障碍、熟练运动姿势执行困难、动作学习异常模式和抓握困难等。

而自闭症儿童运动技能熟练程度低,可能会极大地抑制他们积极参与游戏的能力。证据表明,在11—17岁之间,自闭症儿童的游戏参与水平比正常儿童要低得多,并且随着年龄增长,其在许多类型的休闲活动中的参与差距越来越大,最终导致成年后参与活动的有限性,同时可能阻碍自闭症儿童社交沟通能力的提高。自闭症儿童的运动功能障碍可能从幼年开始,一直持续到青春期。研究发现,自闭症儿童中存在运动技能缺陷,且早于核心症状之前,该结果表示可将早期运动技能缺陷作为自闭症初步诊断的重要标志。然而,人们对于自闭症运动障碍的研究主要停留在个体发展的具体表现特征上,缺乏对运动障碍与其核心症状之间功能关系等问题的深入认识。

2. 运动功能障碍的干预方式

长期以来,研究者致力于体育运动对自闭症三大核心症状的康复治疗研究,针对运动功能障碍的干预研究近年逐渐兴起。在自闭症患者幼儿时期进行干预以增加活动参与,有助于促进成年后的技能发展。

近年来,水疗干预进入研究者的视野,并且越来越受关注。水疗是基于流体力学的原理,一方面,可以通过水温、体重减轻和前庭输入提供多种感官刺激;另一方面,水的特性有助于积极运动,提供姿势上的支持,并促进痉挛肌肉的放松,改善循环系统,使各种基本运动技能得以发展。研究表明,相比普通儿童,自闭症儿童更喜爱水中运动项目。水疗干预可以改善自闭症儿童动作的笨拙、缓慢,提高动作的平衡性、灵敏性、协调性以及促进心肺功能发展。

然而,在当今融合教育理念背景下,如何将融合教育理念与干预方法更好地结合以促进自闭症儿童发展是值得研究的课题。形式多样化的水中游戏、水中运动项目不失为一种较好的选择,水中行走、仰漂、踩水、潜水、漂浮打腿等方式对提高自闭症儿童社会交往、减少刻板行为、增加身体活动、改善身体动作等方面具有良好效果。运动训练实施形式灵活多样,除了以上方式外,选取自闭症儿童感兴趣的运动技能项目如骑自行车、乒乓球、篮球等进行干预,能对多方面素质进行训练。像爬、跳、翻滚、走平衡木等活动对于自闭症儿童的感统能力进行了多方面的训练，有助于运动感觉、前庭觉的提升，改善自闭症多种症状。

此外，每个游戏需控制好时间，避免引起枯燥、倦怠感；每次训练后评估自闭症儿童喜欢的游戏与不喜欢的游戏，进行增删，新旧游戏交替进行，既有熟悉性，又有挑战性，从而保持学习的兴趣。同时，对家长、教练、志愿者的行为进行观察评估，提出改进要求，提升干预效果。

（二）游戏

游戏是儿童的天赋本能与学习媒介，在儿童的身心发展中扮演着重要角色。通过游戏，儿童与周遭人事物产生互动，儿童在游戏中成长，在游戏中学习。通过引导与协助，儿童由游戏中发展出最近发展区，游戏的想象情境可以帮助儿童发展抽象思考。游戏能让儿童实现真实生活无法实现的愿望，游戏代表儿童想象力的发展，也是创造力的表现。一些研究者认为自闭症儿童功能游戏和象征游戏有障碍，其他研究发现自闭症儿童只有象征游戏的障碍。自闭症儿童自发性的象征游戏有障碍，如果教导自闭症儿童游戏，他们也能拥有象征游戏的能力；一般而言，接受自闭症儿童缺乏象征游戏能力的观念，并不意味自闭症儿童在假装能力上有特定的缺陷，而是反映出自闭症儿童可能有更多认知和社会方面的缺陷，并缺乏与他人一起游戏的动机，而妨碍了游戏发展。

游戏作为一种自然和愉快的环境，广泛地在儿童早期提供干预和支持。儿童进入小学阶段后，同龄人在儿童的学习和发展中就扮演着越来越重要的角色。随着儿童年龄的增长，游戏不再是一种关键的发展机制，而更多的是一种学习环境。游戏的重要作用在于培养新技能、练习已经掌握的技能、丰富游戏的内容并尝试以创造性的新方法来使用玩具和其他物品、通过玩玩具练习社交技能。而自闭症儿童比同龄人更容易重复一个动作、可能玩不同寻常的物品，或以不同寻常的方式游戏、在假扮游戏中不像同龄人那么兴致勃勃，使用的技能也更少、更喜欢单独玩玩具，独自游戏的时间更长。

我们的目标在于增加建构性的、多样的、独立的游戏活动。教儿童玩游戏需要由易到难，循序渐进。首先示范，如有必要，再引导。要尽快撤去引导，运用共同活动"四步走"框架（准备、主题、变化、结束/过渡）教儿童更多的游戏技能；通过良好的组织，坐在儿童身后，慢慢离开儿童来鼓励儿童独立地游戏；轮换玩具以防儿童觉得无趣，也可以通过展示同一物件的不同操作方法，增加物件的组件，增加物件的玩的步骤提升游戏趣味性。还需要根据儿童的意愿来调整互动的距离。如若儿童自己能继续独立游戏最好，不能也没关系，可以通过引导、解说、兴趣、微笑、赞同等方式帮助他建立这种技能。当儿童逐渐习惯没有他人的支持也能独立玩游戏时，需要帮助的次数也会相应减少。

1. 自闭症儿童的游戏行为

自闭症儿童游戏时呈现相似的特征，缺乏自发性、弹性、想象力和社会能力。此外，在自由进行游戏时，自闭症儿童还会出现重复的刻板性行为。研究指出自闭症儿童不论在结构化或非结构化的情境下，功能性活动及象征游戏的表现，均较相同心理年龄的智障儿童及一般儿童差。自闭症儿童常被同伴排斥，使得他们的障碍更加严重，当他们有机会自由玩耍时，倾向于重复地玩相同的活动，并且常依照自己的方式玩，如：摇晃小汽车。缺乏功能性玩法，以满足自己的兴趣为主，少有假装性游戏，游戏能力比其他儿童迟缓。下面将从游戏的象征层次和社会层次来认识自闭症儿童的游戏行为。

（1）游戏的象征层次。自闭症儿童游戏的共同特征是以刻板形式操作物体，刻板式的操作游戏所占比率比功能性和象征游戏的比率高，操作玩法由简单到复杂，如：摇晃、敲打玩具、将玩具叠高或排成一排。

自闭症儿童的象征游戏一般都是在下列两种情境评量：①非结构、自发性情境；②结构、提示或引导情境。研究显示在非结构、自发性情境中，自闭症儿童假装游戏的出现有障碍，在提示情境下自闭症儿童假装游戏障碍减少，给予儿童提示的情况下，自闭症儿童也能参与一些假装游戏，提供更多的外在结构和协助，能增加其假装和功能游戏参与度，给予自闭症儿童提示与引导，自闭症儿童会有较佳的游戏能力表现。

总的来说，自闭症儿童游戏行为的发展较同年龄儿童落后，较多刻板性玩法，较少功能性和象征性玩法，但给予儿童提示、诱发和结构化情境，自闭症儿童会有较佳的表现。所以自闭症儿童在象征游戏方面虽然有缺陷，但若能为自闭症儿童设计结构化情境，通过引导与提示，自闭症儿童在象征游戏方面的进步是可以预期的。

（2）游戏的社会层次。自闭症儿童的社会障碍仍影响同伴游戏。游戏时对他人的社会反应程度，取决于儿童社会障碍程度，以及与特定同伴的熟悉度和游戏事件过往经验。在自由游戏情境，自闭症儿童常逃避或抗拒社会接触，很少自发性进入游戏团体及接近同伴。自闭症儿童缺乏与同伴社会互动的欲望与技能、共同游戏的社会技能、游戏兴趣的沟通、社会线索的解读，对同伴的友好社交信号无法了解与适当响应，以异常方式表达参与社交的意图。自闭症儿童缺乏适当技能与策略，接近团体、参与团体。同伴团体无法领会自闭症儿童的特殊行为，排斥自闭症儿童，加剧了自闭症儿童的社会孤离，扩大彼此间的鸿沟。老师虽然能在一对一情境下教导自闭症儿童眼神接触、遵照指令、沟通等技巧，但无法让学生类化技巧及更多自发性地使用。然而，研究发现以非障碍儿童教导自闭症儿童社会技巧的班级模式，能增进自闭症儿童更多适当社会行为、互动及游戏技巧。非障碍学生进入班级，自闭症儿童在自然发生的情境中使用社会技巧，在各种情境中能练习并类化各种技巧。自闭症儿童虽然对社会线索的解读有困难，但让自闭症儿童与普通班学生一同游戏，教师给予引导与协助，自闭症儿童也能拥有良好的人际关系。

2. 整合性游戏团体的基本理念与研究

自闭症儿童缺乏与他人相处时的社会技能与社会理解，对社会线索的解读有困难，无法做出适当的响应。而游戏是学会象征能力、人际技巧及社会知识最重要的社会及文化活动。整合性游戏团体让儿童在游戏团体中能尽情游戏，通过同伴游戏的支持系统，加入较高比例有社会能力的儿童作为社会支持，引导式参与为其特色。儿童在各种不同能力同伴的引导与支持下，提供各种机会让儿童在共同活动中模仿与练习游戏。[1]

研究结果显示，通过整合性游戏团体来促进自闭症儿童社会层次与象征层次游戏，自闭症儿童游戏的社会层次和象征层次有进步，参与者的刻板玩法减少，功能性玩法增加，除此之外所有参与者单独游戏的情

---

[1] 王广帅、鲁明辉：《面向自闭症谱系障碍儿童的教育游戏研究》，《现代特殊教育》2015年第14期。

况减少，有更多共同焦点和平行游戏。经由与父母和老师访谈发现儿童游戏行为的进步不受限于游戏团体，也可以类化到家庭当中。

（三）音乐

音乐疗法是活动支持的一种，是指通过儿童个人唱歌、演奏乐器或选择欣赏音乐来达到干预效果的一种治疗方法。作为一门新兴的边缘交叉学科，音乐治疗将医学、心理学以及音乐相互结合，使自闭症儿童经历音乐体验，从而消除心理障碍，恢复或增进心身健康。音乐疗法主要分为两种，包括主动性音乐治疗和被动性音乐治疗。主动性音乐疗法注重儿童的参与，大多采取治疗师与儿童合作的方式，通过让儿童唱歌、跳舞、演奏来调节情绪，使其心理充实，紧张的情绪能够得到放松。被动性音乐疗法注重治疗师的引导作用，注意乐曲的选择，通过音乐的旋律、节奏等因素对儿童进行音乐治疗。

即兴式音乐疗法（Improvisational Music Therapy，IMT）是音乐治疗的核心方法之一。该方法以来访者为中心，大多以即兴和创编为主，儿童个人或整个小组通过使用简单的打击乐进行乐器演奏、即兴演唱、舞蹈表演以及即兴音乐心理剧等自发随意的表演来达到宣泄情绪和情感的目的。许多自闭症谱系儿童感知觉的敏感性较高，在行为表现上多动和冲动的特点明显，部分自闭症儿童在音乐、美术等具体形象的艺术形式方面比普通儿童表现出更多的兴趣和天赋，而即兴式音乐疗法恰好能满足自闭症儿童感官需要和参与活动的需要。在即兴创作过程中，治疗师通过让儿童识别音乐元素、提供支持性的音乐结构来吸引儿童，为自闭症儿童提供了潜在的社会互动意义，如具有共同注意的焦点、话语轮换和情感调节。此外，国外众多的实证研究表明即兴式音乐疗法对自闭症群体的治疗拥有诸多优势。体现在自闭症群体的积极干预效果上，包括促进自闭症儿童的社会技能发展、共同注意和言语沟通能力的提高等。近年来音乐治疗领域的发展趋势主要体现在以下两个方面：

1. 音乐治疗干预目标的细化深化

研究表明沟通技巧、情绪行为技巧和社交技巧是音乐治疗师的三大主要干预领域。国内自闭症音乐治疗的关键词图谱中融合教育、学前融合、同伴关系等关键词的出现频率增多，原因可能是随着我国融合教育的不断发展,许多轻度的自闭症儿童在普通学校的融合状况引起了研究者的关注,干预目标也随之更加细化。

2. 技术整合的音乐治疗模式的发展

音乐治疗的学科领域较为广泛,有心理学、医学(神经学)、教育学及其他学科,因而也出现了不同价值取向的音乐治疗,比如教育取向的奥尔夫音乐治疗、医疗取向的音乐治疗以及心理治疗取向的音乐治疗等。近年来随着科技的不断进步,音乐治疗领域也融入了新的科技元素,体现出技术整合取向的音乐治疗。一直以来辅助技术对特殊教育都有着重要的意义,在课堂中通过辅助技术来发展儿童的受限功能,能使其最大限度地参与学习。在音乐治疗中加入辅助技术,也能使传统音乐治疗突破乐器的限制,为治疗提供更加便利与高效的条件。

3. 结论与启示

(1)注重由医学模式向社会模式观念的转变。首先国内研究者应转变对自闭症群体的认知观念,使用的称谓词也应以中性词为主,而不只着眼于自闭症群体的障碍症状,应该多发掘他们的强项和潜能。此外,研究者在设定干预目标时应坚持复健与发展教育相结合,加强教育取向的音乐治疗应用,如奥尔夫音乐疗法。该疗法具有游戏性、社会性等特点,可以极大地丰富融合教育的干预方法体系,促进自闭症儿童和普通儿童的协同成长。

(2)注重即兴式音乐疗法在国内自闭症音乐治疗的应用与研究。即兴式音乐疗法对于自闭症群体的干预有着独特的优势,但我国即兴式音乐治疗的发展时间较晚,还未形成系统化的理论实践体系。根据已发表的文献来看,还需在研究质量、研究对象的样本量和结果推广性上加以突破。因此,专家学者们应加快引进即兴式音乐疗法的理论与实践体系,为即兴式音乐疗法在我国的本土化应用找到理论土壤。与此同时,国内的音乐治疗师与科研人员也应增加本土化即兴式音乐治疗实践,相关的高校、机构以及学校等研究单位多进行循证研究,将研究所得经验共享,并积极开展相关培训,共同促进即兴式音乐疗法在自闭症音乐治疗中的应用与发展。

(3)加强信息技术在自闭症音乐治疗研究中的探索与应用。在科技不断发展的今天，音乐治疗也正朝着跨学科方向整合，音乐治疗与信息技术的深度融合也是必然趋势。首先，研究者要有意识地培养跨学科整合的理念，充分借鉴与运用计算机和大数据时代的相关技术，共同开发出更便利、更贴近自闭症群体需求的治疗服务。其次，促进具备技术整合能力的自闭症音乐治疗人才的培养体系构建。在职前培养中，可在大学课程中有计划地增加信息技术、自闭症群体教育的学习内容，开设相关选修课程，加强音乐治疗、信息技术与自闭症教育的融合；对于职后人才培训，可在原有音乐治疗师职后培训的基础上加入信息技术辅助干预的培训内容，比如针对言语沟通领域干预辅助工具的应用培训、针对运动技能障碍干预的交互式多感官技术培训以及 iPad 辅助干预等相关辅助技术的培训，以提高音乐治疗师跨学科的素养与应用能力。

二 三级预防体系

应用于特殊教育的三级预防，强调从正向行为支持中延伸出全校性、教室本位及个别化的三级预防。

三个层级的正向行为支持的第一层级是全校性的正向行为支持，第二层级是教室本位的正向行为支持，第三层级则是个别化的正向行为支持。三个层次正向行为支持可提供学生有效的支持：当学生行为愈严重，则会愈往下接受个别化的正向行为支持。

（一）三级预防的意义和目的

减少行为问题的最好方法是在问题还未产生之前就事先防范，使其无法发生。就一般辅导而言，三级预防的学生由于个别差异大，情绪行为问题并非都属于严重偏差行为，势必需要依照行为严重程度作分级处理。

三级预防倡导特殊教育学生应得到正向预防的支持，而非被动等待问题发生才被注意和处理。并且创造特殊教育学生、家长与教师三赢环境；包括促进特教教师的专业性得以发挥、保护学生受教权并获得实证有效介入方法的支持、家长亦得到专业的引导和陪伴。以此架构作为特殊教育工作者处理特殊教育学生情绪行为问题的规范并落实适性教育。

(二) 三级预防的依据

三级预防依据正向行为支持调整为六大步骤、四大因素,而五大策略也按照正向行为支持拟定。六大步骤依序为选择行为及决定层级、描述目标行为、诊断目标行为、拟定介入方案、实施介入方案和观察与记录行为,具体如下:(1)选择行为及决定层级主要搜集各项与行为相关的资料,了解行为问题的全貌,再判定行为层级。行为不明显采取初级介入、明显行为但不严重或持续采取二级介入,严重、持续行为则落入三级介入。区分层级是为了做适度的评估与介入。(2)具体描述目标行为内容及发生的情境与过程。初级介入可依此对个体基本能力以及环境适配性进行评估。(3)诊断目标行为在二级、三级介入时需使用功能评量了解行为发生的原因、情境与功能、基线数据等。若有危险则先启动危机处理,再进行诊断。(4)依据功能性评量产生的行为假设,以个人为中心,参考学校作息量身制定介入方案。此外,以团队合作方式拟定策略,可迅速了解每个重要他人对介入对象行为表现的期待,亦具有程序性的社会效度。(5)实施介入方案时亦须以团队合作的方式进行,才能达到处理的有效性;过程阶段需让参与人员了解过程中所扮演的角色与任务。在实施过程中,亦随时与参与人员分享及讨论,同时需评鉴及修改该级预防介入方案,适时调整以增进处理成效。(6)观察与记录行为是用来收集、选择与描述目标行为、诊断目标行为、拟定及实施该级预防介入方案等。

四大因素是强调生活形态改变、功能评量、多元介入和区分危机程序和教学课程,具体如下:(1)强调生活形态改变主要是进行二级、三级介入后,须回到初级介入进行个人基本能力与环境适配性的评估,调整 IEP 或环境以支持个人在学校中的生活。(2)二级、三级介入时会透过功能评量来调查问题行为发生的前因后果关系,并将评量结果与行为介入方案作联结。(3)使用正向行为支持之五大策略,运用各种、多元的介入来减少不良行为进而增加正向行为,包含调整生态及情境因素、前事与后果的操弄、教导替代的适应行为,将个人行为导向通当行为。(4)行为介入方案中需包含危机处理程序,二级介入为危机处理,三级介入则为涉及人身安全的紧急处理,处理目的是暂时控制突发状况,减少伤害,而非进行各级的行为介入方案,与平时的课程教学有所不同。

(三) 三级预防的流程

自初级预防开始,依照问题严重程度往次级、三级处理,过程中皆需针对行为问题做该级的评估、发展方案及执行方案。

1. 初级预防

初级预防建议从没有明显情绪行为问题的特殊教育学生本层级开始,提供适性教育为目标,故强调个案的基本能力及受教环境适配性。基本能力包含认知能力、沟通能力、行动能力、人际关系、情绪管理、感官功能、健康状况、生活自理能力及教室适应技巧等九项能力。刚转入或刚进入班级的新生,可从 IEP 会议或与之前导师访谈得知其基本能力,而已在班级的学生则可据 IEP 会议及档案内容与过去教学经验得知;环境适配初级预防作为介入方案结合记录于 IEP 中。通过向该层级全体学生实施教学计划,并用课程本位测量进行筛查,从而发现学习或技能等方面表现不佳者,然后筛选出 20% 的学生进入第二层提供更集中的指导。

2. 次级预防

次级预防建议给情绪行为问题明显而不严重或问题行为不持续存在的学生使用,为其提供补充性教学,以改善行为与预防问题行为为主要目标考虑,若具有危机行为则先处理爆发性行为,若无危机则使用功能评量进行评估。评估后针对评量结果拟定次级预防策略,干预策略使用正向行为支持的五大策略,多元且全面性的介入,使行为问题减少,正向行为增加。稳定后进行初级预防,调整学习环境以及加强个人能力。教师通常会将该层级学生组成目标小组进行干预,统一实施补充性教学、实施干预计划,并继续筛选低于要求的学生,筛选出 5% 左右的学生进入第三层。

3. 三级预防

三级预防建议给情绪行为问题严重且持续的学生使用,以改善行为与预防问题恶化为主要目标考虑,特殊教育教师为学生提供更加密集的、个别化的教育计划。若涉及严重人身安全则先进行紧急处理，包括当下掌控事件及治理伤势、介入处理当事人的危机降低负面影响、总结事件并追跟辅导；若无紧急状况则实施进阶功能评量评估，根据评估结果进行变通性教育安置或拟定三级预防策略。变通性教育安置需根据具体情况做不同安置，分别从个体与家庭、全校性及社区做必要辅导，协助学生逐步回归校园。三级预防策略使用正向行为支持所提的五大策略，多元且全面性地介入，使行为问题减少，正向行为增加。稳定后进行初级预防，调整个案学习环境及增强个人能力。

4. 三级预防的优点

三级预防将行为问题分级处理，在消极部分起到的作用是可以避免流入一般辅导迷思——特教学生的行为问题属严重偏差行为，积极部分的作用则是提醒实务工作者思考对特殊教育学生行为问题进行的行为处理是否适切。三级预防通过考查学生接受有效干预后的结果来确定其是否为特殊需要学生，能够有效减少误判的概率。除此之外，功能评量可调查问题行为发生的前因后果，并将评量结果与行为介入方案作联结。在进行各级介入方案之后均需回至初级介入做基本能力与环境的调整，消极部分避免问题行为因子的产生，积极部分则是创造正向、支持的环境供特殊教育学生学习及生活。使用正向行为支持，在于提醒实务工作者对特殊教育学生行为问题均需正向处理，提供支持环境，使用正向语句及教导正向行为。由于三级预防体系不仅能提高鉴定的效度，而且能够为教育干预指明方向，因而受到了广泛关注和应用。

5. 实施三级预防的伦理原则

实施任何行为评量或介入，应以维护学生福祉为最高考虑，包括维护学生尊严、身心健康和人身安全以及倡导学生接受最有效治疗的权利。在实施任何行为评量或介入时，需保护个案隐私，并确保所实施的程序是有实证支持的。优先使用已被科学证实有效的评量和介入，或使用科学的方法去评估尚未被证实的有效方法。使用有效的评量和行为改变程序，都要遵守最少侵入性的原则。如果需选择较具侵入性的策略，必须要充分告知监护人并取得同意。执行程序必须得到校内特教推行委员会的许可，并须受到持续地督导，且所有执行内容，包括充分描述执行的程序、可能的效益及风险都应告知学生与监护人，并取得同意。介入计划应考虑学生所属环境，以最少限制、学生最大参与为原则。并考虑学生与环境适配度，运用多元策略，以最多相关人员参与为原则。除此之外，所有计划应持续、定期评估成效，并依据变化做调整；在实施行为评量或介入时，特殊工作者有权利接受专业督导以确保执行的质量，并且应持续参与相关专业技能的培训。

第十章　多方法整合

第一节　方法和理念的整合

一　成人主导和儿童主导

由于年龄较小的自闭症儿童，或年龄稍大但能力较低的儿童难以在缺乏指导的情况下进行足够的练习，很难在低结构化的设置中学习。另外，由于固有的缺陷，自闭症儿童难以在社会环境中向其他儿童学习，因此特别需要个别化的辅导来对其进行相关的干预。

关于适用于自闭症儿童的教育模式或方法，国内外存在多种干预理念。一些针对自闭症儿童的教育模式是高度成人主导的。其特征是在教学实践中有明确具体的教学步骤，不论是对于指导者而言还是儿童而言，都只具有很少的变化性、灵活性和自发性。一些干预方法依照一套标准流程来达到目标，在某一具体领域对重要的已备技能和必备技能进行训练，为培养儿童更复杂、更高级的能力做准备。这些方法主要依靠成人主导的教学策略，关注的层面在于儿童的命令依从性和如何做出"正确的"反应。对应的评估方法是计算儿童正确反应的百分比，儿童的各种反应也在教学方案中预先做了界定。

与成人主导的方法相比，还有一些干预方法的教学目标和教学实践主要是通过积极模仿与回应来提高儿童的兴趣和动机并以此促进儿童的行为反应。这些方法也被称为辅助性教学方法，其目标更多地集中于建立人际关系和信任感。通过认可儿童的动机、关注其注意力、进行情感上的交流，家长和老师更容易与儿童建立信任关系和同伴关系。

成人主导或者儿童主导都是值得借鉴的经验。另外，大部分自闭症儿童能从同伴身上受益（例如具有行为一致性和可预测性特点的同伴），他们有助于吸引和促使儿童参与人际交流和日常活动，提高情绪控制能力。通过创造机会鼓励儿童参与日常生活中有意义的活动对儿童大有裨益，可以在很大程度上帮助他们以更加灵活的方式习得某一技能。

因此，对比成人主导的指令性方法和儿童主导的辅助性方法，有学者建议尝试采取折中的办法，这样做既是系统化的、半结构化的，同时也是灵活的。根据科研结果和儿童需要以及家庭诉求，设置多层次的目标。在有意义的活动中帮助儿童创造性地解决问题、分享愉快的经验、共同推进干预工作。①

总之，自闭症儿童干预需要在其能力发展水平、儿童活动要求和家庭诉求的基础上，充分考虑个别差异，向儿童和家庭提供灵活的应对措施。此外，自闭症早期干预不仅仅需要关注技能训练及儿童功能性技能的发展，注重儿童基本能力的开发，更需要立足于个体的长远发展。②除了关注早期认知技能、学习技能、自理能力以外，还要重视儿童的人际交流、情绪管理以及扩展社会支持，这些是未来学习和发展的基础。因此，自闭症干预是灵活的、半结构化的、教育的、兼容的。需不断从各种教学策略中整合经验（例如辅助沟通系统、视觉支持、正向行为支持、社会故事法、关键反应训练等）。

童年时期的学习大部分是在日常活动和经历的社会情境中产生的。因此，隔离状态下的干预不是儿童取得进步的根本原因，通常同伴在日常生活各种情境中对自闭症儿童进行支持能够促进其进步。常见的干预理念包括：

（1）通过社会支持（例如人际支持、学习支持）的实现来改善人际交流和情绪情感调节；（2）通过同伴干预儿童日常活动促进儿童在特定领域能力的发展；（3）通过社会支持提高儿童的人际交流能力和情绪情感调节能力。这样就能在儿童受教环境中以及日常活动里为其带来全面

---

① 王永固、张庆、黄智慧、许丹：《社会故事法在孤独症儿童社交障碍干预中的应用》，《中国特殊教育》2015年第4期。

② 曾海辉、林丽萍、韦晓燕、陈爽、李海芳、黄秀容、杨小琴、曾侠一、罗秋燕：《社会功能为主线的综合干预模式治疗儿童孤独症临床研究》，《中国康复医学杂志》2016年第5期。

的、长期的积极影响。

自闭症儿童不是唯一的干预对象,除了自闭症儿童,还要帮助所有的同伴,以使他们更加有效地与自闭症儿童交流。同伴是专业合作过程中不可缺少的一部分。同伴对儿童的发展会产生持久的积极影响,并且这些积极影响会渗透到所有的活动与情境中。将儿童发展的需要和同伴的参与相结合,促使同伴成为儿童发展的有力支持者。这不仅有利于支持儿童在不同活动和情境中相关能力的发展,而且对儿童的生理发育、认知发展、人格完善起着重要的促进作用。[1] 由于自闭症儿童具有外显的社交障碍,同伴面对的最严峻的挑战就是如何与儿童积极互动,为儿童创造主动的学习机会。因此,在为儿童发展设计的所有活动中,良好的沟通技巧都是同伴不可或缺的技能。

自闭症儿童的评估和干预应置于自然情境之下,以儿童发育规律为基础。基于自然情境中儿童的表现制定评估以及干预策略。在自然情境下,通过提高动机来帮助自闭症儿童习得关键性技能,运用自然的活动或情境来培养自闭症儿童主动参与的能力、消化吸收所学知识和技巧的能力进而促进泛化,以应对真实的生活环境。[2]

二 具体干预和综合干预

目前,自闭症儿童的教育干预主要分为两类。第一类是具体干预技术(Focused Intervention),指通过某一种干预技术,对自闭症个体的单一技能或目标行为产生影响。美国国家孤独症证据与实践交流中心(National Clearinghouse on Autism Evidence & Practice,NCAEP)2020年颁布的《孤独症谱系障碍儿童、青少年及成人的循证实践报告》确定了28种具有循证实践依据的具体干预技术。[3] 第二类是综合干预模式(Com-

---

[1] 陈路桦、于素红:《同伴介入法提高孤独症幼儿社交能力的实证研究综述》,《中国特殊教育》2020年第8期。

[2] 魏寿洪、许家成:《自闭症儿童主动口语沟通行为干预的个案研究》,《中国特殊教育》2007年第12期。

[3] Hume K., Steinbrenner J., Odom S. L., et al., "Evidence-based Practices for Children, Youth and Young adults with Autism: Third Generation Review", *Journal of Autism and Developmental Disorders*, No. 4, 2021, pp. 1–20.

第十章 多方法整合 ◆◇◆

prehensive Treatment models），其基于一定的理论框架，由一系列具体干预技术组成，根据每个儿童的发展特点和核心缺陷，系统地使用各种具体干预技术，以克服传统训练方法的单一、割裂，提高自闭症儿童的整体发展水平。鉴于每个自闭症儿童往往存在多方面障碍且需要同时发展多种能力，不同能力之间彼此又相互影响，采用多种具体干预技术对自闭症儿童进行全面、综合和系统的干预成为当今特殊教育界研究和实践的趋势。

综合干预模式最早由 Betteheim 于 1960 年提出。2001 年美国国家研究委员会（National ResearchCouncil，NRC）提出十种综合干预模式。综合干预模式的六个标准为：(1)干预模式的描述在学术期刊发表过；(2)模式有定义，并在单独的指导手册、指南或课程中出现；(3)有明确的理论或概念框架；(4)模式关注多个发展领域，至少能处理自闭症的核心障碍；(5)模式的干预强度具有密集性和长期性；(6)模式已在不少于一个地方实施过。[①] 综合干预包括契机式学习、关键反应训练、TEACCH 方案等。契机式学习是倡导在自由化、非结构化的环境中进行训练，同时鼓励父母和正常的同伴介入的融合性干预。父母同时要参加培训，以最大化自闭症儿童接受干预的强度以及达到保持干预一致性和持久性为目标，从而改善自闭症儿童的核心障碍，帮助自闭症儿童获得更好的发展。关键反应训练以儿童为主导，强调通过自然情境以及提高自闭症儿童的动机水平来帮助自闭症儿童习得关键性技能，包括学习动力、自我控制力、对不同环境线索的反应、自我管理、交往的主动性等方面的技能习得。在这样一种自然干预模式下，儿童能够在这些领域内取得进步，也能够泛化其他领域的技能和行为，从而实现更好的发展。TEACCH 即结构化教学法，其核心概念是结构化和个性化。一方面，注重把物理环境、作息时间、工作学习组织等方面结构化；另一方面，强调根据每个自闭症儿童的特定技能和兴趣制订个性化的发展目标和特定的一套训练

---

① Odom S. L., Boyd B. A., Hall L. J., et al., "Evaluation of Comprehensive Treatment Models for Individuals with Autism Spectrum Disorders", *Journal of Autism & Developmental Disorders*, Vol. 40, No. 4, 2010, pp. 425 – 436.

教育计划，从而提升自闭症儿童的交际能力。采用综合干预，可以显著改善自闭症儿童的社交能力、语言能力及生活适应能力，帮助自闭症儿童获得更好的发展。

综合干预模式的干预目标、干预时长和干预技术具体如下。

1. 干预目标：以社会交往领域为主，强调核心障碍的干预地位

综合干预模式的干预目标涉及社会、认知、自我、感知运动及情绪行为五大领域。首先，在社会领域，干预目标涉及社会交往、共同注意、游戏能力和模仿能力等方面。大多数模式都强调社会交往这一核心障碍领域的训练。行为主义模式采用语言行为疗法对自闭症儿童进行应答训练；发展主义模式采用手语、图片交换沟通系统等方式促进自闭症儿童的功能性交流；自然主义模式采用更加自然的方式促进自闭症儿童与正常同伴之间的交往。游戏能力是社会领域的另一个重要方面，一部分干预模式主张通过与干预者共同玩玩具、做游戏，让自闭症儿童掌握基本的社交互动能力，如RDI模式。其次，在认知领域，干预目标涉及学业成绩、认知能力、入学准备、职业技能等方面。教授数学、阅读和写作等技能是因为足够的入学准备有利于将自闭症儿童更好地安置在融合教室中。再次，在感知运动领域，干预目标涉及运动能力和感官知觉两方面。大多数综合干预模式都教授适合儿童年龄的粗大和精细运动技能。在自我领域，干预目标涉及生活自理、自我决定、安全防护和适应行为等方面。在情绪行为领域，干预目标涉及情绪管理、问题行为和心理健康等方面。

2. 干预时长：以高强度密集型为主，强调儿童的参与程度

美国国家研究委员会（National Research Council，NRC）和美国儿科学会（American Academy of Pediatrics，AAP）都建议自闭症儿童每周要接受至少25小时的密集型干预。多种综合干预模式均主张每周为自闭症儿童提供15—40小时不等的密集训练，并至少持续一年。但也有研究发现，干预强度与干预效果之间没有必然联系，儿童在接受干预时的表现与能力才是决定干预效果的重要因素，有的干预每周只采用15—20小时的训练同样取得了积极的效果。因此，干预强度不能只通过每周实施干预的时间来定义，而应看儿童实际的参与程度，适当的、能满足儿童需

求的干预才能取得积极的效果,而单纯生硬地要求干预强度的量化指标有时会适得其反。因此,越来越多的干预模式采用灵活的授课方式与课时数,强调根据儿童的特点变化每周干预时长,体现了干预强度的灵活性。

3. 干预技术:强调循证实践的依据,注重多种技术的整合

循证实践(Evidence-Based Practice,EBP)是指实践者根据具体的实践情境,检索并选择与实践情境相关的最佳证据,再结合实践者的个体经验,针对服务对象的具体特点,给予服务对象最佳的干预方案。多种综合干预模式都以循证实践为导向,选择有循证依据的干预技术。干预技术大致分为行为主义、人际关系、媒质介入、生物医学和技能训练五种类型,其中行为主义和媒质介入干预法最常被使用。循证实践对当前自闭症干预技术的有效性、适用年龄段、适用的自闭症谱系障碍亚型都做了详细说明,这为选择具体干预技术提供了详细的指导依据。[①] 与此同时,由于自闭症是一种广泛性发育障碍,任何一个自闭症儿童都存在多方面的缺陷,需要同时发展多种能力,采用多种干预技术对自闭症儿童进行全面、综合、系统的干预成为一个重要发展趋势。

第二节　整体大于部分

一　评估和干预的多要素协调

人际交流能力、情绪管理能力、外在的社会支持是促进自闭症儿童发展和融合的重要因素,是增强自闭症儿童独立性和社会适应的关键,是教育和干预要努力达成的目标。自闭症儿童的人际交流能力、情绪管理能力和外在的社会支持是相互关联、相互依赖的。评估和干预必须处理好三者间的关系。

人际交流的评估和干预应立足于自然情境中,运用自然的活动或情境培养儿童的人际交流能力。同时需要注意言语和非言语交流的功能性,

---

① 魏寿洪、王雁:《美国循证实践在自闭症谱系障碍儿童干预中的应用及其对我国的启示》,《比较教育研究》2011年第6期。

而不仅仅是简单地注重词汇、语法的教育。交流过程中无论言语还是非言语方式都能促进人际交流能力的发展。发展儿童的语言与交际能力应该成为儿童教育活动与日常活动中最为主要的部分，从而达到促进儿童发展的目的。干预人际交流能力时，需注意激发自闭症儿童的动机，鼓励自闭症儿童在日常生活中自主发起交流，发展其社会交往的意识以及交际的自信心。①

关注儿童情绪的自我调节以及情绪调节，并且要注意儿童的唤醒状态。儿童唤醒水平出现问题，会对情绪控制产生不利影响。因此，必须让儿童能够处于稳定的、可控的良好状态，或者学会求得帮助来改善情绪。

此外，需要重视可能会引起儿童紧张或者焦虑的情境或因素，并且训练儿童使用情绪调节策略，使其在不同情境中能够独自应对紧张或焦虑的情绪。还要仔细研究同伴的行为，并分析同伴的支持行为对情绪调节的影响。②

为了促进儿童积极独立地参与活动，必须为自闭症儿童提供必要的社会支持。人际支持与学习支持能够帮助儿童理解活动的目的，这些支持还能够指导儿童尽可能成功地、独立地参与活动。社会支持对发展自闭症儿童人际交流与情绪调节具有积极意义。与同伴一起学习、一起游戏是干预与社会融合的关键要素。

人际交流、情绪管理、社会支持三方面在理论、发展、教育实践等方面绝不是相互独立的，三者的整体协调干预要大于部分简单相加。

1. 社交能力的提高可防止或减少问题行为。这是由于社交能力促使儿童从他人那里寻求帮助（如请求帮忙），表达情绪（如表达愤怒或恐惧），以社会可接受的方式进行社会控制（如选择或抵制某活动）。因此，当儿童以这些方式交流时，其情绪调节能力便得到发展。

2. 当同伴能快速敏锐地调节语言和社会刺激水平（人际社会支持）

---

① 曾小荣、陈泽源、马博森：《基于互动视角的自闭症人群交流行为研究：现状与启示》，《中国特殊教育》2021年第10期。

② 刘亚鹏、邓慧华、梁宗保、张光珍、陆祖宏：《早期情绪性对学前儿童问题行为和社交能力的影响》，《心理发展与教育》2019年第6期。

或在日常活动中使用视觉支持（教育教学社会支持），儿童加工处理语言的能力（人际交流）和集中注意参与活动的能力（情绪管理）将会提升。

3. 当儿童在拥有时间安排表的情况下能够成功发起或停止一项运动性活动（情绪管理），如早晨从学校公车到教室这一过渡阶段（社会支持：教育教学支持），儿童在这种合作教学活动中更容易获得成功（人际交流），他们因此也不需要花费较多时间来适应自己在学校的学习和生活。

综上，基于多维度、多主体的综合考量，向儿童提供支持时应观照到以下几个方面：

首先，儿童是积极的学习者。当儿童以富有创造性和灵活性的方式来思考解决问题（而不是以刻板的方式生搬硬套），并且通过寻找和运用社会交往来增进学习机会时，会达到更好的学习效果。当提供支持时（例如视觉支持），需要匹配儿童的能力、兴趣和需求。

其次，发展的各个方面是相互关联的。例如人际交往能力有助于情绪管理；粗大和精细运动技能的增强有助于主动解决问题和学业学习。想象游戏能力的发展受到语言能力的影响，语言能力对人际关系有积极影响。通过孤立的或重复训练等不自然活动获得的技能难以体现这些关系。[1]

再次，与具备良好的社交、语言能力的儿童在自然情境中进行相互交流，是支持自闭症儿童发展人际交流和情绪管理能力的重要组成部分。这是由于在自然情境中解决问题和进行谈话有其灵活性和多变性的特点。这样的场合亦有助于正常儿童更好地理解有发展障碍的儿童，促使其成为更具敏感性和合作性的同伴。因此，在社会支持中，正常儿童与自闭症儿童相互依赖和学习，皆有收益。[2]

最后，一般认为，专业人员或其助手一旦开始与自闭症儿童接触，

---

[1] 李晓燕、周兢：《自闭症儿童语言发展研究综述》，《中国特殊教育》2006年第12期。
[2] 连福鑫、王雁：《融合环境下自闭症谱系障碍儿童社会交往同伴介入干预研究元分析》，《教育学报》2017年第3期。

他就与儿童、家长及其他照料者进入了一个动态变化的、相互作用的人际关系中。其中需要重视并培养的品质有：信任、尊重、认可儿童和家庭的潜力和独立性。

此外，由于儿童的成长与发展，儿童父母对自闭症的深入了解，父母对支持儿童发展的日渐自信，对于儿童和家庭规划的日益明确，治疗关系需随之改变。随着家长的变化和家庭需求的改变，专业人员需灵活敏锐地加以应对，且尊重家庭的决定。

总之，专业人员需注意：（1）发展和提供适应儿童的必要的教育教学支持；（2）与帮助儿童的所有同伴共同努力，通过人际支持促进其人际交流和情绪调节；（3）向那些有良好语言、社交能力，能发展良好同伴关系的儿童提供学习经验；（4）向家庭提供教育资源、直接干预策略和情绪情感支持。

二 评估和干预的原则

儿童的学习大部分是在日常活动和生活情境中进行。因此，父母或兄弟姐妹以及同伴在日常生活情境中为儿童提供支持会促使儿童进步，隔离状态下的干预并不利于自闭症儿童进步。[①]

自闭症干预应直接触及自闭症儿童发展的核心问题。对于自闭症儿童来讲，一个有效的评估—干预计划需要专业人员以认真谨慎的态度与儿童父母及其同伴合作。此外，自闭症儿童的早期干预应该综合多学科的应用方法，尊重、借鉴并注入多个学科的知识，包括普通和特殊教育学、言语—语言病理学、职业治疗、儿童心理学和生理学以及社会工作等。具体的评估和干预原则如下：

1. 早期干预的一项基本原则：与儿童一起开展有效的工作

指导老师和同伴须认真考虑儿童的情绪唤醒水平、情绪控制水平以及儿童学习和参与社会交往的能力。干预过程的结构化、一致性和可预测性能够为儿童及其家庭提供学习框架和学习支持；灵活的结构设置、

---

① 程秀兰、王莉、李丽娥、张晓艳：《孤独症儿童融合教育干预的个案研究》，《学前教育研究》2009 年第 6 期。

第十章 多方法整合

经由人际交流和自主选择施加社会控制、在各种社会性活动和非社会性活动中创造问题解决机会，均可以提高儿童的自主决定能力和情绪适应能力。

2. 注重评估行为的"功能"

对于那些表现出非常规的、问题行为的自闭症儿童，必须注意判断其行为的功能，通过对行为的功能分析制定干预策略，促使儿童发展出更加合适的方式来表达意愿。通过家庭、学校和社区中的日常活动提供评估和干预情境，促进自闭症儿童的发展。

3. 整合多种工具、多种手段对学生进行全面评估

通过对评估方案与课程教学的设计和调整，可以兼顾双重特殊学生在学习上的个别差异，进而提升他们在教育环境中的适应性，并帮助其发挥潜能。双重特殊学生存在"能力—成就差异"的现象，表现为内在能力和实际成就不一致。因此，评估或鉴定时，既要重视双重特殊学生与一般学生的个体间差异，同时也要重视其个体内在差异。除超常和障碍外，达不到超常或障碍标准的优势和劣势情况也需要重视。目前，没有鉴定或评估工具能涵盖所有的双重特殊学生，现有的评估工具都具有一定的局限性。因此，整合多种工具、多种手段对学生进行评估，工具上包括创造力测验、智力测验、学业测验、情绪行为测验等，手段上包括量表、检核表、观察等，从认知、情绪、行为等多方面综合分析超常和障碍的特点及产生的具体原因，是开展教育或干预方案的基础。

4. 评估和干预应该以儿童发育规律为基础，将评估和干预置于自然情境之下，并且以儿童和家庭为中心

家人是专业合作过程中不可缺少的一部分，其在教育过程中扮演的角色不是由专业人员直接决定的，而是有家庭系统理论的支撑。同伴在支持自闭症儿童发展时所扮演的角色同样也是参考家庭系统论的观点确立的。儿童的需求和家庭的诉求引导着具体学习目标的选择和学习情境的设置。即通过运用更加自然的活动或情境来培养自闭症儿童主动参与的动机、理解概念的动机和消化吸收所学能力和技巧的动机，这样有助于最大限度地发展儿童的能力。

5. 干预方法应当是个别化的，符合儿童当时的发展水平，综合评估

其学习的优势和劣势

儿童独特的学习优势和学习劣势在决定其安置时发挥着至关重要的作用。对儿童优势和劣势的综合评估结果与该特殊儿童的教育目标和干预方法直接相关。把个别化教育目标和儿童学习差异灵活地进行处理和整合，尽力支持儿童的发展。自闭症儿童的优势和不足表现出明显的差异性。[①] 实际上，就优势和不足而论，一名自闭症儿童可能更像一个普通儿童或某种伴随发育障碍的儿童。例如，相对自闭症而言，某个案可能更像是伴有发育性语言障碍。因此，对儿童优势和劣势的综合评估结果与该特殊儿童的教育目标和干预方法直接相关。把评估结果和教育方案相连接与评估和教育的中断形成鲜明对比。那些只根据定义对所有儿童使用标准化的、统一课程的方法忽视或极少关注儿童的个别差异。[②] 此外，还要考虑学习风格的差异以及思维模式的差异，充分利用儿童的优势，不致力于"修复"儿童的弱点或"缺陷"。优势、劣势以及学习模式需要在评估和干预方案中加以说明。[③]

6. 为达到干预目的，在教育过程中长期教育目标和教育策略间应具备逻辑一致性

研究表明，早期能力为发展更复杂的能力提供了基础。例如，若对某一儿童而言，人际交流领域的首要目标是成为有胜任力的、自信的交流者，在早期就需支持该儿童为达成目的，参与或发起同伴间的交流，不论他处于学语前阶段还是学语后阶段。一些方法注重早期干预的顺从训练，这与帮助儿童社会独立和促使儿童自主决定的长期目标不一致。倚重行为管理的方法过于依赖外部的成人刺激，其指向与首要长期目标——提升儿童的自我控制水平、促进情绪管理——不一致。为了提高儿童的人际交流或情绪管理能力，一些教学策略侧重于教导儿童对外部刺激做出反应，这会导致儿童的消极被动。

7. 评估和干预方法应当统合方方面面的经验

多方面的理论和经验都会有助于干预方案的形成。具体包括以下

---

① 石筱菁：《自闭症儿童多元一体化教育干预的实践与探索》，《上海教育科研》2020年第12期。
② 昝飞、马红英：《自闭症儿童的干预内容与方法》，《中国临床康复》2005年第4期。
③ 张文渊：《自闭症的病因、诊断及心理干预》，《中国特殊教育》2003年第3期。

内容：(1)理论（例如发展理论、学习理论、家庭系统理论）；(2)临床和教育数据（例如在日常语境和学习情境中记录的实践结果）；(3)相关建议方法的知识经验（例如对临床和教育经验的总结）；(4)社会价值（例如以社会价值观或个人价值观为基础的教育实践和教育目标）；(5)实证数据（例如达到实验控制基本要求的实验结果）。

8. 评估过程中应当不断开发和应用有效的、进步的测量手段

当记录儿童的进步和教育方法的有效性时，使用超越传统静态测量水平的方法是很重要的，例如经过改进的标准化测验或改良的学校选修课程。扩展的和动态的测量方法的应用范围包括日常交流的参与程度和成功程度；情绪表达和管理的相关维度；人际交流动机；社交能力；与同龄人的关系；自然状态下参与活动时的胜任力和主动性；最后是对自身生活做出短期决定和长期决定的能力。[①]

评估不能仅仅局限于评估自闭症儿童的变化，评估需涉及与同伴、环境和活动相关的变量，这些变量属于社会支持领域，能够促进或者抑制儿童的发展进步。[②] 服务提供者需要集中有效的测量手段，全面评估儿童的能力，以此引导教育决策，并判断干预是否达到了积极的教育效果。测量过程中需要重点关注的内容包括：(1)在功能性活动中通过主动发起交流所得到的收获；(2)面对情绪管理上的挑战时仍能保持良好状态的能力；(3)利用活动、同伴和环境将新获得技能泛化的能力。

换句话说，提高自闭症儿童的人际交流能力、社会情感能力不仅需要增强儿童特殊的交流技能，还需要增加许多社会交往、社会关系和情绪管理等动态方面的技能，还包括改善同伴行为、设计促进性活动和学习环境，这些都是早期干预的目标。[③] 对儿童而言，最终目标是能够成

[①] 魏寿洪、王雁：《自闭症儿童社会技能评估的研究进展》，《中国特殊教育》2010年第10期。

[②] 周念丽、方俊明：《自闭症谱系障碍儿童综合评估模式之建构与检验》，《中国特殊教育》2009年第3期。

[③] 周娱菁、刘靖、李雪、杨文、齐军慧、王慧、刘静然：《学龄期孤独症儿童社交技能训练的疗效》，《中国心理卫生杂志》2016年第5期。

功地参与包括成人和同龄人的各种各样的适宜活动。

三 未来发展趋势

第一，更加强调在所有自然情境中的语言和交流都具功能性，而不仅仅是简单地教授语言与言语行为（例如词汇、语法）。教育的首要任务就是培养自闭症儿童表达不同行为功能与目的的人际交流能力，而不仅仅是教授言语行为。交流过程中无论言语还是非言语方式都能促进人际交流能力的发展。发展儿童的语言与交际能力应该成为儿童教育活动与日常活动中最为主要的部分，从而积极改善儿童的生活。

第二，关注儿童情绪的自我调节以及情绪调节对交流、社会互动以及学习的影响，并且要持续监控儿童的唤醒状态。儿童情绪以及唤醒水平调节出现问题，会对注意能力以及活动水平产生不利影响。相应地，最终可能成为儿童行为出现问题，社会互动与社会情绪发展受到限制的原因。双向调节与自我调节能力以及从极端调节异常中恢复正常的能力的发展是最为优先的目标之一。也就是说，儿童必须培养自己的独立能力，让自己能够维持稳定的、可控的良好状态（也就是自我调节）；学会求得帮助或者应对他人给予的情绪调节支持（也就是双向调节）；并顺利从加剧的调节异常中恢复（也就是从极端的调节异常中恢复）。应该调整对于儿童来说可能会引起紧张或者焦虑的情境或者因素，以避免调节异常，而且应该教给儿童具有针对性的情绪调节策略使其在上述情境中能够独自应对。

第三，行为问题的解决方法与人际交流方案的设计密切相关，并由儿童情绪调节的困难程度决定。将问题行为放到情绪调节与人际交流这两个更大的发展领域去看待。目前正向行为支持被视为应对自闭症儿童问题行为的可行策略，备受推荐。许多已经证实有效的问题行为解决方法，例如教授替代性的沟通行为或者与问题行为功能相同的替代行为，已经作为情绪调节计划的一部分开始实施。例如，儿童的主要目标是以社会接纳的手段抵制或者拒绝他人，促进情绪情感的自我调节，消除不被社会接纳的交流手段。此外，想要理解并说明问题行为，就要仔细研究同伴的行为（就是人际支持，是社会支持中的重要部分），并分析同伴的支持行为对情绪调节的影响。

第四，环境的安排与活动的设计都是为了激发自闭症儿童的动机，鼓励儿童自主发起交流，这是最优先的目标之一。从计划性的常规活动到自然发生的活动，强调学习情境的连续统一。在这个统一体中，我们优先教给儿童的策略鼓励自闭症儿童在日常生活中自主发起交流与语言，形成对社会控制的知觉以及交际的自信。我们在社会支持中将此称为学习支持。因此，环境和活动的安排都是为了激发人际交流与社会参与的动机。例如，活动可以提供频繁选择的机会，其他自然情境也可以创造人际交流的机会与需要，从而在双向互动与活动中促进儿童自主交流的发起。

第五，社会支持是为了促进儿童积极独立地参与活动。许多自闭症儿童在人际交流上存在困难，尤其是在一致性与可预见性都比较低的低结构化的学习环境中。对于自闭症儿童来说，日常活动的一致性与预见性是至关重要的，两者是情绪调节的基础。这样的活动也是促进儿童发展的主要情境。计划性的常规活动以及更加自然化的活动是有效的学习情境，这种情境能够激发动机，促进迁移。交往性质的人际支持与学习支持帮助儿童理解活动的目的，这些支持还能够指导儿童尽可能成功、独立地参与活动。人际交流与情绪调节对激发动机与提升参与积极性、增进灵活性、培养独立能力都是有效的。

第六，与同伴学习、游戏是教育与社会性学习的关键。对自闭症儿童来说，与同伴互动，并且最终能够建立良好关系可能是极大的挑战，因此需要在教育活动中特别教导。所以，教育的对象除了自闭症儿童以外，还应包括所有的同伴，使其更加有效地与自闭症儿童交流，实现建立良好关系这一至关重要的目标。这一目标显示了人际交流与情绪调节的特别之处。

第七，专家与同伴之间良好关系的建立是专家与同伴成功合作的基础。率先要考虑的是在专家与同伴之间建立互相尊重的关系，以增进同伴的效能感与信任感。在大部分案例中，同伴对儿童的发展产生的积极影响最为持久，并且这些积极影响几乎会渗透到所有的活动与情境中。由于自闭症儿童具有外显的社交障碍这一本质特征，同伴面对的最严峻的挑战就是如何与儿童积极互动，为儿童创造主动的学习机会。正如我们为自闭症儿童所做的那样，我们尝试让儿童的社会同伴的行为尽量朝积极的方向改变。此外，我们相信，虽然自闭症儿童有社交困难，但毫无疑问的是他们有能力与成人和儿童建立良好的关系。专家与同伴之间的积极关系的建立对儿童最佳社交、沟通以及情绪的发展，以及与照料者之间有效的、合作式的关系的建立来说都是至关重要的因素。

第八，整合学校、家庭和社会支持。由于双重特殊的隐蔽性和复杂性，许多教育者一旦发现学生具有某种障碍后，就容易被障碍遮蔽，习惯性地将注意力集中在学生的弱点上，不会再去挖掘其是否具有特殊的学习能力，可能导致这部分学生的天赋被埋没。还有一些教育者缺乏特殊教育经验，认为学生的"超常"是由于勤奋所致，而"障碍"是由于懒惰所致，对学生先天条件的重视不够。对学生障碍和超常的认识不足，不利于从根本上改善教育水平。

学校对双重特殊学生的忽视以及家庭和社会的低支持度都可能在无意中强化了学生的低学业效能感和低自我价值。部分双重特殊学生因得不到足够的重视而感到沮丧、愤怒，容易被同龄人拒绝，缺乏归属感，有较高的抑郁、焦虑和孤独感。因而，教育管理部门和学校应重视双重特殊学生的识别和干预，在教师教育中纳入有关双重特殊学生的内容，不断优化和完善特殊教育体系。对于双重特殊学生的支持必须针对学生所有领域，除了学业支持也要重视学生的情感和社交的需要。再者，学校要建立一个支持的环境，注重教育生态环境的改善，帮助双重特殊学生和任课教师、普通学生建立良好的关系。在班级上形成相互理解、相互支持的氛围。此外，教师、家长和双重特殊学生三者之间应相互交流合作，建立学校—家庭—社会生态支持系统，鼓励学生积极的自我认同，积极拓展同伴关系，帮助其融入学校和社会环境，促进学生各方面协调发展。

参考文献

一 中文文献

（一）专著

邓猛：《融合教育与随班就读：理想与现实之间》，华中师范大学出版社 2009 年版。

钮文英：《身心障碍者的正向行为支持》，台北心理出版社 2009 年版。

钮文英：《拥抱个别差异的新典范：融合教育》，台北心理出版社 2008 年版。

薛烨、朱家雄等：《生态学视野下的学前教育》，华东师范大学出版社 2007 年版。

（二）论文

卜凡帅、徐胜：《自闭症谱系障碍诊断标准：演变、影响与展望》，《中国特殊教育》2015 年第 2 期。

曹漱芹、曹颜颜：《孤独症：大脑极端男性化的表现形态？》，《心理科学进展》2015 年第 10 期。

曹漱芹、曹颜颜：《指长比与儿童自闭症——兼论自闭症"极端男性脑"理论及启示》，《中国特殊教育》2014 年第 8 期。

柴浩、俞畅：《自闭特质对预测加工的影响——来自预测序列事件相关电位的证据》，《中国临床心理学杂志》2021 年第 3 期。

陈晖：《论绘本的性质与特征》，《海南师范学院学报》（社会科学版）2006 年第 1 期。

陈瑾香：《基于融合教育理念的孤独症学生社会交往干预个案研究》，

《科教导刊（下旬）》2016年第36期。

陈莲俊、昝飞：《随班就读支持保障体系建构视角下我国资源教室的建设与运行》，《中国特殊教育》2020年第3期。

陈路桦、于素红：《同伴介入法提高孤独症幼儿社交能力的实证研究综述》，《中国特殊教育》2020年第8期。

陈奕桦、谭蕾：《残疾学生校园欺凌研究现状》，《中国学校卫生》2018年第2期。

程黎、褚华丽：《国外双重特殊儿童的鉴别模式、遮蔽效应及对我国的启示》，《中国特殊教育》2016年第2期。

程利国、高翔：《影响小学生同伴接纳因素的研究》，《心理发展与教育》2003年第2期。

程秀兰、王莉、李丽娥、张晓艳：《孤独症儿童融合教育干预的个案研究》，《学前教育研究》2009年第6期。

崔凤鸣：《推动残疾人融合教育的几个关键问题》，《教育发展研究》2010年第6期。

戴爱华、蒋骊、胡彩红等：《区域支持"双重特殊"学生潜能发展》，《现代特殊教育》2015年第7期。

党凯琳：《随班就读课程调整：意义、策略与出路》，《教育导刊》（上半月）2020年第3期。

邓欢、马梓熙：《同伴介入法提升自闭症儿童社交能力的个案研究》，《山西能源学院学报》2021年第5期。

邓猛：《关于全纳学校课程调整的思考》，《中国特殊教育》2004年第3期。

邓猛、苏慧：《融合教育在中国的嫁接与再生成：基于社会文化视角的分析》，《教育学报》2012年第1期。

邓猛、赵泓：《新时期我国融合教育现状和发展趋势》，《残疾人研究》2019年第1期。

邓猛、朱志勇：《随班就读与融合教育——中西方特殊教育模式的比较》，《华中师范大学学报》（人文社会科学版）2007年第4期。

邓小泉、杜成宪：《教育生态学研究二十年》，《教育理论与实践》2009

年第 13 期。

杜玉虎、刘春玲：《运用积极行为支持改善随班就读儿童行为问题》，《中国特殊教育》2007 年第 1 期。

杜媛、孙颖：《普通学校教师融合教育专业素养提升路径的分析及启示》，《残疾人研究》2019 年第 3 期。

方俊明：《融合教育与教师教育》，《华东师范大学学报》（教育科学版）2006 年第 3 期。

冯雅静：《国外融合教育师资培训的部分经验和启示》，《中国特殊教育》2012 年第 12 期。

冯雅静、王雁：《普通师范专业融合教育通识课程的构建——基于实践导向的模式》，《教育科学》2020 年第 5 期。

付玉媛、韩映雄：《多元主体参与：英国校园欺凌治理实践与启示》，《比较教育学报》2021 年第 4 期。

高飞、杨静：《自闭症儿童家庭的社会支持现状研究——对河北省 99 个自闭症儿童家庭的调查》，《教育导刊》（幼儿教育）2008 年第 4 期。

高旭、王元：《同伴关系：通向学校适应的关键路径》，《东北师大学报》（哲学社会科学版）2010 年第 2 期。

谷禹、王玲、秦金亮：《布朗芬布伦纳从襁褓走向成熟的人类发展观》，《心理学探新》2012 年第 2 期。

顾学恒、郑普阳：《自闭症者心理理论缺陷原因探析：信息加工异常》，《中国特殊教育》2021 年第 6 期。

关荐、赵旭东：《基于正常人群的阈下自闭特质：概念、结构和影响因素》，《心理科学进展》2015 年第 9 期。

关文军：《融合教育学校残疾学生课堂参与的特点及教师提供的支持研究》，《中国特殊教育》2017 年第 12 期。

关文军、孔祥渊：《教育生态学视野下残疾学生课堂融合的重构与优化》，《海南师范大学学报》（社会科学版）2019 年第 6 期。

贺荟中、梁志高：《自闭症儿童执行功能研究述评》，《教育理论与实践》2013 年第 31 期。

胡进明、刘兴华、詹国栋等：《孤独症谱系障碍儿童感觉异常现况调查及相关临床特征的关联分析》，《中国儿童保健杂志》2021年第4期。

胡智锋、樊小敏：《中国融合教育的发展、困境与对策》，《现代教育管理》2020年第2期。

华国栋：《实施差异教学是融合教育的必然要求》，《中国特殊教育》2012年第10期。

黄建辉：《从二元并列走向一体化：美国融合教育教师职前培养实践及其启示》，《中国特殊教育》2018年第4期。

黄辛隐、张锐、邢延清：《71例自闭症儿童的家庭需求及发展支持调查》，《中国特殊教育》2009年第11期。

吉彬彬、秦莉花、罗尧岳：《湖南省孤独症儿童父母连带内化污名现状研究》，《精神医学杂志》2021年第1期。

吉彬彬、秦莉花：《自闭症儿童父母连带污名研究进展》，《护理学杂志》2016年第8期。

纪秀琴：《试论普通学校特殊教育背景教师的培养》，《内蒙古师范大学学报》（教育科学版）2013年第12期。

景时：《融合教育后现代差异观的阐释与批判》，《中国特殊教育》2021年第4期。

景时、刘慧丽：《芬兰融合教育的发展、特征及启示》，《外国教育研究》2013年第8期。

康长运：《图画故事书与学前儿童的发展》，《北京师范大学学报》（人文社会科学版）2002年第4期。

孔令帅、陈铭霞：《构建中小学校园欺凌综合治理机制——来自英国的启示》，《教育发展研究》2017年第20期。

兰继军、白永玲：《孤独症儿童污名现象及其消解对策》，《辽宁师范大学学报》（社会科学版）2020年第5期。

兰岚、兰继军、吴永怡：《台湾地区特殊教育及对大陆特殊教育发展的启示》，《中国特殊教育》2008年第12期。

郎秀丽：《绘本在自闭症儿童康复教学中的应用与思考——以山东省少年儿童图书馆为例》，《山东图书馆学刊》2018年第5期。

李静郧、孙玉梅：《自闭症儿童共同注意早期干预研究综述》，《中国特殊教育》2017年第6期。

李世安：《试论儒家文化中的人权思想》，《河南师范大学学报》（哲学社会科学版）2003年第5期。

李晓燕、周兢：《自闭症儿童语言发展研究综述》，《中国特殊教育》2006年第12期。

李忠励、叶浩生：《自闭症谱系障碍的病因分析：来自镜像神经系统的启示》，《中国特殊教育》2014年第8期。

连福鑫、郭昱：《情绪主题绘本教学改善高功能自闭症儿童情绪归因能力的个案研究》，《中国特殊教育》2019年第1期。

连福鑫、王雁：《融合环境下自闭症谱系障碍儿童社会交往同伴介入干预研究元分析》，《教育学报》2017年第3期。

梁九清、张萌、刘思雨等：《主角大小和主线索颜色对3—6岁自闭症儿童绘本阅读视觉偏好的影响》，《中国特殊教育》2021年第4期。

林云强、秦旻、张福娟：《重庆市康复机构中自闭症儿童家长需求的研究》，《中国特殊教育》2007年第12期。

刘昊：《正向行为支持法干预孤独症儿童问题行为的个案研究》，《中国特殊教育》2007年第3期。

刘昊、刘立辉：《父母实施孤独症儿童共同注意干预的效果研究》，《中国特殊教育》2010年第2期。

刘惠军、李亚莉：《应用行为分析在自闭症儿童康复训练中的应用》，《中国特殊教育》2007年第3期。

刘明清、谢翌、陈婕、张雪莹：《适异而育：共生视域下融合教育文化创建个案研究》，《教育理论与实践》2021年第26期。

刘亚鹏、邓慧华、梁宗保、张光珍、陆祖宏：《早期情绪性对学前儿童问题行为和社交能力的影响》，《心理发展与教育》2019年第6期。

龙艳林、连福鑫：《运用社会故事法对自闭症儿童刻板行为干预个案研究》，《绥化学院学报》2018年第7期。

鲁明辉、雷浩、宿淑华等：《自闭症谱系障碍儿童感觉异常与情绪行为问题的关系研究》，《中国特殊教育》2018年第4期。

鲁明辉、缪玉、杨广学：《自闭症谱系障碍共病研究现状与启示》，《现代特殊教育》2015年第2期。

罗婧：《正向行为支持的特点分析》，《中国特殊教育》2007年第3期。

马晓晨：《自闭症儿童绘本教学的有效策略》，《现代特殊教育》2018年第13期。

孟庆燕、王和平、李雅蓉、安文军：《美国自闭症谱系障碍儿童教育安置及启示》，《绥化学院学报》2019年第4期。

欧阳叶：《融合教育环境中自闭症儿童同伴关系现状及其干预建议》，《西北成人教育学院学报》2018年第6期。

潘威、陈巍、汪寅、单春雷：《自闭症碎镜理论之迷思：缘起、问题与前景》，《心理科学进展》2016年第6期。

庞文：《改革开放以来我国融合教育的演进脉络、经验反思与未来展望》，《残疾人研究》2020年第4期。

彭霞光：《中国全面推进随班就读工作面临的挑战和政策建议》，《中国特殊教育》2011年第11期。

彭兴蓬、邓猛：《融合教育的社会学分析》，《中国特殊教育》2013年第6期。

齐星亮、陈巍：《自闭症共情—系统化理论述评》，《心理科学》2013年第5期。

钱乐琼、杨娜、肖晓、周世杰：《孤独症谱系障碍儿童的早期干预方法综述》，《中国临床心理学杂志》2013年第5期。

钱丽霞、江小英：《对我国随班就读发展现状评价的问卷调查报告》，《中国特殊教育》2004年第5期。

秦铭培、任桂琴、杜增敏、邵红涛、王梦如：《自闭症谱系障碍者心理理论的研究进展》，《中国特殊教育》2020年第2期。

任海涛：《"校园欺凌"的概念界定及其法律责任》，《华东师范大学学报》（教育科学版）2017年第2期。

沈周玲、范静怡：《自闭症谱系障碍儿童社会交往分型及启示》，《医学信息》2018年第21期。

石筱菁：《自闭症儿童多元一体化教育干预的实践与探索》，《上海教育科研》2020年第12期。

苏雪云、顾泳芬、杨广学:《发展生态学视角下的自闭症儿童融合教育支持系统:基于个案分析和现场研究》,《基础教育》2017年第2期。

宿淑华、胡慧贤、赵富才:《基于ICT的自闭症谱系障碍儿童情绪干预研究综述》,《中国特殊教育》2019年第4期。

孙圣涛:《自闭症儿童的社会缺陷及其早期干预研究的介绍》,《中国特殊教育》2003年第3期。

孙瑜、徐胜:《自闭症谱系障碍儿童随班就读现状研究述评》,《绥化学院学报》2022年第1期。

谭和平、马红英:《上海市随班就读教师专业化发展需求的调查研究》,《基础教育》2012年第2期。

田金来、张向葵:《同伴介入法在自闭症儿童社交能力中的应用》,《中国特殊教育》2014年第1期。

王广帅、鲁明辉:《面向自闭症谱系障碍儿童的教育游戏研究》,《现代特殊教育》2015年第14期。

王红霞、彭欣、王艳杰:《北京市海淀区小学融合教育现状调查研究报告》,《中国特殊教育》2011年第4期。

王娟、沈秋苹:《高功能自闭症儿童的叙事:特征、相关理论及干预策略》,《中国特殊教育》2017年第11期。

王磊、贺荟中、毕小彬等:《社会动机理论视角下自闭症谱系障碍者的社交缺陷》,《心理科学进展》2021年第12期。

王琳琳、赵斌:《论随班就读课堂教学适应性调整的必要性和可行性》,《现代特殊教育》2012年第8期。

王美芳、陈会昌:《小学高年级儿童的学业成绩、亲社会行为与同伴接纳、拒斥的关系》,《心理发展与教育》2000年第3期。

王石换、邓红珠、陈凯云、成三梅、邹小兵:《基于儿童心理教育评估第3版的孤独症谱系障碍儿童认知功能与行为特征的性别差异研究》,《中国儿童保健杂志》2016年第3期。

王淑荣:《自闭症儿童社会交往能力培养策略探析》,《中国特殊教育》2015年第7期。

王婷、周爱琴、李明惠:《应用行为分析疗法结合家庭培训对孤独症谱系障碍患儿的疗效》,《中国妇幼保健》2021年第19期。

王秀琴:《巡回指导教师在随班就读中的作用研究——基于北京市海淀区2011—2013年巡回指导工作的实践》,《现代特殊教育》2014年第7期。

王雪芹、郭延庆:《应用行为分析在孤独症早期干预中的应用》,《国际精神病学杂志》2006年第2期。

王雁:《随班就读教师融合教育素养及提升模式研究》,《教育科学研究》2021年第8期。

王雁、王志强、冯雅静、邓猛、梁松梅:《随班就读教师专业素养现状及影响因素研究》,《教师教育研究》2015年第4期。

王永固、王恩苹、贾磊、柴浩:《孤独症幼儿共同注意的发展模式与早期干预》,《中国特殊教育》2016年第6期。

王永固、张庆、黄智慧、许丹:《社会故事法在孤独症儿童社交障碍干预中的应用》,《中国特殊教育》2015年第4期。

魏宏亮:《随班就读所涉及相关问题的研究综述》,《北京市区县教育科研人员第四届学术年会论文集》,2011年。

魏寿洪:《成渝两地普小教师融合教育课程与教学调整实施现状研究》,《中国特殊教育》2018年第6期。

魏寿洪、王雁:《美国循证实践在自闭症谱系障碍儿童干预中的应用及其对我国的启示》,《比较教育研究》2011年第6期。

魏寿洪、王雁:《自闭症儿童社会技能评估的研究进展》,《中国特殊教育》2010年第10期。

魏寿洪、许家成:《自闭症儿童主动口语沟通行为干预的个案研究》,《中国特殊教育》2007年第12期。

熊絮茸、邓猛:《融合教育的宽容脉络及其现代性发展》,《继续教育研究》2011年第12期。

熊絮茸、孙玉梅:《自闭症儿童融合教育现状调查、困境分析及家庭参与的探索》,《内蒙古师范大学学报》(教育科学版)2014年第4期。

熊絮茸、孙玉梅:《自闭症儿童社会生态系统初探》,《中国特殊教育》2014年第7期。

徐慧艳、陈巍、单春雷：《自闭症儿童手势的心理学研究进展》，《中国临床心理学杂志》2014年第5期。

徐岩：《日常生活视角下孤独症儿童教育困境分析与启示》，《残疾人研究》2020年第3期。

薛二勇、李健、单成蔚、樊晓旭：《实现基本公共教育服务均等化——〈中国教育现代化2035〉的战略与政策》，《中国电化教育》2019年第10期。

颜廷睿、关文军、邓猛：《北京市中小学融合教育实施情况的调查研究》，《残疾人研究》2017年第2期。

颜廷睿、侯雨佳、邓猛：《普通教育教师与特殊教育教师对残疾儿童教育安置态度的比较研究》，《基础教育》2017年第6期。

杨广学：《自闭症干预的SCERTS模式》，《中国特殊教育》2007年第5期。

杨婕：《美国中小学主动反欺凌干预机制研究》，《上海教育科研》2021年第10期。

杨凌燕、肖非：《从知觉生态理论看自闭症的发生与发展》，《中国特殊教育》2005年第11期。

杨茹、程黎：《融合教育背景下特殊学生家校互动模式的质性研究》，《教育学报》2018年第2期。

杨婉玲：《有效开展绘本教学，提高自闭症儿童语言沟通能力》，《现代特殊教育》2016年第1期。

杨希洁：《当前特殊教育发展若干特点及问题的思考》，《中国特殊教育》2019年第8期。

杨希洁：《随班就读学校残疾学生发展状况研究》，《中国特殊教育》2010年第7期。

杨希洁：《英国自闭症儿童的教育现状、挑战及启示》，《中国特殊教育》2014年第10期。

叶澜：《新世纪教师专业素养初探》，《教育研究与实验》1998年第1期。

叶小红：《融合教育背景下自闭症幼儿之同伴关系研究》，《现代特殊教育》2015 年第 3 期。

尹力:《我国校园欺凌治理的制度缺失与完善》,《清华大学教育研究》2017 年第 4 期。

尹群明、陈燕红、陈玥、白晓宇、祝卓宏、王淑娟、李新影:《中文版连带内化污名量表在自闭症患儿父母中的修订》,《中国临床心理学杂志》2021 年第 2 期。

尤娜、杨广学:《自闭症诊断与干预研究综述》,《中国特殊教育》2006 年第 7 期。

于松梅、王波:《学前全纳教育中自闭症幼儿的教育建议》,《中国特殊教育》2006 年第 8 期。

岳孝龙、胡晓毅、刘艳虹:《孤独症儿童友谊研究述评》,《中国特殊教育》2016 年第 8 期。

昝飞、马红英:《自闭症儿童的干预内容与方法》,《中国临床康复》2005 年第 4 期。

曾海辉、林丽萍、韦晓燕、陈爽、李海芳、黄秀容、杨小琴、曾侠一、罗秋燕:《社会功能为主线的综合干预模式治疗儿童孤独症临床研究》,《中国康复医学杂志》2016 年第 5 期。

曾小荣、陈泽源、马博森:《基于互动视角的自闭症人群交流行为研究:现状与启示》,《中国特殊教育》2021 年第 10 期。

张琴、昝飞:《功能性行为评估——行为评估方法的新发展》,《中国特殊教育》2006 年第 11 期。

张文秀、彭婵娟、王雁:《融合教育背景下芬兰特殊需要学生的支持模式》,《比较教育研究》2021 年第 1 期。

张文渊:《自闭症的病因、诊断及心理干预》,《中国特殊教育》2003 年第 3 期。

张盈利、张学民、马玉:《自闭症儿童共同注意干预的现状与展望》,《中国特殊教育》2012 年第 4 期。

张永盛、杨广学、宁宁等:《自闭症个体感觉调节障碍与重复刻板行为关系的探讨》,《中国特殊教育》2015 年第 6 期。

张珍珍、连福鑫:《随班就读自闭症谱系障碍儿童社会行为特点及其对同伴关系的影响》,《中国特殊教育》2020 年第 11 期。

张珍珍、连福鑫、贺荟中:《小学随班就读自闭症谱系障碍儿童同伴关系现状研究——以浙江省杭州市为例》,《中国特殊教育》2019 年第 9 期。

赵斌、张瀚文:《建党一百年来中国特殊教育发展成就》,《中国特殊教育》2021 年第 8 期。

赵楠、潘威:《自闭症儿童早期干预中家长介入的优势、困境及应对策略》,《中国特殊教育》2020 年第 10 期。

赵卫芳:《浅谈打开孤独症视听觉通道的法宝——模仿》,《读写算(教育教学研究)》2010 年第 1 期。

赵小红:《近 25 年中国残疾儿童教育安置形式变迁——兼论随班就读政策的发展》,《中国特殊教育》2013 年第 3 期。

周满生:《关于"融合教育"的几点思考》,《教育研究》2014 年第 2 期。

周念丽、方俊明:《自闭症谱系障碍儿童综合评估模式之建构与检验》,《中国特殊教育》2009 年第 3 期。

周娱菁、刘靖、李雪、杨文、齐军慧、王慧、刘静然:《学龄期孤独症儿童社交技能训练的疗效》,《中国心理卫生杂志》2016 年第 5 期。

朱凤雷、陈凯云、成三梅等:《共同注意在孤独症谱系障碍幼儿早期识别中的应用》,《中国儿童保健杂志》2018 年第 10 期。

朱琳:《问题行为干预中的正向行为支持》,《中国特殊教育》2005 年第 3 期。

朱楠、雷江华:《融合教育背景下免费师范生特殊教育能力培养研究》,《中国特殊教育》2014 年第 2 期。

朱楠、王雁:《融合教育背景下特殊教育学校职能的转变》,《中国特殊教育》2011 年第 12 期。

庄佳骝:《融合教育理念下的随班就读》,《教育导刊》2004 年 Z1 期。

邹泓:《同伴接纳、友谊与学校适应的研究》,《心理发展教育》1997 年第 3 期。

邹小兵:《孤独症谱系障碍的研究进展》,《临床儿科杂志》2010 年第

8期。

邹小兵、邓红珠：《美国精神疾病诊断分类手册第 5 版"孤独症谱系障碍诊断标准"解读》，《中国实用儿科杂志》2013 年第 8 期。

（三）学位论文

江蔚华：《用正向行为支持计划处理重度智障学生行为问题的个案研究》，硕士学位论文，广州大学，2016 年。

李春梅：《融合教育理念下自闭症儿童治疗方式的分析》，硕士学位论文，东北师范大学，2007 年。

李泽洋：《正向行为支持对孤独症学生问题行为的干预研究》，硕士学位论文，辽宁师范大学，2019 年。

廖进：《运用同伴介入法提升普小自闭症儿童社会交往的研究》，硕士学位论文，重庆师范大学，2019 年。

吕梦：《生态化融合背景下自闭谱系障碍儿童人际支持干预研究》，博士学位论文，华东师范大学，2016 年。

马江霞：《随班就读自闭症学生同伴关系及其与教师接纳的关系研究》，硕士学位论文，华东师范大学，2019 年。

王佳：《融合教育背景下资源教师与随班就读教师合作现状的调查研究》，硕士学位论文，四川师范大学，2018 年。

王俊红：《4—6 岁幼儿社会性行为、同伴接纳对友谊质量的影响研究》，硕士学位论文，首都师范大学，2011 年。

吴静：《录像示范法应用于自闭症儿童社会互动行为的干预有效性研究》，硕士学位论文，华东师范大学，2014 年。

须芝燕：《初中随班就读学生学校适应不良的干预策略研究——以 C 校实践研究为例》，硕士学位论文，华东师范大学，2011 年。

杨洁：《3—4 岁幼儿入园生活适应的研究——基于人类发展生态学理论》，硕士学位论文，华中师范大学，2014 年。

曾刚：《自闭症小学生随班就读融合结果的个案研究》，硕士学位论文，辽宁师范大学，2016 年。

张慧敏：《随班就读自闭症儿童同伴关系改善的个案介入研究》，硕士学位论文，福建师范大学，2020 年。

张佳薇:《随班就读学生的同伴关系研究》,硕士学位论文,西北师范大学,2021年。

二 英文文献

American Psychiatric Association, (2013), Diagnostic and Statistical Manual of Mental Disorders (DSM-5Ⓒ), Washington, DC: American Psychiatric Publishing.

Barlow A., Humphrey N., "Achievement for All: Narrowing the Attainment Gap for Students with Special Educational Needs and Disabilities", *Research in Developmental Disabilities*, Vol. 34, No. 4, 2013.

Conderman G., Hedin L. R., "Co-Teaching with strategy instruction", *Intervention in School and Clinic*, Vol. 49, No. 3, 2014.

Cynthia W., "Positive Behavior Support and Function Assessment", *Research Connections in Special Education*, No. 4, 1999.

De Vries M., Cader S., Colleer L., et al., "University Students' Notion of Autism Spectrum Conditions: A Cross-cultural Study", *Journal of Autism and Developmental Disorders*, Vol. 4, No. 50, 2020.

Dib N., Sturmey P., Tiger J. H., "Reducing Student Stereotype by Improving Teachers' Implementation of Discrete-trial Teaching", *Journal of Applied Behavior Analysis*, Vol. 40, 2007.

Gobbo K., Shmulsky S., "Classroom Needs of Community College Students With Asperger's Disorder And Autism Spectrum Disorders", *Community College Journal of Research and Practice*, Vol. 36, No. 1, 2012.

Gray C., *The New Social Story Book: 10th Anniversary Edition*, Arllington, TX: Future Horizons, 2010.

Gray C. A., Garand J. D., "Social Stories: Improving Responses of Students with Autism with Accurate Social Information", *Focus on Autistic Behavior*, Vol. 8, No. 1, 1993.

Harris J., "Leo Kanner and Autism: A 75-Year Perspective", *International Review of Psychiatry*, Vol. 30, No. 1, 2018.

Ivey M. L., Juane Heflin L., Alberto P., "The Use of Social Stories to Promote Independent Behaviors in Novel Events for Children With PDD-NOS", *Focus on Autism and Other Developmental Disabilities*, Vol. 19, No. 3, 2004.

Jo Robertson, Kim Green, Sandra Alper, Patrick J., Schloss, Frank Kohler, "Using a Peer-Mediated Intervention to Facilitate Children's Participation In Inclusive Childcare Activities", *Education and Treatment of Children*, Vol. 26, No. 2, 2003.

Juvonen J., Graham S., "Bullying in Schools: The Power of Bullies and the Plight of Victims", *Annual Review of Psychology*, Vol. 65, No. 1, 2014.

Kim K., Rosenthal M. Z., Gwaltney M., Jarrold W., Hatt N., McIntyre N., Swain L., Solomon M., Mundy P., "A Virtual Joy-Stick Study of Emotional Responses and Social Motivation in Children with Autism Spectrum Disorder", *Journal of Autism and Developmental Disorders*, Vol. 45, No. 12, December 2015.

Koegel L. K., "Teaching Children with Autism to Use A Self-initiated Strategy to Learn Expressive Vocabulary", 1994.

Morton H. E., Gillis J. M., Mattson R. E., et al., "Conceptualizing Bullying in Children with Autism Spectrum Disorder: Using a Mixed Model to Differentiate Behavior Types and Identify Predictors", *Autism*, Vol. 23, No. 7, 2019.

Nevill R. E., Lecavalier L., Stratis E. A., "Meta-analysis of Parent-mediated Interventions for Young Children with Autism Spectrum Disorder", *Autism*, Vol. 22, No. 2, 2016.

Nilsen S., "Special Education and General Education-coordinated or Separated? A Study of Curriculum Planning for Pupils with Special Educational Needs", *International Journal of Inclusive Education*, Vol. 21, No. 2, 2017.

Pratt S. M., Imbody S. M., Wolf L. D., et al., "Co-planning in Co-teaching: A Practical Solution", *Intervention in School and Clinic*, Vol. 52,

No. 4.

Russell J., Jarrold C., Henry L., "Working Memory in Children with Autism and with Moderate Learning Difficulties", *Journal of Child Psychology and Psychiatry, And Allied Disciplines*, Vol. 37, No. 6, 1996.

Russell L., Wendy M., Mandy R., et al., "Training Parents to Implement Communication Interventions for Children With Autism Spectrum Disorders (ASD): A Systematic Review", *Evidence-Based Communication Assessment and Intervention*, No. 3, 2009.

Schuck R. K., Tagavi D. M., Baiden K. M. P., Dwyer P., Williams Z. J., Osuna A., Ferguson E. F., Jimenez Muñoz M., Poyser S. K., Johnson J. F., Vernon T. W., "Neurodiversity and Autism Intervention: Reconciling Perspectives Through a Naturalistic Developmental Behavioral Intervention Framework", *Journal of Autism and Developmental Disorders*, Vol. 51, No. 10, October 2021.

Scott J., Clark C., & Brady M., *Social Skills and Social Competence: Students with Autism*, San Diego: Singular Publishing Group, Inc., 1999.

Simpson R. L., "Evidence-based Practices and Students With Autism Spectrum Disorders", *Focus on Autism and other Developmental Disabilities*, Vol. 20, No. 3, 2005.

Waasdorp T. E., Bradshaw C. P., Leaf P. J., "The Impact of Schoolwide Positive Behavioral Interventions and Supports on Bullying and Peer Rejection: A Randomized Controlled Effectiveness Trial", *Archives of Pediatrics & Adolescent Medicine*, No. 2, February 2012.

Wolfberg P. J., & Schuler A. L., "Integrated Play Groups: A Model for Promoting the Social and Cognitive Dimensions of Play in Children with Autism", *Journal of Autism and Developmental Disorders*, Vol. 23, 1993.

后　　记

　　自闭症儿童与我们一样是一个个生命体，作为一个生命体存在于这个社会也应享有普通人拥有的基本权利。近年来，自闭症患病率的快速上升给我们带来了新的挑战。融合教育作为当代教育未来的发展趋势，旨在建立一个包容和谐的融合社会，将自闭症儿童在融合环境下受教与成长的理想变为现实。

　　本书从自闭症儿童的同伴关系入手，涵盖了自闭症儿童在融合教育环境中学习生活的方方面面。主要聚焦于融合教育场域下，由同伴对自闭症儿童施行干预与支持，确保其特殊需求得以满足，改善自闭症儿童在学校生活以及融合课堂中的学习境遇。从不同视角下审视了自闭症儿童的同伴关系，并辅以调研与实践加以说明，而后再从行为管理，社交技能，社会支持等方面进一步阐述了自闭症儿童的同伴关系干预，给出了可应用、操作性强的干预训练方法。期望最终能够帮助儿童实质性地"参与"融合课堂学习，而非仅局限于"进入"普通学校环境。

　　友谊能够促进人际发展并为儿童将来社会关系的建立提供模型。儿童的亲密性友谊可以培养对他人需求的敏感度、提供情绪价值、增加适应未来的社会技巧，还可以修复个人的心灵创伤。同伴关系是满足儿童社交需求、获得安全感和归属感的重要途径，有助于儿童人格的发展以及形成健康的自我概念，对普通儿童而言如此，对于特殊教育需要儿童来说也是如此。随着儿童步入学校，与其他同龄人的频繁接触使得同伴交往成为儿童社会性发展的重要途径。学校环境中的同伴群体是宝贵的资源，同学之间互相交流信息、表达和分享思想的能力在同伴交往的过程中逐渐得到提升。所以，除了在教师的引导下学习以外，自闭症儿童

后　记

的学习行为也发生在与同伴的听、说、玩和教的过程中。

然而，我国自闭症儿童的融合教育之路才刚刚开始，不可否认的是，当前我国融合教育的发展仍有很多不尽如人意的地方，只有我们逐步厘清融合教育本土化所面临的困境与挑战，从根本上找到症结所在，有目的、有方向地为自闭症儿童的融合教育寻找到治病良方，才有可能事半功倍。因此需要为包括自闭症儿童在内的特殊儿童提供有效的教育支持系统，给予特殊需要学生更多宽容与爱护的融合教育文化需要家庭、学校和社会等多方合作共同完成：政府出台相应政策为学校、家庭融合教育的开展提供制度保障；社会机构为学校、家长提供资源支持；专业人士深入研究为融合教育文化的构建提供理论指导；学校加强融合教育宣导；教师引导学生尊重人性，认同差异，欣赏多元文化，以避免校园欺凌的出现；全社会形成尊重平等的环境氛围，才能减少污名自闭症儿童及其家庭的现象，改善他们的生存现状。

相信本书不仅对于融合环境中的教师及各类业内人士有一定的参考价值，也能给自闭症儿童的父母及家庭带来一些启迪。正在阅读此书的与自闭症个体息息相关的你我，也可以试着转变对自闭症儿童的态度，将他们看作是散发着奇异光彩的来自星星的孩子，以多样化的眼光去探寻，去反思，去改变，去接纳，去寻找孩子的步调，最终实现同伴间、师生间、亲子间的和谐一致。

鲁明辉　谢晓芳
二〇二二年夏天于广大